本书系 2016 年度教育部人文社会科学研究青年项目"微公益时代的公民慈善及其实践模式研究"（项目号：16YJC710024）结项成果

BNU Philosophy

微公益时代的公民慈善及其实践模式研究

刘 丹 著

中国社会科学出版社

图书在版编目（CIP）数据

微公益时代的公民慈善及其实践模式研究 / 刘丹著 . —北京：中国社会科学出版社，2022.5
ISBN 978-7-5227-0093-9

Ⅰ.①微… Ⅱ.①刘… Ⅲ.①慈善事业—研究 Ⅳ.①C913.7

中国版本图书馆 CIP 数据核字（2022）第 062621 号

出 版 人	赵剑英
责任编辑	冯春凤
责任校对	张爱华
责任印制	张雪娇

出　版	中国社会科学出版社
社　址	北京鼓楼西大街甲 158 号
邮　编	100720
网　址	http://www.csspw.cn
发 行 部	010-84083685
门 市 部	010-84029450
经　销	新华书店及其他书店
印　刷	北京君升印刷有限公司
装　订	廊坊市广阳区广增装订厂
版　次	2022 年 5 月第 1 版
印　次	2022 年 5 月第 1 次印刷
开　本	710×1000　1/16
印　张	15.75
插　页	2
字　数	248 千字
定　价	89.00 元

凡购买中国社会科学出版社图书，如有质量问题请与本社营销中心联系调换
电话：010-84083683
版权所有　侵权必究

编委会

主　　编：吴向东
编委会成员：（按笔画排序）
　　　　　　田海平　兰久富　刘成纪　刘孝廷
　　　　　　杨　耕　李　红　李建会　李祥俊
　　　　　　李景林　吴玉军　张百春　张曙光
　　　　　　郭佳宏　韩　震

总序：面向变化着的世界的当代哲学

吴向东

真正的哲学总是时代精神的精华。进入 21 世纪 20 年代，世界的变化更加深刻，时代的挑战更加多元。全球化的深度发展使得各个国家、民族、个人从来没有像今天这样紧密地联系在一起。以理性和资本为核心的现代性，在创造和取得巨大物质财富与精神成就的同时，也日益显露着其紧张的内在矛盾、冲突及困境。现代科技的迅猛发展，特别是以人工智能为牵引的信息技术的颠覆性革命，带来了深刻的人类学改变。它不仅改变着人们的生产方式、交往方式，而且改变着人们的生活方式和价值观念。在世界历史背景下展开的中国特色社会主义的伟大实践，形成了中国特色社会主义道路、理论、制度、文化，意味着一种新型文明形态的可能性。变化着的世界与时代，以问题和文本的方式召唤着当代哲学家们，去理解这种深刻的变化，回应其内在的挑战，反思人的本性，重构文明秩序根基，塑造美好生活理念。为此，价值哲学、政治哲学、认知哲学、古典哲学，作为当代哲学重要的研究领域和方向，被时代和实践凸显出来。

价值哲学，是研究价值问题的哲学分支学科。尽管哲学史上一直有着强大的道德哲学和政治哲学的传统，但直到 19 世纪中后期，自洛采、尼采开始，价值哲学才因为价值和意义的现实问题所需作为一门学科兴起。经过新康德主义的张扬，现当代西方哲学的重大转向都在一定程度上蕴涵着价值哲学的旨趣。20 世纪上半叶，价值哲学在西方达到一个高峰，并逐渐形成先验主义、经验主义、心灵主义、语言分析等研究路向。其中胡塞尔的现象学开辟了新的理解价值的进路；杜威建构了以评价判断为核心的实验经验主义价值哲学；舍勒和哈特曼形成系统的价值伦理学，建构了相对于康德的形式主义伦理学的质料伦理学，还有一些哲学家利用分析哲学进路，试图在元伦理学的基础上对有关价值的表述进行分析。当代哲学家诺奇克、内格尔和泰勒等，一定程度上重新复兴了奥地利价值哲学学派，创造了在当代有关价值哲学的讨论语境。20世纪70年代以后，西方价值理论的研究重心从价值的元问题转向具体的道德和政治规范问题，其理论直接与公共的政治生活和个人的伦理生活相融合。

中国价值哲学研究兴起于20世纪80年代，缘于"文化大革命"的反思、改革开放实践的内在需要，并由真理标准的大讨论直接引发。四十年来，价值哲学经历了从分析价值概念到探究评价理论，再到聚焦价值观和社会主义核心价值观研究的发展历程，贯穿其中的主要特点是理论逻辑和实践逻辑的统一。在改革开放的实践中，我们首先通过内涵价值的科学真理观解决对与错的问题，其次通过"三个有利于"评价标准解决好与坏的问题，最后通过社会主义核心价值观，解决"什么是社会主义，如何建设社会主义"的问题。同时，与马克思主义哲学研究的相互交融促进，以及与国际价值哲学的交流和对话，也是价值哲学研究发展历程中的显著特点。中国价值哲学在价值本质、评价的合理性、价值观的结构、社会主义核心价值观的内涵与逻辑等一系列问题上形成了广泛学术争论，取得了诸多的理论进展。就其核心而言，我认为主要成就可归结为实践论基础上的主体性范式和社会主义核心价值观的理论建构这两个方面。中国价值哲学取得的成就具有强烈的时代性特征和阶段性特点。随着世界历史的充分展开和中国改革开放的不断深入，无论是回应、解答当代中国社会和人类发展的新矛盾与重大价值问题，还是价值哲学内部的广泛争论形成的理论空间，都预示着价值哲学未来的发展趋向：完善实践论基础上的主体性解释模式，实现价值基础理论的突破；深入探究新文明形态的价值理念与价值原则，不仅要深度建构和全幅拓展以社会主义核心价值观为主导的中国价值，还要探求人类命运共同体的价值基础，同时对人工智能为代表的当代科学技术进行价值反思和价值立法，以避免机器控制世界的技术冒险；多学科研究的交叉与融合，并上升为一种方法论自觉。

政治哲学是在哲学层面上对人类政治生活的探究，具有规范性和实践性。其核心主题是应该用什么规则或原则来确定我们如何在一起生活，包括政治制度的根本准则或理想标准，未来理想政治的设想，财产、权力、权利与自由的如何分配等。尽管东西方都具有丰富的政治哲学的传统，但20世纪70年代以降，随着罗尔斯《正义论》发表才带来了规范性政治哲学在西方的复兴。其中，自由主义、共和主义、社群主义竞相在场，围绕正义、自由、平等、民主、所有权等一系列具体价值、价值原则及其理论基础相互论争，此起彼伏。与此同时，由"塔克—伍德"命题引发的马克思与正义问题的持续讨论，使得马克思的政治哲学思想在西方学界得到关注。新世纪以来，随着改革开放进入新的历史阶段，国内政治哲学研究开始兴起，并逐渐成为显学。这不仅表现在对西方政治哲学家的文本的大量译介和深入研究；更表现在马克思主义政治哲学研究的崛起，包括对马克思主义政治哲学的特征、基本内容等阐释以及对一些重大现实问题的理论回应等；同时也表现在对中国传统政治哲学的理论重构和现代阐释，以及从一般性视角对政治哲学的学科定位和方法论予以澄清和反思等。

无论是西方政治哲学的复兴，还是国内政治哲学研究的兴起，背后都能发现强烈的实践的逻辑，以及现实问题的理论诉求。面对当代实践和世界文明的裂变，政治哲学任重道远。一方面，马克思主义政治哲学本身并不是现成的，而是需要被不断建构的。马克思主义政治哲学有着自己的传统，其中人类解放，是马克思主义，也是马克思主义政治哲学的主题。在这一传统中，人的解放首要的取决于制度革命，制度革命其实包含着价值观的变革。所以，在当代理论和实践背景下讨论人的解放，不能离开正义、自由、平等、尊严等规范性价值，这些规范性价值在马克思主义政治哲学中需要被不断阐明。而在中国特色社会主义实践背景下建构当代中国马克思主义政治哲学，更应该是政治哲学研究的理论旨趣。另一方面，当代人类政治实践中的重大问题需要创新性研究。中国学界需要以马克思主义政治哲学为基本框架，综合各种思想资源，真正面对和回应当代人类政治实践中的矛盾和问题，诸如民粹主义、种族主义、环境政治、女性主义、全球正义、世界和平等等，做出具有人类视野、原则高度的时代性回答。

认知哲学是在关于认知的各种科学理论的基础上反思认知本质的哲学学科。哲学史上一直存在着关于认知的思辨的传统，但是直到20世纪中叶开始，随着具有跨学科性质的认知科学的诞生，认知哲学作为哲学的分支学科才真正确立起来，并以认知科学哲学为主要形态，涉及心理学哲学、人工智能哲学、心灵哲学、认知逻辑哲学和认知语言哲学等。它不仅处理认知科学领域内带有哲学性质的问题,包括心理表征、心理计算、意识、行动、感知等等,同时也处理认知科学本身的哲学问题,对认知神经科学、语言学、人工智能等研究中的方法、前提、范式进行哲学反思。随着认知诸科学,如计算机科学、认知心理学、认知语言学、人类学、认知神经科学等学科的发展,认知哲学的研究在西方学界不断推进。从图灵到西蒙、从普特南到福多,从德雷福斯到塞尔等等,科学家和哲学家们提出了他们自己各不相同的认知理论,共同推动了认知科学的范式转变。在认知本质问题上,当代的认知科学家和哲学家们先后提出了表征—计算主义、联结主义、涉身主义以及"4E+S"认知等多种理论,不仅深化了对认知的理解,也为认知科学发展清理障碍,提供重要的理论支持。国内的认知哲学研究与西方相比虽然有一定的滞后,但近些年来,与国际学界保持着紧密的联系与高度的合作,在计算主义、"4E+S"认知、知觉哲学、意向性、自由意志等领域和方向的研究,取得了积极进展。

  认知哲学与认知科学的内在关系,以及其学科交叉性,决定了认知哲学依然是一个全新的学科领域,保持着充分的开放性和成长性。在新的时代背景下,随着认知诸科学的发展和突破,研究领域中新问题、新对象的不断涌现,认知哲学会朝着多元化方向行进。首先,认知哲学对已经拉开序幕的诸多认知科学领域中的重要问题要进行深入探索,包括心智双系统加工理论、自由意志、预测心智、知觉—认知—行动模型、人工智能伦理、道德决策、原始智能的涌现机制等等。其次,认知哲学会继续对认知科学本身的哲学前沿问题进行反思和批判,包括心理因果的本质、省略推理法的效力、意识的还原策略、涉身性的限度、情境要素的作用、交叉学科的动态发展结构、实验哲学方法等等,以期在认知科学新进展的基础上取得基础理论问题研究的突破。再次,认知哲学必然要向其他诸般研究人的活动的学科进行交叉。由于认知在人的活动中的基础性,关于认知本身的认识必然为与人的活动相关的一切问题研究提供基础。因此,认知哲学不仅本身是在学科交叉的基础上产生的,它也应该与经济学、社会学、政治学、法学等其他学科相结合,将其研究成果运用于诸学科领域中的相关问题的探讨。在哲学内部,认知哲学也必然会与其他领域哲学相结合,将其研究成果应用到形而上学、知识论、伦理学、美学诸领域。通过这种交叉、运用和结合，不仅相关学科和问题研究会得到推进，同时认知哲学自身也会获得新的发展。

古典哲学，是指东西传统哲学中的典型形态。西方古典哲学通常是指古希腊哲学和建立在古希腊哲学传统之上的中世纪哲学，同时也包括18世纪末到19世纪上半叶以康德和黑格尔为主的德国古典哲学，在某种意义上来说，康德和黑格尔就是古希腊的柏拉图和亚里士多德。无论是作为西方哲学源头的古希腊哲学，还是德国古典哲学，西方学界对它的研究各方面都相对比较成熟，十分注重文本和历史传承，讲究以原文为基础，在历史语境中专题化讨论问题。近年来一系列草纸卷轴的发现及文本的重新编译推动着古希腊哲学研究范式的转换，学者在更广阔的视野中理解古希腊哲学，或是采用分析的方法加以研究。德国古典哲学既达到了传统形而上学的最高峰，亦开启了现代西方哲学。20世纪德国现象学，法国存在主义、后现代主义等思想潮流从德国古典哲学中汲取了理论资源。特别是二战之后，通过与当代各种哲学思潮的互动、融合，参与当代问题的讨论，德国古典哲学的诸多理论话题、视阈和思想资源得到挖掘和彰显，其自身形象也得到了重塑。如现象学从自我意识、辩证法、社会正义等不同维度推动对古典哲学误解的消除工作，促成了对古典哲学大范围的科学研究、文本研究、问题研究。以法兰克福学派为首的西方马克思主义，从阐释黑格尔总体性、到探究否定辩证法，再到发展黑格尔承认理论，深刻继承并发挥了德国古典哲学的精神内核。在分析哲学潮流下，诸多学者开始用现代逻辑对德国古典哲学进行文本解读；采用实在论或实用主义进路，讨论德国观念论的现实性或现代性。此外，德国古典哲学研究也不乏与古代哲学的积极对话。在国内学界，古希腊哲学，特别是德国古典哲学，由于其与马克思主义哲学的密切关系，受到瞩目和重视。在过去的几十年中，古典哲学家的著作翻译工作得到了加强，出版了不同形式的全集或选集。研究的领域、主题和视阈得到扩展，如柏拉图和亚里士多德的伦理学、政治哲学，康德的理论哲学、美学与目的论、实践哲学、宗教哲学、人类学，黑格尔的辩证法、法哲学和伦理学的研究可谓方兴未艾。中国马克思主义学者从马克思主义哲学与德国古典哲学关系的视阈对古典哲学研究也是独具特色。

中国古典哲学，包括先秦子学、两汉经学、魏晋玄学、隋唐佛学、宋明理学等，是传统中国人对宇宙人生、家国天下的普遍性思考，具有自身独特的问题意识、研究方式、理论形态，构成中国传统文化的核心，深刻影响了中国人的生活方式、思维方式和价值世界。在近现代社会转型中，随着西学东渐，中国传统哲学学术思想得到重新建构，逐渐形成分别基于马克思主义、自由主义、保守主义的不同的中国古典哲学研究范式，表现为多元一体的研究态势与理论倾向。其中胡适、冯友兰等借鉴西方哲学传统，确立中国哲学学科范式。以侯外庐、张岱年、任继愈、冯契为代表，形成了马克思主义思想指导下的研究学派。从熊十力、梁漱溟到唐君毅、牟宗三为代表的现代新儒学，力图吸纳、融合、会通西学，实现理论创造。改革开放以来，很多研究者尝试用西方现代哲学诸流派以至后现代哲学的理论来整理中国传统学术思想材料，但总体上多元一体的研究态势和理论倾向并未改变。在新的时代背景下，随着中国现代化进程进入崭新阶段，面对变化世界中的矛盾和冲突，中国古典哲学研究无疑具有新的语境，有着新的使命。一方面，要彰显中国古典哲学自身的主体性。扬弃用西方哲学基本问题预设与义理体系简单移植的研究范式，对中国传统哲学自身基本问题义理体系进行反思探索和总体性的自觉建构，从而理解中国古典哲学的本真，挖掘和阐发其优秀传统，使中华民族最基本的文化基因与当代文化相适应、与现代社会相协调。另一方面，要回到当代生活世界，推动中国古典哲学的创造性转化、创新性发展。以当代人类实践中的重大问题为切入点，回溯和重释传统哲学，通过与马克思主义哲学、西方（古典和当代）哲学的深入对话，实现理论视阈的交融、理论内容的创新，着力提出能够体现中国立场、中国智慧、中国价值的理念、主张、方案，从而激活中国古典哲学的生命力，实现其内源性发展。

价值哲学、政治哲学、认知哲学、古典哲学，虽然是四个相对独立的领域与方向，然而它们又有着紧密的内在联系，相互影响、相互交融。政治哲学属于规范性哲学和实践哲学，它讨论的问题无论是政治价值、还是政治制度的准则，或者是政治理想，都属于价值问题，研究一般价值问题的价值哲学无疑为政治哲学提供了理论基础。认知哲学属于交叉学科，研究认知的本质，而无论是价值活动，还是政治活动，都不能离开认知，因而价值哲学和政治哲学，并不能离开认知哲学，反之亦然。古典哲学作为一种传统，是不可能也不应该为思想研究所割裂的。

事实上，它为价值哲学、政治哲学、认知哲学的研究与发展提供了丰富的思想资源。无论是当代问题的解答，还是新的哲学思潮和流派的发展，往往都需要通过向古典哲学的回溯而获得思想资源和理论生长点，古典哲学也通过与新的哲学领域和方向的结合获得新的生命力。总之，为时代和实践所凸显的价值哲学、政治哲学、认知哲学、古典哲学，正是在它们相互联系相互交融中，共同把握时代的脉搏，解答时代课题，将人民最精致、最珍贵和看不见的精髓集中在自己的哲学思想里，实现哲学的当代发展。

北京师范大学哲学学科历史悠久、底蕴深厚，始终与时代共命运，为民族启慧思。1902年建校伊始，梁启超等一批国学名家在此弘文励教，为哲学学科的建设奠定了基础。1919年设立哲学教育系。1953年，在全国师范院校率先创办政治教育系。1979年改革开放之初，在原政治教育系的基础上，成立哲学系。2015年更名为哲学学院。经过几代学人的辛勤耕耘，不懈努力，哲学学科蓬勃发展。目前，哲学学科形成了从本科到博士后系统、完整的人才培养体系，拥有马克思主义哲学、外国哲学等国家重点学科、北京市重点学科，教育部人文社会科学重点研究基地价值与文化中心，国家教材建设重点研究基地"大中小学德育一体化教材研究基地"，Frontiers of Philosophy in China、《当代中国价值观研究》《思想政治课教学》三种学术期刊，等等，成为我国哲学教学与研究的重镇。

北京师范大学哲学学科始终坚持理论联系实际，不断凝聚研究方向，拓展研究领域。长期以来，我们在价值哲学、人的哲学、马克思主义哲学基础理论、儒家哲学、道家道教哲学、西方历史哲学、科学哲学、分析哲学、古希腊伦理学、形式逻辑、中国传统美学、俄罗斯哲学与宗教等一系列方向和领域，承担了一批国家重大重点研究项目，取得了有影响力的成果，形成了具有鲜明京师特色的学术传统和学科优势。面对当今时代的挑战，实践的召唤，我们立足于自己的学术传统，依循当代哲学发展的逻辑，进一步凝练学科方向，聚焦学术前沿，积极探索价值哲学、政治哲学、认知哲学、古典哲学的重大前沿问题。为此，北京师范大学哲学学院、教育部人文社会科学重点研究基地价值与文化研究中心和中国社会科学出版社合作，组织出版价值哲学、政治哲学、认知哲学、古典哲学之京师哲学丛书，以期反映学科最新研究成果，推动学术交流，促进学术发展。

　　世界历史正在进入新阶段，中国特色社会主义已经进入新时代。这是一个社会大变革的时代，也一定是哲学大发展的时代。世界的深刻变化和前无古人的伟大实践，必将给理论创造、学术繁荣提供强大动力和广阔空间。习近平指出："这是一个需要理论而且一定能够产生理论的时代，这是一个需要思想而且一定能够产生思想的时代。我们不能辜负了这个时代。"北京师范大学哲学学科将和学界同道一起，共同努力，担负起应有的责任和使命，关注人类命运，研究中国问题，总结中国经验，创建中国理论，着力构建充分体现中国特色、中国风格、中国气派的哲学学科体系、学术体系、话语体系，为中华文明的伟大复兴贡献力量。

目　录

导　论 ……………………………………………………………（1）

第一章　慈善及其功能定位 ………………………………………（8）
　　第一节　慈善释义 ……………………………………………（8）
　　第二节　慈善的理论内涵……………………………………（11）
　　第三节　慈善的功能定位……………………………………（16）

第二章　慈善的历史嬗变…………………………………………（21）
　　第一节　教会慈善：传统慈善的发轫 ………………………（21）
　　第二节　富人慈善：近代慈善的发展 ………………………（32）
　　第三节　公民慈善：现代慈善的转型 ………………………（53）

第三章　公民慈善：微公益时代的慈善价值导向 ………………（65）
　　第一节　微公益时代公民慈善的"微"特色…………………（66）
　　第二节　微公益时代公民慈善的"微"功能…………………（73）
　　第三节　微公益时代公民慈善发展的影响因素 ……………（84）

第四章　微公益时代公民慈善的价值引领 ………………………（93）
　　第一节　作为一种价值共识的社会主义核心价值观 ………（93）
　　第二节　微公益时代的公民慈善与社会主义核心
　　　　　　价值观 ……………………………………………（100）
　　第三节　以社会主义核心价值观引领公民慈善良性
　　　　　　发展 ………………………………………………（107）

第五章　微公益时代公民慈善的社会支撑 …………………（118）
第一节　公民慈善的透明度与公信力提升 ……………（118）
第二节　公民慈善的持续性与专业性发展 ………………（130）

第六章　微公益时代公民慈善的法治保障 …………………（140）
第一节　慈善立法的历程及实施现状 ……………………（140）
第二节　微公益时代公民慈善的法治困境 ………………（149）
第三节　改善微公益时代公民慈善的制度环境 …………（158）

第七章　微公益时代公民慈善的文化培育 …………………（166）
第一节　微公益时代的慈善文化与慈善教育 ……………（166）
第二节　我国慈善教育的现状及国际经验 ………………（174）
第三节　以慈善教育厚植公民慈善文化的实施途径 ………（183）

结　语 …………………………………………………………（191）

附录一　中华人民共和国公益事业捐赠法 …………………（193）
附录二　关于促进慈善事业健康发展的指导意见 …………（199）
附录三　中华人民共和国慈善法 ……………………………（207）

参考文献 ………………………………………………………（226）

后　记 …………………………………………………………（237）

导 论

慈善有着悠久的历史渊源和思想传统，在古今中外的历史发展中经历了不断的转折和变奏。作为有着五千年悠久历史的文明古国，中国是世界上最早倡导和开展慈善活动的国家，先秦诸子百家中关于慈善的论说为中国社会的传统慈善提供了丰富的理论资源。晚清以降，1840年鸦片战争后全面拉开了西学东渐的大幕，此后百余年间，中西两种文明在中华大地发生了激烈的碰撞与融合；与之相对应，中国传统的慈善思想及理念也在这一变动不居的历史进程中自然而然地发生了嬗变，并最终形成了顺应时代发展要求的近代慈善理念，慈善主体多元化、慈善内容多样化、"教养并重"的慈善理念开始萌芽，慈善组织的制度化发展，以及慈善合作的国际化趋向等。中华人民共和国成立后的前30年，我国慈善事业可谓"命运多舛"，历经调整改造、停滞衰熄、复兴发展等阶段；改革开放以来，尤其是2008年以来，在汶川地震、舟曲泥石流、芦山地震等灾害中，全社会的慈善热情和捐赠行动再次向世人展现出当代中国社会向善的优良品格，我国慈善事业开始进入发展的快车道。

在中华民族历史上，2008年是非常特殊的一年，它开启了中国慈善史的新纪元。这主要体现在以下七个方面：一是汶川地震导致的巨灾引发海内外空前的慈善高潮，慈善捐助刷新纪录；二是汶川地震和北京奥运会引发中国志愿服务高潮；三是此后慈善政策和法律进一步完善；四是慈善事业协调指导机制有了重大突破；五是慈善组织数量持续增长；六是慈善文化建设在全社会得到极大推进；七是党和国家领导人高度重视慈善事业。[①] 此后，仅仅过了三年即2011年，凭借移

---

① 杨团、葛道顺主编：《中国慈善发展报告（2009）》，社会科学文献出版社2009年版，第20页。

动互联网和数字支付技术的迅猛发展，慈善领域有了重要的社会创新，微博、微信、公共论坛等逐渐演进为全民媒体，进而创造出以人人慈善、全民慈善为核心理念的"微公益"这种现代公益慈善的新形态。从"微博打拐"到"大爱清尘"，从"爱心衣橱"到"免费午餐"，越来越多的"微公益"不断丰富着人们对慈善的认知，诠释着"友善"的核心价值观。作为一个低门槛、透明化、方便快捷且高效互动的网络互动平台，微公益快速集聚了公民的慈善捐赠和志愿服务，同时让慈善理念得到了迄今为止最为广泛的社会传播。这种具体而微的慈善，正是慈善的真谛和力量所在——慈善需要的不仅仅是"富人之力"，更需要"人人之力"，把慈心善行落实到日常生活当中，使之成为公民的情感表达、社会责任和生活方式。到了2015年，随着"互联网+"上升到国家战略，各网络主体开始统筹自身资源，并利用互联网的技术及平台优势，不仅让"随时、随地、随手"成为网络公益慈善的新趋势和新常态，而且积极探索网络公益与弘扬和践行社会主义核心价值观相结合、网络公益与社会需求相结合、扶贫式公益与能力建设式公益相结合的创新路径。在政府相关部门的重视、行业协会的推动、互联网平台的助力与广大网络用户的积极参与等凝聚起来的合力作用下，网络公益慈善开始成为慈善领域令人瞩目的焦点，也创造了一系列惠及社会及公民个体的成果和奇迹：于社会而言，网络公益慈善因便于践行与落实社会主义核心价值观而有助于建设一个以民为本、多元合作的和谐社会；于个人而言，网络公益慈善因拓展了公共空间而有助于公民个体的社会化成长。这些新业态和创新成果为整个公益慈善事业的发展注入了新的创造力和行动力。

但是，我们也应该看到，由于中国传统的家庭观念浓厚、慈善组织不发达以及慈善捐赠渠道不畅，我们的慈善事业还没有从传统的"熟人慈善""大灾慈善"走向现代的"公民慈善""日常生活慈善"。与此同时，一系列公信力危机事件也使得网络公益慈善的发展频频陷入困境：2016年上线的"水滴筹"社交筹款平台屡次因筹款信息的真实性审核问题而深陷公众信任危机；2017年9月9日，腾讯"99公益日"的捐赠明细中出现单个账户进行高频小额捐赠的异常现象，疑似"机器刷单"；2017年12月23日，北京零分贝科技有限公司和爱佑未来慈善基金会联合推出"分贝筹"微信应用发布了"同一天生日"网络筹款活动,也因各种错误导致"孩子的信息是否真实""是否真的贫困户""善款最终进了谁的钱包""募捐主体是否有募捐资质"等引发网络质疑不断,严重损害了网络募捐在社会大众心目中的形象;2017年12月初,原北京新阳光慈善基金会同梦慈善基金创始人刘建利用个人账户收白血病患者"救命钱"并承诺"配捐善款",但刘建收款千万元后去向不明,"骗捐""诈捐"事件的频发让广大网民对网络募捐望而却步……

这些都说明,网络公益慈善作为一个新生事物,还存在诸多不成熟而亟须完善的地方:一方面,我们满怀期待地拥抱移动互联时代的到来,希望人人都可以成为信息社会的实践者和受益者,祈祷公益慈善可以借助"互联网+"这一国家战略,为把我国建成富强民主文明和谐美丽的社会主义现代化强国添砖加瓦;另一方面,移动互联网在连接、传播、赋能、聚合和协同等方面对公益慈善展现出巨大的推动力和创新力时,慈善行业的自律与监管问题、现有监管规范与标准的漏洞与不足、技术伦理的界定与守持、捐赠暴涨与公众慈善意识提升之间的张力与不平衡等[1]都是信息技术背景下互联网公益慈善无法回避的困难和挑战。

当前的困难,怎么破?微公益的未来,怎么走?这便是本书着力思考的问题。有鉴于此,我们认为需要追本溯源,从思想史的视角探寻"慈善"的本义和真谛。唯有如此,才不会在纷繁复杂的幻象中丢失"慈善"的初心和使命。

通过学术史的梳理,我们知道无论是在中国还是西方文化语境中,"慈善"都是一个历久弥新的概念。中国传统文化中的慈善侧重于"仁慈、善良",而西方的基督教文化则关注于"博爱"。虽然因不同的历史文化传统对"慈善"一词有着不同的理解和阐释,但两者皆与"爱"密切相关,有了爱,施善的人才会将自己的"爱心、良知""怜爱、仁慈"转化为出于"自愿"的"善行",即"慈善"是出于人的慈爱之心而产生的代表主观意愿的实践活动。这是我们理解"慈善"概念的逻辑起点。根据国内外学术界的诸多解释,慈善的内

---

[1] 徐会坛、杨团:《中国慈善在过渡期负重前行的一年》,杨团主编:《中国慈善发展报告(2018)》,社会科学文献出版社2018年版,第13页。

涵及外延十分宽泛，慈善可以理解为慈善活动、慈善行为、慈善组织、慈善志愿者、慈善资源、慈善项目、慈善文化和慈善精神，以及慈善事业等概念的集合。基于此，在当前的社会背景下，我们需要综合理解和把握慈善的理论内涵：首先，慈善是一种发端于慈爱善心和社会责任的道德实践活动；其次，慈善也是一项包括慈善组织、慈善资源募集、慈善志愿者的招募与管理以及慈善项目运作等在内的庞大的社会系统工程；最后，慈善通过造福于人和社会的价值追求彰显着慈善精神和慈善文化。我们相信，随着全面建设社会主义现代化国家进程的不断深入，慈善在关注民生、整合社会资源、增进公共利益、提升公共道德、完善个人品格、实现自我价值等方面都将会起到积极作用。因此，本书拟在对国内外慈善发展史和各国慈善事业实践进行系统梳理和客观审视的基础上，结合我国当前互联网发展方兴未艾的实际，剖析一些具有重大影响的案例，从价值引领、社会支撑、法治保障和文化培育四个方面就微公益时代如何实践公民慈善提出一个总体性的实施策略。

在价值引领方面，主要关涉作为价值共识基础的社会主义核心价值观对微公益的价值引领功能。随着我国市场经济的现代转型，我们时常会面临因私人领域与公共领域进一步分化所导致的私人利益与公共善之间的冲突与挑战。这一问题如若得不到解决，不仅会引发社会的道德危机，也会影响微公益时代公民慈善的良性发展。以24个字为基本内容的社会主义核心价值观涵盖了国家、社会和公民三个不同层面，通过体现当代中国社会的多元价值诉求，而被公认为是全国各族人民共同认同的价值观的"最大公约数"。从国家层面到社会层面，再到公民层面，社会主义核心价值观为私人领域的"私德"与公共领域的"公德"实现融通并达至和解提供了可能和保障。如果说这仅是一种理论层面的融通，那么，依托于互联网技术的微公益则在实践层面为打通私人道德领域与社会公共领域提供了一条可能之径。基于微公益的"微"特色与培育和践行社会主义核心价值观须在"落细、落小、落实"上下功夫的实践进路的高度契合，以社会主义核心价值观引领微公益的良性发展不仅可行而且必要。社会主义核心价值观引领功能的发挥在于广大人民群众对社会主义核心价值观的认同。但是，认同社会主义核心价值观绝非一蹴而就的事情，而是需要遵循其认同形成的利益机制和过程机制：利益机制强调社会主义核心价值观的认同需要关注"人的需要"这一维度，并以改善民生作为推进社会主义核心价值观认同的基本路径和动力；过程机制则表明社会主义核心价值观的认同需要经历三个阶段或三个层次，其中对社会主义核心价值观的认知认同是基础，对社会主义核心价值观的情感认同是重要环节，对社会主义核心价值观的行为认同是最终目标和归宿。

在社会支撑方面，主要关涉支撑微公益发展的社会信誉。公信力是现代公益慈善发展的生命力所在，但由于网络世界中的数字化背景和诸多不确定性，微公益领域发生了一系列引发公信力危机的社会事件，并影响到网络公益慈善的社会口碑。当人们很容易把骗捐、诈捐、套捐等网络骗局与网络公益慈善联系在一起时，微公益未来的发展空间将会极大地受限。慈善信息透明度和网络公益慈善自身的专业程度也是影响网络公益慈善公信力的主要因素。对于前者，《中华人民共和国慈善法》（以下简称《慈善法》）的颁布及相关政策的发布带来了我国慈善信息透明度提升的向好趋势。但加大慈善信息透明度只是提升网络公益慈善社会信誉的必要条件，并不是充分条件。提升社会大众对网络公益慈善的认可和支持还在于其自身的持续性和专业性发展。草根性和灵活性的特征极易导致很多微公益项目最后仅表现为一种随手公益，这会极大地浪费微公益理应发挥的效能。因此，如何逐步系统化、组织化并走向专业公益是网络公益慈善的大势所趋。对此，中国狮子联会的组织化发展以及上海真爱梦想公益基金会在"梦想课程"中所体现的专业性可以给我们提供相关的实践经验。但就目前国内的总体情况而言，在专业人员培养及引入存在大量缺口的情况下，加大志愿者服务培养的规模和力度也许是另一条值得尝试的实践路径。

在法治保障方面，主要关涉如何以完善的法治建设为微公益保驾护航。伴随着我国慈善事业发展的几经沉浮，我国的慈善立法也历经曲折。这一曲折进程不仅说明了立法这一行为本身的不易，也反映出党和政府对于慈善立法的慎重。《慈善法》的正式实施对于规范当前的慈善事业行为、推动慈善事业的健康发展不仅表现在集中立法的形式有效弥补了之前分散立法的不足，使得慈善活动的全面实施与开展可以做到有法可依、有章可循，而且"大慈善"概念的设定，也体现了社会共享的发展理念，对于提升整个社会的公民慈善意识大有裨益。但当我们聚焦微公益领域就会发现，落地实施的《慈善法》的实际效果与我们理想中的期待尚有一定差距。比如，公民慈善的主体资格受限问题、慈善组织的网络募捐平台规范问题，以及对网络慈善行为的监管缺乏可操作化细则等在已颁布的慈善法律法规中并未得到妥善解决。对此，我们不仅需要重视以社会主义核心价值观引导制度的顶层设计，还需要加快完善法律配套制度及法治文化建设，需要加强制度有效性的监督体系建设，努力改善微公益发展的制度环境。

在文化培育方面，主要关涉以慈善教育塑造微公益时代的公民慈善文化。良好的公民慈善生态应是公益慈善精神及其理念融入并落实到社会大众的日常生活，这实为一个社会成员不断体悟、内化慈善文化，并将慈善文化外化于行的柔性过程。慈善文化虽有广义和狭义之分，但均指向人们在长期的慈善活动中所形成的慈善价值观念和慈善行为准则。优秀的公民慈善文化的塑造离不开慈善教育。以培养公民慈善意识、增进公民知晓慈善运作机制、养成公民慈善行为自觉为使命和价值的慈善教育不仅可以在"人人慈善"的理念基础之上实现慈善事业的专业化和职业化发展，而且可以通过对公民实施道德层面、知识层面以及实践层面的立体培育对培育微公益时代的公民慈善文化助一臂之力。基于慈善教育与慈善文化的完美契合，我们可以通过提升慈善教育的实效性来塑造优良的公民慈善文化。但就目前而言，不论是慈善普及教育，还是致力于专业人才培养的慈善专业教育，慈善教育并未充分发挥其应有的作用。对此，我们不仅要积极推动慈善普及教育，实现慈善教育进机关、进企业、进学校、进社区、进乡村，而且要积极探索在以国内部分高校招收慈善专业或方向的硕博研究生作为理论研究奠基的基础上，适时推进高校与公益慈善行业的双赢合作策略与途径。

质言之，现代慈善能够发挥社会稳定器的功效，承担提升社会文明、凝聚道德和社会价值的积极功能。在一定意义上可以这样说，现代慈善就是公民慈善，它的主角是公民以及由公民自组织起来的自治和独立的各类社会组织，它的主宰或行事准则是公民精神——以社会集体性的自我意识来支持公民认可并自觉遵循的各类基本的人类价值。它包括宽容、同情、志愿者精神和公民之间的互助友爱，这也是现代人需要承继并发扬光大的品格。① 有鉴于此，本书从价值引领、社会支撑、法治保障和文化培育四个方面就如何构建互联网时代的公民慈善提出一个总体性的实施策略，这一战略框架还只能说是在理论层面对互联网时代应该如何通向公民慈善的一种初步探讨，实践层面具体效果如何还有待时间的考证以及理论自身的不断完善。

---

① 杨团、葛道顺主编：《中国慈善发展报告（2009）》，社会科学文献出版社2009年版，第295页。

第一章

慈善及其功能定位

在中西方的不同语境中,"慈善"都是一个历久弥新的概念。虽然因不同的历史文化传统对"慈善"一词有着不同的理解和阐释,但通过对慈善的释义及其源流进行分析论证并找到其共同点,无疑是我们恰当理解和把握"慈善"这一概念的逻辑起点。

第一节 慈善释义

在中国的传统文化典籍中,"慈"与"善"是作为两个词分开来使用的。"慈"的含义比较丰富,其源流大致有三种:一是特指"母亲"。如古人常将自己的母亲尊称为"家慈",唐代诗人孟郊的乐府诗《游子吟》:"慈母手中线,游子身上衣。"二是指子女对父母的孝敬和奉养。如《庄子·渔父》:"事亲则孝慈。"《国语》中也有"为义好学,慈孝于父母",表明了慈与孝顺、敬重的通达之意。三是指父母对子女的爱,后引申为长辈对晚辈的爱抚或给予,如《左传》中有"父慈子孝"的记载,《国语·吴语》中也有"老其老,慈其幼,长其孤"[①]。此后,随着中华传统文化的传承与积淀,"慈"在原来的基础上又逐渐衍生出"慈爱""仁爱""仁慈"之意,即由原来较为狭义的父母之爱、子女之孝扩展到与仁相衬的更为广泛的社会之爱,如汉人刘熙在其《释名·释言语第十二》中写道:"慈,字也。字,爱物也。"段玉裁在《说文解字注》中对"慈"的注解为:"慈,作

[①] 周秋光、曾桂林:《中国慈善简史》,人民出版社2006年版,第2页。

爱，惠也，仁（人）也，从心兹声，疾之切。"贾谊在《新术·道术》中则有"恻隐怜人，谓之慈"的说法，意指"慈"为人的恻隐怜爱的本性。

"善"作为伦理学的一个核心概念，其本义是"好"，也可解释为完满、完善。如许慎在《说文解字》中对"善"有如下解释："譱，吉也；从言从羊，此与义（義）美同意。"此乃"善"的本义即"吉祥""美好"，而后慢慢引申出友好亲善、品行高尚。善主要从三个方面的价值评判：一是指个人品德之善，即"善德"；二是指人的行为之善，即"善行"；三是指行为后果的善，即"善报"。① 如《管子·心术下》中有："善气迎人，亲如弟兄；恶人迎人，害于戈兵。"《孔子家语》也有："与善人居，如入芝兰之室，久而不闻其香，即与之化矣"。此处的"善气""善人"皆有浓厚的伦理道德价值之意蕴，后人也因此将节操高尚、乐于助人的人称为善人或善士。

"慈"与"善"虽然从语源学的角度来看有一定的区别，但是在长期的历史演进过程中，两者的字义渐趋相近，都包含有仁慈、善良、富有同情心的内涵。南北朝时期，"慈"与"善"开始组合使用，《魏书·崔光传》有："宽和慈善，下作于物，进退沈浮，自得而已"，描述的是崔光这个人"仁善""慈祥"，不吝捐助。而更早的《南齐皇太子礼佛愿疏》中也有关于"慈善"二字的组合记载："天母之德，厚载不能加；任姒之盛，坤仪宁足匹？未及诸王妃主，宫掖嫔房，未来因缘，过去眷属，并同兹辰，预此慈善。"② 此处的"慈善"蕴含博爱之意，意指当人们心中生成了无私之爱，就能够做出帮助他人的行为。《韩非子·内储》中提到的"王曰，慈惠，行善也"也是指以慈爱优惠来做善事。除此之外，儒家的"泛爱众而亲人"、佛家的"慈悲为怀"以及道家的"行善积德"更是蕴含着丰富的慈善理论渊源，这三大文化体系基于各自立场对"慈善"所做的阐释，在中国历史文化不断演进的过程中也极大地丰富了"慈善"的内涵。综而观之，自先秦以来，中经两汉，至魏晋南北朝时期，受儒释道等

---

① 安树彬、赵润琦：《当代慈善学》，陕西人民出版社2017年版，第9页。
② （唐）释道宣撰：《广弘明集》（二十八上），文渊阁《四库全书》电子本，上海人民出版社1999年版，第155页。

多元文化思想的影响,"慈善"所蕴含的关爱、怜悯他人的道德规范或观念逐渐成为人们自觉或不自觉所遵循的善行之指导。[①] 与"慈善"的道德观念发展相适应,中国古代的慈善活动始于两汉期间,成熟于隋唐、宋元时期,捐赠的财产、设施、物品被称为"义舍""义仓""义学""义田""义米",慈善机构被称为"社仓""粥局""善堂"等。直至当代中国,"慈善"一词的内涵基本沿袭了古代"慈善"的意义阐释。《新华字典》对"慈"的基本释义是:仁爱、和善,特指"慈母",对父母的孝敬奉养;对"善"的基本释义是:心地仁爱、品质淳厚,好的行为、品质,友好等。《现代汉语词典》对"慈善"的解释是:对人关怀而有同情心;仁慈而善良。可见,在中国的语境中,"慈善"就是把善心和善行联结统一起来,把善心善意外化为帮助别人的善事和善行。

在西方语境中,"慈善"相对固定的英文表达是"Philanthropy"和"Charity"。"Charity"源自公元前的拉丁文"Caritas",意思是"爱"。爱(love)或仁爱(charity)是基督教的第三个神学德性,也是基督教"七德"中的首德。有研究认为,基督教爱的概念来源于希腊的 agape(爱)的概念。这个词表达了神性的、无条件的、自我牺牲的、积极的、自觉自愿的和经过思考的爱。按基督教的理解,爱来自上帝,在对所有其他人无限仁爱的意义上,爱是一种普遍的爱,是人类精神终极的完善,因此它被认为是对上帝本性的赞美,也是上帝本性的反映。[②] 有鉴于此,"Charity"一词含有浓厚的宗教色彩,表示上帝对人类、基督徒对同胞的爱,即所谓的"博爱、宽容、同情"等,基督徒在举行各种募捐慈善活动时,也通常以此为由。于是,"Charity"又衍生出"慈善、施舍"之意:一是给穷人提供的帮助、救济或施舍;二是用于帮助处于需要中的人的东西;三是为帮助处于需要中的人而建立的机构、组织或者基金会;四是作为爱的一种美德,这种美德引导人们首先对上帝尊爱,然后要对作为上帝施爱对象的某人、自己和邻里表示仁爱之心。[③] 目前,一般工业化之前就存在

[①] 周秋光、曾桂林:《中国慈善简史》,人民出版社2006年版,第3页。
[②] 江畅:《西方德性思想史》(古代卷),人民出版社2016年版,第40页。
[③] 刘国华主编:《慈善是一种文化》,上海教育出版社2011年版,第17页。

并流传下来的慈善组织和行为,比如教会的慈善,就一直沿用"Charity"这个词,重在强调对他人的需求行善、救助和慷慨施舍。"Philanthropy"一词源自希腊文 philanthropos(philos + anthropos),"Philos"指"爱、喜欢"(love),"Anthropos"指"人、人类"(mankind),公元前5世纪被古希腊哲学家组合在一起成为一个词,意为"热爱人类"(love mankind),表达了"博爱主义""人道""善心"的道德含义。对"Philanthropy"的释义一般有三个层面:一是对全人类的爱,是一种心理状态或价值观念;二是为了提高人类福利的活动或机构;三是增加人类福利的努力或倾向。[①] 但为了与作为狭义的慈善概念"Charity"相区分,学界现多将"Philanthropy"作为广义的慈善概念译为"公益""现代慈善"或者"慈善事业",用以指称后工业时代的新慈善,如公司慈善就用"cooperate philanthropy"。

从上述对"慈善"的中西方语源、释义分析可以看出,尽管中西方文化存在着诸多差异,如中国传统文化中的慈善侧重于"仁慈、善良",而西方的基督教文化则关注于"博爱",但二者皆与"爱"密切相关。有了爱,施善的人才会将自己的"爱心、良知""怜爱、仁慈"转化为出于"自愿"的"善行",即"慈善"是出于人的慈爱之心而产生的代表主观意愿的实践活动。这也是我们理解"慈善"概念的逻辑起点。

第二节 慈善的理论内涵

何为慈善?学界提供了各种各样的解释。《犹太教百科全书》中的"慈善"定义是:慈善是作为一种个人的责任所必须履行的捐赠钱物或提供服务给所有需要帮助的人。[②] 美国知名慈善研究者罗伯特·L.佩顿(Robert L. Payton)和迈克尔·P.穆迪(Michael P. Moody)认为"施舍"和"慈善"的通用可能会令人困惑。因此他们倾向于将"慈善"作为一个概括性词汇使用,是指所有"为了公益的志愿行

[①] 刘国华主编:《慈善是一种文化》,上海教育出版社2011年版,第18页。
[②] *The Encyclopedia of Judaism*, New York: Oxford University Press, 1995: 71.

为"，而"施舍"的含义较为狭窄。如果一定要将两者做出区分，则"慈善"是指为了提高生活质量的行为，"施舍"是指为了缓解痛苦的行为。当然他们也认为，从历史上来讲，"施舍"和"慈善"所代表的价值兼容互补，而非排斥对立，这两个词都代表了我们关心的价值（善行传统的重要部分），并且这两种价值都鼓舞了人们认为重要的实践。[1]《中国大百科全书》认为慈善是私人或社会团体基于慈悲、同情、救助等观念，为灾民、贫民及其他生活困难者举办的施舍、施舍活动的统称。还有学者强调了慈善是一种自愿行为，即"慈善是公众以捐赠款物、志愿服务等形式关爱他人、奉献社会的自愿行为"[2]。周秋光教授对慈善的基本定位是：慈善不只是一种动机和行为，也是一种观念，一种事业。作为一种观念，慈善就是发扬人道主义精神；作为一种事业，慈善就是调节、补救、福利人群和社会。因此，慈善事业是人道的事业。[3] 郑功成教授则基于社会保障的角度，认为在当代社会，慈善事业是同时包含了初次分配、再分配和第三次分配的份额，是一种建立在各方自愿、互利基础之上的混合型分配方式。慈善事业的目的主要是通过慈善救助及相关服务的提供，解决脆弱社会成员的生存困境或特殊困难，同时满足其相应的社会服务需求，从而在客观上发挥社会保障的功能作用，但慈善事业又不同于法定社会保障制度。作为现代社会保障体系的一个组成部分，慈善事业在理论与实践中均构成一种独特的社会保障方式。[4]

《慈善法》第三条对慈善活动是这样规定的："本法所称慈善活动，是指自然人、法人和其他组织以捐赠财产或者提供服务等方式，自愿开展的下列公益活动：（一）扶贫、济困；（二）扶老、救孤、恤病、助残；（三）救助自然灾害、事故灾难和公共卫生事件等突发事件造成的损害；（四）促进教育、科学、文化、卫生、体育等事业的发展；（五）防治污染和其他公害，保护和改善生态环境；（六）

---

[1] [美] 罗伯特·L.佩顿、迈克尔·P.穆迪：《慈善的意义与使命》，郭烁译，中国劳动社会保障出版社2013年版，第53—55页。

[2] 徐麟主编：《中国慈善事业发展研究》，中国社会出版社2005年版，第28页。

[3] 周秋光主编：《中国近代慈善事业研究》（上），天津古籍出版社2013年版，第35页。

[4] 郑功成等：《当代中国慈善事业》，人民出版社2010年版，第2—3页。

符合本法规定的其他公益活动。"① 在这条法规中，同时出现了"慈善"和"公益"，而且学界及媒体也经常出现"慈善公益"或"公益慈善"这样的词汇，"慈善"与"公益"好似一对双胞胎，因此，有必要对"慈善"和"公益"的关系做初步的梳理。关于两者的关系主要有这样两种观点：其一，认为慈善与公益是一回事。如1999年颁布的《公益事业捐赠法》中关于公益事业的内容（救灾、帮困、助残、文化教育、环保等领域的非营利范畴的工作）与慈善的内涵完全一致。而现代意义上的慈善与公益两个概念均来源于西方，本来就是一个意思，只是"Charity"和"Philanthropy"的区别。其二，认为慈行善举表达了慈善的源泉来自于个人，侧重个体精神和道德，经常指向的是短期特殊群体的基本生存需要；而公益即社会公众的公共利益，来源是公共领域，强调政府、国家的权利和责任。基于第二种观点，公益与致力于长期改善公共利益的机构相关，因此人们把各级政府兴办的社会福利、教育、卫生、体育、环保等方面的专业机构称为公益组织，而把民间人士或民间资本兴办的从事慈善事业的专门机构（主要包括各类基金会、部分民办非企业单位和社会团体）称为慈善组织。本书认为，"慈善"与"公益"并非孑然对立，但也不能混为一谈。传统慈善的着眼点是人的生存，而现代慈善则着重于人的发展，这也是传统慈善向现代公益的转型，是慈善与公益的融合。正如有的学者所提到的："公益偏重公共维度，强调主体间的平等；慈善较公益更具文化性与思想性内涵；现代慈善开放性兼具公益性特征。"② 换言之，一般认为慈善有着更为悠久的历史文化渊源，也有着更为丰富的伦理意义和道德内蕴，随着历史的发展，慈善的内涵和外延也在不断拓展，从最初对个人德性的强调转向兼顾社会公众的开放性，这正是公益特征的显现，而现代公益也必然秉承着传统的慈善精神和慈善文化。由此可见，《慈善法》所明确的慈善活动的范围，非常符合当代慈善发展的趋势和特点。

基于以上分析可以看出，慈善的内涵及外延十分宽泛，可以说是

---

① 《中华人民共和国慈善法》，中国法制出版社2016年版，第3页。
② 韦炜：《中国慈善基金会法人制度研究》，中国政法大学出版社2010年版，第30—33页。

慈善活动、慈善行为、慈善组织、慈善志愿者、慈善资源、慈善项目、慈善文化和慈善精神，以及慈善事业等概念的集合。① 因此，我们需要在综合把握这些概念集合的基础上，来完整理解当代社会背景下慈善的理论内涵。

首先，慈善是一种发端于慈爱善心和社会责任的道德实践活动。从前文对"慈善"的释义及其源流的分析可以看出，慈善行为的基础首先在于人的内在心性要有善心善德，即孟子所谓的"善根"，这是善行善举产生的前提条件，正如中国的大慈善家熊希龄曾经说过的那样："孔教言仁，又曰博施济众；耶教言博爱，又曰爱人如己；佛教言慈悲，又曰普渡众生"，"无论为何教何学，无不以人道为重"。② 即慈善源于人性的自然情感，是人类善良本性的显现。不仅如此，鉴于其同时兼具公共开放性的公益特征，现代意义上的慈善注重社会道义，强调社会责任，以期通过培养"人人有能力时帮助人人，人人遇灾难时人人帮助"的"自觉"理念，在全社会形成有助于社会和谐、稳定的人文关怀氛围。因为"责任所包含的道德强制力和道德理性，是所有道德规范中最多的，也是社会的道德要求和个人道德信念结合得最紧密的。从这个意义上说，是处于最高层次的道德规范"③。慈善便是这样的一种道义责任和社会责任，慈善的责任是爱心的理性升华，是爱心的延展和深化。有了这种责任，慈善不再仅仅是对贫困者尽人道之情，更是对社会和谐、公平正义的追求。每个公民把爱心的表达从同情、怜悯升华为一种道德责任，从而让善举从感性的行为上升为理性的行为，从个别行为走向普遍行为，从偶然之举转化为日常生活方式。④

其次，慈善是一项包括慈善组织、慈善资源募集、慈善志愿者的招募与管理以及慈善项目运作等在内的庞大的社会系统工程。现代意义上的慈善不再仅仅局限于传统社会中的"恩泽"观念，即对社会贫弱人群的救济和帮扶，更是一种通过非政府、非企业、非营利的社会

---

① 安树彬、赵润琦：《当代慈善学》，陕西人民出版社 2017 年版，第 13 页。
② 周秋光编：《熊希龄集》（下册），湖南出版社 1996 年版，第 1389 页。
③ 王元骧：《康德美学的宗教精神与道德精神》，《浙江学刊》2006 年第 1 期。
④ 陈东利：《中国公民慈善意识培育》，上海大学出版社 2014 年版，第 48 页。

活动对社会公共问题的解决所进行的努力性尝试。这种努力性尝试并不是靠某一个人、某一个机构或组织的力量，而是需要全社会尽可能地调动和调配更多的人力、物力、财力等资源因素形成合力。其中，慈善组织、慈善资源募集、慈善志愿者的招募与管理以及慈善项目的管理与运作就是这一合力中的重要因素。慈善资源是慈善活动得以展开的物质技术保障，慈善资源募集的质量和数量，制约着慈善活动开展的程度和水平，因而是慈善活动的基础；慈善志愿者及志愿者组织的介入及其规模的不断扩大和程度的不断加深，是传统慈善活动向现代慈善活动转型的一个重要标志，即现代意义上的慈善不再单纯以款物救济为主要内容，而是一种以知识和技能服务为特征的志愿服务活动；慈善项目的策划和运作是慈善活动的龙头，项目品牌是吸引社会各界、企业组织关注慈善活动，募集慈善资源的旗帜；而慈善组织则是从事和组织慈善活动的公益性社会组织，其主要职能就是进行慈善资源募集、慈善项目的策划和运作以及慈善志愿者的招募和管理。[1] 由此可见，这其中的每一个因素、每一个环节都有其独特的作用与功能，慈善活动的顺利推动，在很大程度上有赖于包含这些因素及环节在内的社会系统工程的有效运转。

最后，慈善通过造福于人和社会的价值追求彰显着慈善精神和慈善文化。中西方自古以来均有慈善文化传统。虽然两者存在文化上的差异，比如中国的慈善思想主要强调道德自律和慈善的道德教化功能，行善是良心上的满足，并未形成一种本能意识；而西方的慈善思想则强调道德他律和责任意识，出于"原罪"的无形的道德约束和对来世美好的愿景，本能地从事慈善活动，[2] 但"中国的儒家、佛家文化和欧美的基督教文化都凝聚为一个无条件的道德指令和人文关怀——每个人在追求自己幸福的同时，必须尊重他人，爱护他人"。[3] 这里其实内含着慈善的一个价值追求，即人人幸福。在慈善活动中，对于施善者而言，获得了给予和受他人尊重的幸福；对于受助者来说，获得了来自他人和社会关注的幸福。换言之，参与慈善活动的双

---

[1] 安树彬、赵润琦：《当代慈善学》，陕西人民出版社2017年版，第14页。
[2] 陈东利：《中国公民慈善意识培育》，上海大学出版社2014年版，第43页。
[3] 王辉耀：《中西慈善文化现象及渊源比较》，《乡音》2007年第5期。

方均可以从中满足自身的情感需要和利益要求，从而获得幸福和快乐。这种倡导向上向善的慈善精神和慈善观念有助于人与人之间的和谐共处，对于构建和谐的社会关系、创造和追求社会公众的普遍幸福具有积极的引领作用。

第三节 慈善的功能定位

每一种社会存在和行为都有一个功能或定位的问题，慈善也不例外。对慈善的功能定位，需要结合其所处的社会背景，认清其优势和劣势、机会和挑战以及预期的行为追求等。中华人民共和国成立后，以大包大揽为特征的计划经济体制没能给慈善提供合适的生长环境，慈善一度因被斥为带有资产阶级色彩的"伪善"而长期处于"空白期"。改革开放为慈善的发展带来了希望和契机，但也因长期计划经济体制的"惯性"处于一种"跌跌撞撞"的"苍白期"。直至20世纪90年代初，随着国民经济自改革开放以来连续创造的高速增长奇迹、贫富差距持续扩大所导致的待受助群体规模日益庞大、公众对慈善的期待日益提升所营造的社会氛围等，我国的慈善事业日渐苏醒并终于在跨入21世纪后获得了极大发展，主要标志是2005年首届中华慈善大会的召开及首部《中国慈善事业发展指导纲要（2006—2010）》的颁布。越来越多的人开始认识到，随着我国构建社会主义和谐社会进程的不断深入，慈善在关注民生、整合社会资源、增进公共利益、提升公共道德、完善个人人格、实现自我价值等方面将会起到巨大的作用。

首先，慈善有助于关注民生，整合社会资源。改革开放以来，我国经济实现了快速发展，人民收入水平有了很大的提高，据瑞信研究院发布的2019年《全球财富报告》显示，过去的将近20年，中国的家庭财富增长了17.2倍，增速超过多数其他国家的3倍，相当于美国从1970年开始32年的增长水平。但我们也不应忽视，从人均享有发展成果来看，我国的贫富差距依然处于一个较高的位置。根据相关政府数据，我国目前的基尼系数一直在0.4—0.5之间徘徊。当贫富差距扩大的幅度过大、增速过快时，势必会影响到社会的稳定，国家对此也采取了相关政策和措施,如提高劳动报酬在初次分配中的比重,强化税收制度在收入分配中的调节作用,健全完善社会保障制度等,目的就是为了重新整合调配社会资源,缓解和缩小城乡的收入差距。但因为地区间发展的差异性、税收制度不健全、社会保障制度不完善等现实情况,改善我国贫富差距不断扩大的情况还有很长的路要走。目前学界研究的共识是将慈善视为调节贫富差距的第三次收入分配领域。所谓第三次分配,是建立在自愿的基础上,奉行"道德原则",以募集、自愿捐赠和资助等慈善公益方式对社会资源和社会财富进行的分配,以使社会分配更趋公平。[①] 慈善虽然不是基于效益原则的强制的、刚性的分配政策,但它基于社会道德和公平原则而对社会资源和财富实行有针对性的、弹性的分配,在很大程度完善了社会主义市场经济条件下的分配制度和政策,是社会主义按劳分配制度的重要补充,对于建成富强中国、最终实现共同富裕的社会主义价值目标具有重要意义。不仅如此,党的十六届四中全会通过的《中共中央关于加强党的执政能力建设的决定》,明确提出"健全社会保险、社会救助、社会福利和慈善事业相衔接的社会保障体系"。而将发展慈善事业作为社会保障体系的重要组成部分明确提出来,在我党历史上还是第一次,且一下子就将之提到"最广泛最充分地调动一切积极因素,不断提高构建社会主义和谐社会的能力"的高度来认识。以此为标志和开端,我国的慈善事业从理论到实践都有了突飞猛进的发展。此后,党的十六届五中、六中全会,十七大报告、十八大报告及十九大报告中,"慈善事业"越来越成为重要议事日程,支持慈善事业发展的着力点越来越多,空间越来越大,如党的十九大报告中"完善社会救助、社会福利、慈善事业、优抚安置等制度,健全农村留守儿童和妇女、老年人关爱服务体系",是第一次将农村留守儿童、妇女和空巢老人写进党的报告,这进一步拓宽了慈善事业的推广范围和规模。也正是基于此,作为一种特殊的社会分配方式和一种独特的社会保障方式,在党和国家相关政策的支持下,慈善在通过整合社会资源来关注民生,特别是关注弱势群体方面必将也必能肩负起重要的历史使命。

---

① 商文成:《第三次分配:一个日益凸显的课题》,《兰州学刊》2004年第4期。

其次，慈善有助于增进公共利益，提升社会公德。改革开放以来，社会主义市场经济的高速发展改变了整个中国的面貌，但与此同时也产生了一些负效应，特别是其中以功利为取向的价值观念对我们的社会生活产生了较为深刻的影响，见利忘义、贪污腐败、违背诚信等败坏社会风气的现象时有发生，这必将导致公共利益的损害和社会公德的缺失。而慈善作为一种基于慈爱善心和社会责任的道德行为，与公共利益和社会公德则有着天然的紧密联系。亚里士多德说，"人是生活在一个群体中的群居动物"，马克思也曾言，追求利益是人类一切社会活动的根本动因，"人们奋斗所争取的一切，都同他们的利益相关"[1]。因此，对于每个生活在社会中的个人而言，不仅需要依靠他人来满足自己的物质需要，而且也必须依靠他人来获得相互之间的认可、尊敬和爱，从而满足自己精神上的需要。个人利益的实现离不开对社会公共利益的维护和践履，因为社会是由相互依存的个体（人）构成的有机整体，个体（人）是构成社会的要素，与此同时，个体（人）也离不开社会，"只有在集体中，个人才能获得全面发展其才能的手段，也就是说，只有在集体中才可能有个人自由"[2]。换言之，社会公共利益不是对个人利益的排斥，而是有利于个人利益更好得实现，而个人合理利益的实现反过来也会更有助于对社会公共利益的维护，两者是一种和谐共生的辩证关系。而慈善通过救死扶伤、助弱帮残、教育文化、卫生保健及环境保护等社会公益活动，一方面可以帮助社会弱势群体摆脱困境，稳定社会秩序；另一方面则让个人从慈善公益活动中得到了自我兴趣的拓展，是一种"有我利他"的价值取向，从而实现了个人与他人、个人利益与社会公共利益的整合。不仅如此，社会公共利益的增进，也将有助于社会公德的提升。梁启超就曾指出，"所谓公德者，就其本体言之，谓一团体中人公共之德性也；就其构成此本体之作用言之，谓个人对于本团体公共观念所发之德性也"，"公德之大目的，即在利群，而万千条理即由是生焉。本论以后各子目，殆皆可以'利群'二字为纲，以一贯之者也。"[3] 可见，

---

[1] 《马克思恩格斯全集》（第1卷）（上册），人民出版社1995年版，第187页。
[2] 《马克思恩格斯全集》（第3卷），人民出版社2002年版，第84页。
[3] 《梁启超全集》（第二册），北京出版社1999年版，第714页。

社会公德是人们在长期的社会活动和公共交往中，为适应共同生活的客观需要而逐步形成的公共生活准则，是"为群""利群"的社会道德底线，是从一般意义上对人们的公共生活所提出的基本的道德诉求。而慈善所体现出的正是对"陌生他者"和社会的无私关爱及奉献精神，是在"独立的人的相互联结中，人们意识到他们有责任彼此发现，他们无论在何处相遇都彼此相助以致进步"①。在这一过程中通过反映和维护人们日常生活中感受最直接、最切近的利益，将体现共同体至上的"公共善"与人们的情感、信念等有机结合形成一种习惯性的精神力量，从而将社会基本的公德规范提升转化为人们普遍的价值诉求，让社会公德理念深入人心。

最后，慈善有助于完善个人人格、实现自我价值。每个公民个体在公共生活中都有自己的角色归属和身份定位，而公民人格则是"公民在某一政治社会中承载和体现社会价值规定的特定生活状态"②。不难看出，人格是由外在的社会环境所赋予的，是社会价值精神在人身上的内化和人的"类"本质在个体性上的体现，是人作为活动主体的精神品质和性格气质特征。③ 因而，人格是随着社会发展而不断发展的。现代公民人格是公民适应现代社会发展需要应具备的人格品质，内含着人在社会历史过程中依附性的消除与独立性的获得，其建构及完善有其自身的逻辑特点。从人自身的存在及发展的需要来建构公民人格，自由、独立、平等是现代公民应具备的基本人格素质；从处理人与人、人与自然、人与社会的关系出发建构公民人格，理性精神、责任意识、公共意识是现代公民的本质特征。④ 换言之，以适应现代社会的发展，"人们必须在精神上变得现代化起来，形成现代的态度、价值观、思想和行为方式，并把这些熔铸在他们的基本人格之中"⑤，

---

① ［德］卡尔·雅斯贝斯：《时代的精神状况》，王德峰译，上海译文出版社2003年版，第229页。
② 余潇枫、盛晓蓉：《论公民人格》，《浙江大学学报》（社会科学版）1998年第2期。
③ 卓高生：《当代中国公益精神及培育研究》，社会科学文献出版社2018年版，第36页。
④ 程德慧：《当代中国学校公民意识教育研究》，硕士学位论文，华东师范大学，2012年。
⑤ ［美］英格尔斯：《人的现代化》，殷陆君编译，四川人民出版社1985年版，第6页。

即每个公民个体不仅需要不断完善自己所应具备的自由、独立、平等等基本人格素质，还需要在作为个体性与他性的相伴中不断表征着自我的健全人格。以自由、平等、博爱为主旨的人道主义是西方文化的传统，也是西方慈善事业发展的思想渊源；中国的传统文化虽与西方追求自由平等的人文精神有异，但其主张"人性善""天道无为，人道有为"的观点也是在中国语境中慈善行为得以发生的思想前提和基础。

由此可见，不论是中国还是西方，慈善活动都体现了人性的力量，是人性正向价值的弘扬。时至今日，充分发挥人的个性，遵从诸如理性、自由、独立、平等和尊重等原则和思想，已得到了广泛共识。因而，追求人的自由发展，展现人的独立个性，充分尊重每个个体的意愿，是当代人类慈善行为和慈善活动基本的价值诉求，也是各慈善组织应该遵循的基本原则。不仅如此，在现代慈善理念中，一个人的善行不只是简单地出于同情他人的动机，而是应该出于个人对他人、对自然、对社会的一种道德责任。这种道德责任表明，慈善不仅是对贫困者的同情之心和良心使然，也有赖于慈善行为双方对彼此关系的一种理性认识，更是对个人与他人、个人与自然、个人与社会和谐相处这种"公共善"的向往和追求。这无疑将有助于公民个体完善其人格，实现其自我价值。

第二章

慈善的历史嬗变

习近平总书记在致第二十二届国际历史科学大会的贺信中指出：历史研究是一切社会科学的基础，承担着"究天人之际，通古今之变"的使命。重视历史、研究历史、借鉴历史，可以给人类带来很多了解昨天、把握今天、开创明天的智慧。慈善有着悠久的历史渊源和思想传统，在古今中外的历史发展中也经历了转折和变奏，立足于历史梳理慈善的发展态势，有助于我们更好地理解和把握慈善的当代转型。

第一节 教会慈善：传统慈善的发轫

作为有着五千年悠久文明的历史古国，中国是世界上最早倡行和发展慈善的国家，先秦诸子百家中关于慈善的论说对中国社会的传统慈善提供了丰富的理论资源。在西方，基督教所蕴含的慈善理念是支撑西方传统慈善的重要精神支柱。对比考察中西方传统慈善的兴起与发展，对理解近现代直至当代慈善的转折和变奏具有重要意义。

一 中国传统慈善的思想渊源及其兴起

据古代神话传说和现代人类学、民族学、考古学等相关资料，我们可以大致推断在原始社会就有着朴素的福利观。在氏族社会里，由于生产力水平极其低下，氏族成员内部实行财产共有，共同劳动，平均消费，虽然没有现代意义上的社会救济，但"天下为公"的社会图景使得老、弱、病、残都能得到氏族的供养,并享受一定的福利保障。这种朴素的福利观随着人类历史的发展,成为后世慈善思想及其活动的原初形态。与此同时,中国传统文化中儒释道等关于慈善的论说也对中国社会慈善的兴起与发展产生了持久而深远的影响。

作为中华民族两千多年绵延不断的主流文化之一,儒家思想对中国社会的传统慈善影响最大。"仁爱"是儒家思想的核心和基础,"仁者,爱人"之说是孔子基于道德情感的立场用"爱人"来解释"仁",并将"爱人"作为人的本性。而要做到"仁者爱人",孔子认为需要从"孝悌""忠恕"开始,即从孝顺父母、敬重兄长的人伦道德出发,拓展爱民守礼的善念和品质,从"亲亲"到"泛爱众",不断实现由亲至疏的层层推进,这在某种程度上就突破了中国传统社会以"血缘""地缘""家族本位"等为纽带的伦理约束。孟子的"性善说"主张人性中有"恻隐、羞恶、辞让、是非"四种善端,是引导人们扬善抑恶的力量之源,尤其是作为"仁之端也"的"恻隐之心",正是人们从事各种慈善活动的动机所在。"君子之于物也,爱之而弗仁;于民也,仁之而弗。亲亲而仁民,仁民而爱物"①,在孟子这里,"仁"与"爱人"是向着范围更广的非血亲的人际关系推进,这就进一步丰富和完善了孔子"仁爱"思想中内蕴的慈善观。除了"仁爱"思想,"修己以安百姓"②"民为贵,社稷次之,君为轻"③到"君者,舟也,庶人,水也;水能载舟,亦能覆舟"④等"民本"思想,从"不患寡而患不均"⑤"大道之行也,天下为公……故人不独亲其亲,不独子其子,使老有所终,壮有所用,幼有所长,矜寡孤独废疾者皆有所养……是谓大同"⑥到"出入相友,守望相助,疾病相扶持,则百姓亲睦"⑦等大同思想,从"君子喻于义,小人喻于

---

① 《孟子·尽心上》。
② 《论语·宪问》。
③ 《孟子·尽心下》。
④ 《荀子·哀公》。
⑤ 《论语·季氏》。
⑥ 《礼记·礼运》。
⑦ 《孟子·滕文公上》。

第二章 慈善的历史嬗变

利"①"君子义以为上"② 到"不义而富且贵,于我如浮云"③ 等"重义轻利"思想,这些都是儒家思想中重要的慈善理论来源。

众所周知,佛教诞生于公元前6世纪的印度,西汉末年由西域传入中土,在与中国传统伦理碰撞融合的本土化过程中,其慈悲观念及因果业报说也因劝导人们趋善避恶从而成为广大民众行善积德、从事慈善活动的一个非常重要的思想动力源。慈悲观是佛教教义的核心内容,"大慈与一切众生乐,大悲拔一切众生苦。大慈以喜乐因缘与众生,大悲以离苦因缘与众生"④ 的大慈大悲思想表达了佛教对人生的深切关怀,显示了佛教救苦救难的宏大誓愿,蕴含着丰富的慈善伦理情怀,即"普度众生,脱离生死轮回"。"善恶是根,皆因心起",为了真正摆脱生死轮回,实现"与乐""拔苦"的愿景,普度众生,佛教更是制定了一系列清规戒律约束徒众,诸如"五戒十善""四摄六度"等以"断恶修善"。中国当代著名佛教慈善家证严法师曾说:"普天之下没有我不爱的人,普天之下没有我不信任的人,普天之下没有我不原谅的人。"⑤ 可见,佛教的慈善就是一种无私而不讲条件的所谓"无缘大慈",它摒弃了存有任何私心的凡夫之爱,是一种发自个人心底的平等观和不夹杂任何私心杂念的大爱,这正是佛教慈善的德心。⑥ 因果业报说也是佛教慈善思想的内容之一,"业有三报:一现报,现做善恶,现受苦乐。二生报,今生作业,来生受果。三后报,或今生受业,过百千生方受业"⑦,这给信众的伦理启示在于:善恶行为的力量会在时空中承续相沿形成"善有善报、恶有恶报"的业报轮回。这种因果业报说在与社会的伦理生活相融后,无疑会产生强大的道德约束力,上至达官贵人,下至黎民百姓,或因害怕或为避免来世受苦受难,不仅会意识到"善恶报应也,悉我自业焉",还会认识到"思前因与后果,必修德行仁"。如果人们能够注重自身修养,广结善

---

① 《论语·里仁》。
② 《论语·阳货》。
③ 《论语·述而》。
④ 《大智度论》。
⑤ 证严法师:《静思晨语》,江苏人民出版社2010年版,扉页。
⑥ 陈东利:《中国公民慈善意识培育》,上海大学出版社2014年版,第93页。
⑦ 尚海、傅允生主编:《四大宗教箴言录》,中国广播电视出版社1993年版,第316页。

缘，笃信"救人一命，胜造七级浮屠"，民间的慈善活动和慈善事业自然会持续不衰。

道家文化与儒家、佛教一样，也是中华传统文化中的重要一脉。先秦时期，以老庄为代表的道家是诸子百家中的显学之一，直至东汉末年，道教正式创立，成为中华民族的一种本土宗教，其"清静无为"的人生哲理及"赏善罚恶"等道德观念也是中国社会传统慈善发展的又一重要思想源头。《道德经》有云："天道无常，常与善人"，在老子看来，"道"是天地万物之源，虽不可名状，但上天的赏罚从不偏私，总会以善果来报答善人，"善者吾善之，不善者吾亦善之，德善"，以善意对待不善良的人，也会使他变得善良，从而整个社会会走向至善。这不断丰富和升华的善恶观念便是劝诫他人从善去恶的慈善道德基础，因为做到"为善无近名"，就"可以保身，可以全生，可以养亲，可以尽年"①。这种行善积德就可免除余孽的思想在以血缘关系为纽带的中国封建社会，对于提倡扬善惩恶有着其特殊的意义。不仅如此，老子还将"慈"置于自己的"三宝"原则之首，这里的"慈"就是慈爱、慈善的意思。老子以"慈"为伦理道德准则，要求人与人之间要互相关爱，互存慈爱之心，尤其要求统治者善待民众，爱惜百姓，而那些富人则应当将财产无偿分给穷人，扶危济困。除了直接倡导人们从善去恶，道家劝善成仙的观点也极具特色。"欲求长生者，必欲积善立功，慈心于物，恕己及人，仁逮昆虫，乐人之吉，愍人之苦，赈人之急，救人之穷……如此乃为有德，受福于天，所作必成，求仙可冀也。"② 积德行善才能羽化成仙，造福他人才是自己最大的幸福。正是在这种追求精神的成仙而非肉体的得道的过程中，道教逐步形成了劝善的伦理教化思想。虽然在某种程度上道教所持有的教化思想具有神秘性，但是对社会慈善的推进以及社会秩序的稳定确实起到了一定的积极作用。

在中国传统社会，除了儒、释、道等主要慈善理论渊源，我们也不可忽视诸子百家中其他各家文化所蕴含的丰富慈善思想，比如管仲

---

① 《庄子·养生主》。
② 《抱朴子·内篇》（卷六）。

的"九惠之教"、墨家的"兼爱非攻"、法家的"贫者富，富者贫"①"贫者益之以刑则富"②，这些都是中国社会慈善思想体系中的重要组成部分，为中国传统慈善的兴起与发展做出了不可磨灭的贡献。"汤……夷境而积粟，饥者食之，寒者衣之，不资者振之，天下归汤若流水。"③可见，受这些传统慈善伦理思想的导向和影响，自商汤始，中国传统社会中就已经出现了国家层面的济民养民等政策和措施。到了周朝，开朝之君文王汲取前朝亡国教训，提出"欲至于万年为王，子子孙孙永保民"的统治理念，力行仁政，重视民生。春秋战国时期，长期的诸侯兼并争战使得社会长期处于动荡之中，不少统治者开始认识到要想维持社会稳定，必须争取庶民百姓的支持。为此，他们开始在政治、经济等方面实施一些"有惠于民"的措施，如"楚国起兵侵卫，先给人民减户税，免旧欠，赦罪人，救济穷人和鳏寡人等好处"，"晋悼公兴霸业，先给人民免旧欠，救灾难，轻赋役，赦罪恶人等好处"④。魏晋南北朝时期，佛教寺院广施救济、扶贫救灾的积极行善措施得到民间推崇与敬仰。隋唐之后直至晚清，不仅历代统治者重视"仁政"，对黎民百姓进行救助，民间的慈善活动也得到了长足的发展。不少乡绅士族私人出资广设义仓，而且还推动了一大批诸如悲田养病坊、福田院、居养院、安济坊、惠民药局、慈幼局、养济院、普济堂、育婴堂等慈善机构的兴起与建立，这对于我国慈善的发展具有极其重要的意义，由此开启了中华民族利用慈善组织发展慈善事业的新征程。

二 西方传统慈善的核心理念及其兴起

由于宗教、历史等各方面原因，西方社会很早就产生了慈善伦理的思想资源，并且有其自身的内容体系及理论特点。古希腊罗马时期，"以人为本"的人文精神、"公平正义"的契约精神、"平等互助"的利他精神以及苏格拉底、柏拉图、亚里士多德关于"善""城

---

① 《商君书·说民》。
② 《商君书·说民》。
③ 《管子·轻重法》。
④ 范文澜：《中国通史》（第1册），人民出版社1994年版，第128页。

邦与个人关系"的探讨都可视为西方慈善价值观的渊源。而中世纪基督教对慈善的理解使得宗教与慈善关系紧密,"对于宗教而言,慈善是其核心教义的外化,离开了慈善,宗教就不能完整地表达自己。正因如此,宗教组织自古以来就是慈善行为的主要实施者"①,从而基督教被誉为"慈善之母"。作为基督教的重要教义,《圣经》通过对神性的规定来论证人性扶危救困的必然性和普遍性,主要体现在上帝的"博爱"精神和基于原罪思想的"救赎"精神。

"爱"是人类永恒的话题,也是基督教重要教义《圣经》中所体现的最主要的思想意义和宗教原则。基督教也被称为"爱的宗教"。但基督教的"爱"不同于儒家的"等差之爱",也非墨家的"兼爱",而是广施于世间万物的"博爱"。其本质和根源是上帝的存在和上帝的品德。正是因为上帝至高无上的权威和恩赐,才会有人与人之间的爱。上帝对人的爱具体表现为三种形式②:第一,是在上帝创造人与万物过程中的爱。作为造物主,上帝创造了包括人在内的世界万物。在宗教学家们看来,正因为上帝是仁慈和富有爱心的,他才创造了万事万物。而为了确保他的创造物是善的,上帝通过崇高的、无限的爱给人类带来秩序、规律与光明。可见,在上帝的恩赐这里,善、爱与创造是统一的:生命是在爱中被创造出来的;所有的生命存在都是善的,因为他们都是上帝创造出来的;生命存在之所以得到上帝的垂怜,是因为他们都是善的。③ 正因为所有人都是上帝的产物,都是上帝的子孙,因此,上帝对人的这种爱是一种强调"无差别的爱","神的恩典是不加区别地赐给全人类的"④,这是一种超越国家、民族和血缘界限的爱。也正因如此,人类不仅需要遵循上帝为他们创立的种种道德规范,而且必须习得上帝的博爱精神,学会人与人之间要互相关爱,更应当无私地为他人谋利益,无私地爱一切人。⑤ "人在今生

---

① 韩永:《宗教慈善,期待破局》,《中国新闻周刊》2012年7月6日。
② 姚新中:《儒教与基督教——仁与爱的比较研究》,中国社会科学出版社2002年版,第147页。
③ 姚新中:《儒教与基督教——仁与爱的比较研究》,中国社会科学出版社2002年版,第147页。
④ [法]加尔文:《基督教要义》(上册),徐庆誉、谢秉德译,香港:基督教辅侨出版社1955年版,第343页。
⑤ 郭祖炎:《中国慈善伦理研究》,博士学位论文,湖南师范大学,2013年。

第二章 慈善的历史嬗变

不单是为自己活着,仿佛只为今生一己工作,他仍是为世上一切人活着,不但如此,他乃是全为别人活着,不是为自己活着","爱他人,不是因为邻人是善的,美好的或适合我们去帮助他,而是为了使他成为善的",因此,"本着自动的慈悲心肠,拿来服事(侍)帮助他的邻居"。[1] 第二,是在上帝与其选民订立盟约中的爱。在《圣经》旧约的律法书《出埃及记》中写道,以色列人受埃及新王的压迫,并且埃及人为防止以色列人的强盛,立下规定:希伯来人的男孩生下来便要杀死,女孩则可以存活。以色列人于是祷告上帝、祈求上帝。上帝随后创造十灾降临在埃及人头上,最终以色列人在摩西的带领下走出埃及,回到了那美好宽阔的流着蜜与奶的地方。以色列人相信上帝通过摩西拯救他们,并通过摩西与他们订立了《摩西盟约》,他们把这个神赐律法作为民族的精神支柱和心理慰藉。在西奈山,摩西同上帝订立的《西奈盟约》是以色列人制定的宗教信仰和社会生活的宪章律例,以"十诫"为核心,后来也成为基督教重要的行为准则。但在以色列统一王国时期,王室十分奢侈,百姓负担沉重,南北部落不和,社会矛盾巨大,所罗门和异族女子通婚,在耶路撒冷放纵偶像崇拜,宗教生活混乱,道德伦理败坏,导致国不成国,分裂成南北两国后,不久就亡国了。这实为以色列人违背了与上帝的立约。但即便如此,上帝虽然威严耸立但又是充满慈爱的,对他的子民爱护有加,一次又一次地以一种博大的无私之爱宽容和原谅着盟约缔结方以色列人的失信,即使在惩罚中也依旧用爱来眷顾其子民,使他们不断悔过自新,走向诚实。第三,是通过牺牲自己儿子耶稣对人类表现出来的爱。当以色列人违背了与上帝的立约需要赎罪时,上帝因不忍看到人类所遭受的苦难和惩罚,就派遣耶稣"道成肉身"来到世间,为人类赎罪,拯救世人,"神爱世人,甚至将他的独生子赐给他们,叫一切信他的,不至灭亡,反得永生"[2]。耶稣自愿接受痛苦,甚至甘愿被钉十字架,由此,上帝的爱亦因其无限的献身精神而达到巅峰,给世人以强大的震撼,人们开始认识并笃信"爱是从神来的。凡有爱心的,都是由神

---

[1] 马丁·路德著作翻译小组:《马丁·路德文选》,中国社会科学出版社2003年版,第22—23页。

[2] 《圣经·约翰福音》。

而生,并且认识神……神爱我们,差他的儿子为我们的罪作了挽回祭,这就是爱了。亲爱的弟兄啊,神既是这样爱我们,我们也当彼此相爱。从来没有人见过神,我们若彼此相爱,神就住在我们里面,爱他的心在我们里面得以完全了"①。即作为上帝的创造物,人应该学会关怀他人、乐善好施,在他人有困难时及时伸出援手、扶危济困,甚至奉献利他。显然,这是对人类进行慈善活动的一种神性规定。

基督教的原罪思想是西方慈善理念另一个极为重要的思想来源。"原罪"是基督教的重要教义,也是《圣经》伦理思想的重要前提。《旧约全书·创世纪》中描述了这样一个故事:上帝依据自己的形象创造了人类的始祖亚当和夏娃,并建造了伊甸园供他们生活。上帝告诫亚当不能吃善恶树上的果子,但狡猾的蛇却引诱他们偷吃了禁果,违背了上帝的戒律。此后,亚当和夏娃被逐出伊甸园,并被罚受无穷的劳役和痛苦。人类作为亚当和夏娃的后代,从此人类便具有了原罪。这里所指的"原罪"有两个意涵:其一,罪的普遍性。即罪行在人类中普遍存在,以及罪性在个体人格中普遍存在;其二,罪的天性。即对于罪性,人生而有之,不管人类历史如何发展,也不管世俗中的人如何努力,人类作为亚当和夏娃的后代,始终处于"原罪"之中,并且这种形而上学的"原罪"构成了现实世界中一切罪恶的根源。由此,所谓原罪,并非罪人之罪,而是指此时此刻所存在的自我形象在现实尘世中发生了异化("非我"),与上帝原本设计的自我理想("本我")有了疏离感,需要通过灵魂的忏悔和肉体的折磨以消除现实中的异化,实现向"本我"的回归。具体怎么做呢?简单来讲就是要"赎罪"。基督徒相信,只要顺从上帝的旨意和安排,死后的灵魂才不会被投进炼狱经受苦难和煎熬,从而得到救赎并升入天堂。并且,上帝给人类指明了救赎自身的道路——爱人如己,"你若愿意做完全人,可以变卖你所有的,分给穷人,就必有财宝在天上"②,"我赐给你们一条命令,乃是叫你们彼此相爱,我怎样爱你们,你们

---

① 《圣经·约翰一书》。
② 《圣经·马太福音》。

第二章 慈善的历史嬗变

也要怎样相爱"①,"无论何人,不要求自己的益处,乃要求别人的益处"。② 人有原罪,而且自身无法洗刷原罪,必须依靠耶稣的自我牺牲精神来自行救赎,在自我救赎的过程中,不仅要互相爱护,更要学会爱人如己,只有像爱上帝一样爱他人,通过践行慈善不断帮助上帝的其他子民,才能最终洗刷原罪并死后得以升入天堂。显然,基于原罪思想的"救赎"道路正是慈善精神的高度写照。"富人原罪"是原罪思想的一种延伸。原罪思想意指尘世中的所有人都有原罪,都需要按照上帝指引的道路进行自我救赎,而"富人原罪"则特指富人生而有罪,只有将自己的全部财富都捐赠给穷人,才有可能死后进入天堂。如"你们要将当纳的十分之一全然送入仓库,使我家有粮,以此试试我,是否为你们敞开天上的窗户倾福于你,甚至无处可容。"③ "你要以财物和一切初熟的土产,尊荣耶和华。这样你的仓房必充满有余,你的酒榨有新酒盈溢。"④ "你们要给人,就必有给你们的,并且用十足的升斗,连摇带按,上尖下流地倒在你们怀里因为你们用什么量器量给别人,也必作什么量器量给你们。"⑤ 这些就是《圣经》提倡的"十一奉献",即富人要拿出收入的十分之一捐赠给教会或穷人。这种"富人原罪"思想无疑对当时社会的慈善发展有推动和强化作用,尽管后来随着资本主义社会的发展和商品经济的繁荣,追求财富的世俗观念得到了极大发展,但基督教义中关于"富人原罪"的论说对于催生近现代西方社会的富人慈善是留有深深的烙印的。

由前所述,《圣经》中这些重要教义所蕴含丰富的慈善思想主要体现在:其一,慈善是爱的体现,包括"爱上帝"和"爱人"。作为基督教义的核心理念,"爱"会激励教徒关爱他人、关心社会,并为建设公正的社会秩序而努力。其二,慈善是一种责任和义务。教徒自行救赎的道路看似是上帝的命令,但实则是一种责任和义务,尤其类似"富人进天堂比骆驼穿过针眼还难"的教规宣传所起的作用并不亚于法律,不仅绝大多数教徒都能严格遵守这种戒律,而且它还作为一

---

① 《圣经·约翰福音》。
② 《圣经·哥林多前书》。
③ 《圣经·玛拉基书》。
④ 《圣经·箴言》。
⑤ 《圣经·路加福音》。

种传统深深地浸入到了西方人的文化血脉之中。其三，慈善是一种行动。教徒在世的自我救赎并不仅是停留在观念、意识层面的忏悔，而是须以实际的社会服务行动去践行对上帝、对他人的爱，体现人间关怀。"你们是世上的盐。盐若失了味，怎能叫它再咸呢？你们是世上的光，你们的光也当这样照在人前，叫他们看见你们的好行为，便将荣耀归给你们在天上的父。"① 在这种以爱为核心的思想感召下，基督教徒们逐渐形成了参与慈善、组织慈善、践行慈善的传统，服务对象不仅包括各种弱势群体以及因天灾人祸而迫切需要帮助的特殊群体，而且还打破地域、民族、行业、信仰、性别等限制，切实以自己的实际行动践行上帝的"博爱"精神，从而完成自我救赎。

　　鉴于宗教在西方社会中的独特地位，西方早期的慈善活动大都与宗教有关。如欧洲由教会兴办的各种慈善活动远在罗马帝国时代就已经存在。随着原始宗教逐渐发展成为有系统教义与仪轨的宗教，出现了独立的宗教组织与机构，慈善活动的规模也随之日益扩大并逐步组织化。一些以宗教为主要形式的私人慈善机构和组织开始成为救济贫民的代理机构，"在基督教文化影响的国度中，宗教组织往往直接作为慈善组织来看待，这是与其他文化传统的一个重要区别"②。例如，6世纪涌现出大量的修道院，这些修道院一般带有附属医院，因此它们可以给老弱病幼以及流浪者提供医疗救助，满足住宿及其他生活所需，大力推进了慈善事业的发展。而根据英国慈善委员会的记载，英国在公元597年最早出现了由教堂赞助的专业慈善组织，当时主要负责接受捐赠，并确保按照捐赠人的意图使用捐赠物。英国教会什一税的三分之一用于慈善事业，英国教会建有至少11座养育院和2374个施物所，在这些场所接受救济的贫民有近9万人。中世纪欧洲的行会组织也曾发挥了重要的慈善功能，英国行会曾建立起460个慈善组织，并在行会章程中明确规定对遇到困难的会员的救济职责。例如，英国林里吉斯圣三一行会就规定：行会负责人有义务每年至少4次访问所有衰老、缺乏衣食以及贫困的会员，并对他们提供救济。除有组织的宗教慈善活动外，中世纪欧洲个人慈善行为也屡屡见诸于各种记

---

① 《圣经·加拉太书》。
② 王振耀：《宗教与中国现代慈善转型》，《世界宗教文化》2012年第1期。

载中,如一些商人会将自己的财产捐赠给慈善事业,或者直接建立慈善机构。中世纪欧洲的一些地方还会以特许状的形式规定市民的互助义务,比如弗兰德斯的艾伊市民特许状就规定:属于本市友谊会的一切市民都应当相互扶助;亚眠市民特许状也规定:本自治体内所有居民都应当尽力互助。综而观之,西方早期的慈善观念主要依赖宗教意识,并且教会拥有组织、管理慈善活动以及分配使用捐赠款物的绝对权力。

通过对比不难发现,中西方早期社会的传统慈善都以"爱"为核心理念,但区别在于:中国的"仁爱"是从"亲亲"推己及人才能到"仁民",而后经由不断升华才能逐步生发出"爱物",因此较之于西方不分民族、种族、肤色、信仰、性别等无差别的开放性的"博爱",作为中国传统慈善伦理思想基础的"仁爱"明显带有内敛性和封闭性特点。不仅如此,中国古代社会基于"性善论"的哲学基础,认为人皆有"恻隐之心",通过一定的教化一般都能够从内心生发出对他人和社会的慈善之心,做到"老吾老以及人之老,幼吾幼以及人之幼",但对于是否能最终在行为中体现出这种道德自律往往采取宽容的态度,并未形成具有强制约束力的规范。而西方则是以基于原罪思想的"性恶论"为其传统慈善的哲学基础,因而强调慈善伦理的外在强制性,如若人们不能完成自我救赎,不能在尘世中竭尽全力地洗清灵魂,他们死后就会在地狱中遭受无尽的折磨和苦难,并永世不得超生。显然,这种制度规则强制着人们乐意为善、必须为善。从慈善活动的组织者与参与者来看,中国的传统慈善因在"民本"思想的倡导下,历代统治者主张施行仁政,因而政府在慈善中充当了主体的作用,这使得中国传统慈善主要体现为政治的功用性,也在某种程度上抑制了民间慈善的有序发展(民间慈善及个人慈善直到明朝中叶才开始逐渐普遍)。而西方的传统慈善伦理思想基于原罪思想的救赎精神,会更强调民众必须有着自己自觉和独立的慈善活动,这也是公民责任与义务的早期体现。虽然中西传统慈善有诸多不同的面向,但也有着它们相似的地方,即都体现了慈善伦理的本质"劝人向善"——爱人与互爱。这种以利他为主要导向的价值观不仅成为中西方共同的慈善伦理价值观,而且在很大程度上影响了近现代慈善发展的方向和轨迹。

第二节　富人慈善：近代慈善的发展

1840年鸦片战争全面拉开了中国西学东渐的序幕，此后百余年间，中西两种文明发生了异常激烈的碰撞与融合，中国传统的慈善思想及理念也在这一社会变迁进程中自然而然地发生了嬗变，并最终形成了顺应时代发展要求的近代慈善理念，也带动了近代中国慈善的发展。16世纪末17世纪初，欧洲各国逐步经历了宗教和政治的变迁，近代民族国家的建立与发展使其开始承担起更多的公共事务与责任。而宗教改革也使得传统占主导地位的宗教慈善开始更多地回归到精神领域，这种变迁也使得近代西方慈善有了新的发展与变化。

一　近代中国慈善的变迁与发展

基于儒、释、道及诸子百家所蕴含的丰富慈善思想及理念，中国传统的慈善活动延至明清两朝已呈发达之势。清朝中叶，不仅官办的慈善机构如养济院、漏泽园等遍及全国各府、州、县，而且完全意义上的民间慈善也开始出现在江南一带，非常活跃。从某种程度上可以说，在清代已基本上形成了集育婴堂、普济堂、惠民药局和施棺会于一体且相匹配的关乎生老病死的慈善机构体系。[①] 但在道光后期，随着西方列强的坚船利炮强行打开国门，中国社会动荡加剧，原先兴盛的传统慈善活动也日渐式微，不仅善款来源匮乏，善堂建筑破败不堪，加之机构的管理运作混乱，均导致传统的慈善机构在急剧变迁的社会背景下所能发挥救济的作用与功能也越来越小，如果不进行必要的改革与转型，势必要被淘汰。但国门的打开也使得西方的各种思想观念和理论学说开始涌入中国，同时一批先进的中国人也开始走出国门看世界，积极学习西方的先进知识和发展经验，其中的杰出代表主要有洪仁玕、康有为、孙中山等。虽然他们所提出的救国救民的改良或革命方案的重点主要集中在政治、经济和文化层面，但不容忽视的是，这些方案中也闪烁着西方慈善福利观的熠熠星光，这对于推动近

[①] 周秋光、曾桂林：《中国慈善简史》，人民出版社2006年版，第231页。

代中国慈善思想的形成以及相应的慈善事业的发展有着重要意义。

洪仁玕是拜上帝教最早的信徒之一。金田起义时，因传教没有赶上起义队伍，便折回广东。为逃避清政府追杀，1852年逃到香港，努力了解西方的宗教和文化，并结交了一批传教士，在那里接受了一些西方资本主义的思想。1858年离开香港，辗转来到天京，受到洪秀全器重，天京变乱后，被封为干王，总理全国政事。洪仁玕总理朝政后，看到太平天国政涣人散的严重局面，决心通过改革挽救危局，创造一个"太平一统江山万万年"的"新天、新地、新人、新世界"。他于1859年提出了一个改革内政和建设国家的新方案——《资政新篇》。《资政新篇》的核心内容就是在政治、经济、文化和外交等方面进行改革，全面学习西方资本主义，走出天京事变后的危局困境，实现国家的近代化。① 其全文共分为四个部分：用人察失，严禁朋奸；革除腐朽习俗，提倡福音真道；实行新的社会经济政策，效仿西方国家；采用新的刑法制度。其中第三部分是全文的中心，洪仁玕共列举了二十八条效仿西方资本主义制度的建议，而与慈善有关的有这样两条：其一，成立士民公会，以拯困扶危和办理教育等事。士民公会是西方国家对慈善活动进行监督的一种机构，主要通过一系列的调查和评估防止善款被冒领，以确保慈善经费用到实处。其二，开设医院，兴办跛盲聋哑院、鳏寡孤独院和育婴堂。即大力创设慈善机构，兴建医院是为了减轻百姓的病痛之苦；跛盲聋哑院是一种教育机构，帮助那些丧失了劳动能力和生活能力的残疾人能重新回归社会生活；兴建鳏寡孤独院和育婴堂，则可以帮助收容那些无家可归、无所依靠的老人和幼童。按照洪仁玕的构想，这些慈善机构的善款来源不是政府或国家，而主要靠民间那些乐善好施的善者通过捐赠资助兴建。这也体现了近代中国慈善民间化的一个基本走向特征。虽然洪仁玕的《资政新篇》因缺乏实践的社会、经济、思想和阶级条件，加之受战争环境的影响，最终并未能实施，但它是先进的中国人最早提出的在中国发展资本主义的方案，或者说是中国第一个近代化纲领，而在这种纲领性文献中所提出或呈现的发展近代中国慈善的思想，也正是其价值和意义所在。

---

① 周秋光、曾桂林：《中国慈善简史》，人民出版社2006年版，第223页。

康有为是中国晚清时期重要的政治家、思想家、教育家,是资产阶级改良主义的代表人物。戊戌变法失败后,康有为看到国家民族的苦难更加深重,他流亡日本,游历欧美等地,寻找医国治民的良药,受到了西方资本主义进化论学说和空想社会主义思想的影响,同时通过继承和发展孔子"泛爱众"思想和佛家"慈悲"观念,在《人类公理》的基础上于1902年撰写了《大同书》。康有为在《大同书》中追寻的理想社会,正如《礼记·礼远》篇所说的:"大道之行也,天下为公,选贤与能,讲信修睦。故人不独亲其亲,不独子其子,使老有所终,壮有所用,幼有所长,矜寡孤独废疾皆有所养,男有分,女有归。货恶其弃于地也,不必藏于己;力恶其不出于身也,不必为己。是故谋闭而不兴,盗窃乱贼不作。故外户不闭,是为大同"。在康有为看来,中国慈善模式与西方慈善模式最根本的区别在于:中国模式重宗族轻国家,而西方模式重国家轻宗族。因此,中国传统慈善即使建有育婴、养老、扶贫、济困等慈善机构,但其惠泽对象往往是本宗本族的成员而非全体国民;而欧美各国因为打破了宗族、家庭之界,因此富人乐意捐献资财兴建学校、医院、养老院等慈善公益机构,并以此惠及整个国家的所有贫民。基于此,康有为提出了带有浓厚理想色彩的"公养""公教""公恤"社会慈善体系:"公养"即"长有专门生计,老疾皆有所养"[1];"公教"即涵盖了"人本院"负责的胎教,育婴院、慈幼院等负责的幼教,以及由小学院、中学院、大学院等公教机构负责的全年龄段教育,直至能够用其所学服务社会;"公恤"则主要通过养老院、恤贫院等对那些残障人士进行公恤。康有为相信,通过上述涵盖不同领域、不同层面的社会慈善,整个社会就能够达到孔子所谓的"老有所终,壮有所用,幼有所长,鳏寡孤独废疾皆有所养"的大同盛世。但由于当时社会条件及康有为在政治实践上坚持改良原则的限制,使得《大同书》中很多独到的精辟见解只能成为一种乌托邦式的空想。正如毛泽东在《论人民民主专政》中指出的:"康有为写了《大同书》,他没有也不可能找到一条到达大同的路。"但这种借鉴西方慈善经验用以建立近代中国慈善的构想和追求,无疑在当时是开风气之先,有着进步意义的。

---

[1] (清)康有为:《大同书》,古籍出版社1956年版,第280页。

作为中国资产阶级民主革命的杰出领导者,孙中山在总结西方资本主义发展经验和汲取中国传统文化精华的基础上,提出了一套系统的资产阶级革命理论,即"三民主义",其中最具特色的部分"民生主义"体现了其"以民为本"的慈善观。面对中华民国成立后的内忧外患时局,孙中山将解决民生问题提至治国理政的高度,认为"社会中的各种变态都是果,民生问题才是因"①,只有解决"民生"这个"社会一切活动中的原动力",才有办法解决其他社会问题,"若只从政治方向下药,必至日弄日纷,每况愈下而已。必先从根本下手,发展物力,使民生充裕,国势不摇,而政治乃能活动。"②孙中山的民生主张主要有三个部分的内容③,其中不乏慈善思想:其一,平均地权。平均地权在民生主义中居核心地位,"土地问题能够解决,民生问题便可以解决一半了"④,主要通过"核定地价""照价纳税""照价收买"和"涨价归公"等措施来平均地权,最终目标是要形成"贫富均等",避免个人垄断。其二,节制资本。节制资本包括节制私人资本、发展国家资本和利用外国资本,目的就是为了"反对少数人占经济之势力,垄断社会之富源耳",主要通过将具有垄断性质的行业如银行、铁路、电气、航道、山川、林泽、矿产等收归国有,以顺利推动教育、养老、救灾、医疗等社会福利事业,实现"以国家实业所获之利,归之国民所享"⑤。其三,发展实业。孙中山于1924年4月参加广东第一女子师范学校校庆纪念会时曾谈到发展实业的目的:"国家太平了,开辟财源,所得的利益不许少数人独享,要归多数的人共享,国家的利益大家可以均沾。少年的人有教育,壮年的人有职

---

① 中山大学历史系孙中山研究室合编:《孙中山全集》(第9卷),中华书局2011年版,第386页。
② 中山大学历史系孙中山研究室合编:《孙中山全集》(第2卷),中华书局1986年版,第404页。
③ 周溯源、翟金懿:《论孙中山的民生观及其当代意义》,《广东社会科学》2015年第3期。
④ 中山大学历史系孙中山研究室合编:《孙中山全集》(第9卷),中华书局2011年版,第390页。
⑤ 中山大学历史系孙中山研究室合编:《孙中山全集》(第5卷),中华书局2011年版,第135页。

业,老年的人有养活。全国男女,无论老少,都可以享乐。"① 综而观之,孙中山的慈善观与《大同书》的慈善观有异曲同工之妙,都带有浓厚的乌托邦色彩,最终在现实中也因条件所限无法推行。但它作为一种制度设计,对于推进近代中国慈善发展的意义和价值则不容忽视。

在这些极具古今贯通、中西汇聚特点的慈善观影响下,近代中国慈善的发展开始出现一些新的变化:其一,慈善主体多元化。与传统慈善中政府是主体角色不同,清末民初的慈善机构已从过去完全隶属于政府官办的慈善机构发展演变为独立的民间慈善团体为主体,辅之以附于其他社会组织的慈善团体。如1920年北方五省大旱,积极筹赈这次大灾荒的民间慈善团体就有:京畿农民救济会、北京民生协济会、华北救灾协会、北方工赈协会、山西旱灾救济会、陕西义赈会、沪南义赈会、上海女界义赈会、中华慈善团、国际统一救灾总会、华洋义赈会、中国济生会等数十个。② 与此相应的善款的社会来源也十分广泛,不仅包括海内外各商会及相关机构的捐赠,也包括社会名流及普通民众的个人捐资。其实近代许多工商业者既是实业家,也是慈善家,他们成立慈善组织,投入慈善活动。比如"丁戊奇荒"发生后,上海绅商筹资赈款10余万两,前往苏北淮安、徐州灾区散放,救济灾民;经元善于1878年在上海成立协赈公所,先后解往直隶、河南、山西、陕西四省赈灾款共47万余两;在天津,以工商业者"李善人"家族为代表,从始祖李文照、李春城,到第二代李士铭,第三代李宝諴,兴办的慈善设施遍布天津城;在青岛,形成了以工商业者宋雨亭、丛良弼、李涵清、邹道臣等为代表的慈善家群体,他们创建和领导青岛救济院、青岛红十字会、青岛红卍字会等。③ 这些工商名流不仅将自己的部分财富捐献出来,还以民间慈善团体的力量拓展和动员社会力量,募集善款,众擎义举,推动慈善事业的发展。

其二,慈善内容多样化。相较于传统慈善,近代慈善的内容及形

---

① 中山大学历史系孙中山研究室合编:《孙中山全集》(第10卷),中华书局2011年版,第31页。
② 周秋光、曾桂林:《中国慈善简史》,人民出版社2006年版,第312页。
③ 蔡勤禹、李静、尹宝平:《近代中国慈善事业六大影响》,《东方论坛》2016年第3期。

式有所增加,甚至出现了初具现代公益意义的慈善机构及活动形式。如由江浙等地的士绅在天津兴建的广仁堂,在敬节、慈幼、蒙养等传统慈善内容之余,还涉及工艺、力田、戒烟等新兴内容。"窃天津河间等属,地瘠民贫,叠遭灾歉,孤儿嫠妇往往无以自存,情甚可悯,必须创设善堂兼筹教养……遂于西门外太平庄卜地建堂,……于堂中分设六所,一曰慈幼所,收养男孩……二曰蒙养所,设义塾五斋,择聪俊者延师课读;三曰力田所,于堂之左右购置地亩,种植木棉、稻黍、菜蔬,择粗笨者雇老农教习;四曰工艺所,择不能耕读者,令习编藤、织席、刻字、印书,俟年长业成,听其出堂自谋衣食;五曰敬节所,收养青年节妇及无依幼女,仍令各勤女工,不使闲逸。幼女无家可归,俟长成为之择配;六曰戒烟所,专延良医妥置方药,疗治鸦片瘾病,使吸食者有自新之路,庶烟禁不致徒设……现计开办三年……耕读纺织,成效昭然,而戒烟除瘾者已有二千余人,实于风俗人心大有裨益。"① 戊戌维新运动期间,更是出现了诸如阅报会、阅书会、戒烟会、不缠足会、新学堂等各种新式民间慈善机构和团体,其职能范围远远超过传统慈善中仅面向特定人群的赈灾救荒和恤贫济困。从某种程度上可以说,这种面向大众甚至是整个社会的近代慈善因其内涵及外延的不断扩展,为现代意义上的公益转向奠定了现实基础。

其三,"教养并重"的慈善理念。相比较而言,传统慈善的理念以"养济"为主,即多属于消极慈善的扶贫济困、赈灾救荒。近代慈善的内容及形式越来越丰富,不仅继续重视扶贫济困、赈灾救荒等传统的慈善活动,而且还将慈善范围扩展到医疗卫生、文化教育、工商经济等领域,即通过践行"教养并重""教养兼施"的积极慈善理念,一方面使得受助者得到救济,另一方面则帮助他们习得技艺以自谋生计,从而减轻国家和社会的负累。道光年间,裕谦在武昌设立恤孤局,对孤儿因材施教,聪颖者读书识字,平庸者教之纺花、织布、结网、打草鞋等手艺;光绪初年,江南士绅在办理"丁戊奇荒"义赈过程中,开始增加对灾民教以生计的内容;清末,清政府也开始逐渐

---

① 转引自王卫平《论中国传统慈善事业的近代转型》,《江苏社会科学》2005 年第 1 期。

将实践"教养并重"理念上升为国家政策，教授贫民习艺的教养院、工艺局和习艺所也纷纷设立；袁世凯于光绪二十九年（1903年）在天津草场庵开设教养局，收养贫民，教以工艺，成为直隶兴办慈善之始；晚清江南地区还设有洗心局、迁善局等，以流民、轻度罪犯为教养对象，部分监狱也开始附设习艺所；光绪三十一年（1905年），广仁堂扩充设立女工厂和女学堂，除规定时间教以习字外，大部分时间教授女工西式花辫、机器缝纫、刺绣、草帽辫、毛巾、织布、编绒等七科手艺；江西工艺院在教授传统手工技艺同时，兼备各种人力小机器多架，更以工师教之以广生业；1928年南京国民政府颁布《各地方救济院规则》，对原有传统慈善组织进行改组和整顿，设立官办救济院，下设养老、孤儿、残废、育婴、施医、贷款六所，贷款所就是"寓教于养"理念的主要体现；[①] 诸如此类。"教养并重"的慈善理念及其实践促成了慈善组织及其活动从单一性向综合性的转变，极大推动了近代中国慈善的全面发展。

其四，慈善组织的制度化发展。近代以来，随着官办慈善机构的逐渐式微，慈善活动开始以民间力量为主，为了适应慈善发展的社会化倾向，势必会推动慈善组织的制度化发展：一方面表现在组织内部分工明确、责权分明，形成一个互相监督、互相配合的整体。传统慈善机构的运作往往依赖于某个善人或其家族，但这种制度存在较大弊端，即所谓"大抵一人专管者，其弊必多，众人公管者，其弊必少"，因此在晚清时期，随着民间慈善组织规模的进一步扩大，慈善组织的内部管理制度开始出现变化。比如，松江育婴堂在1809年前后，其育婴事业由司堂任总负责人，下属只有值堂灶、接婴妇、乳妇三类，而在1869年，随着组织的不断扩大，其组织形态有很大变化，最显著的表现在两方面，即明确的人员分工和分类的管理机构。如育婴人员细化为司婴籍、司药房、司衣房、司堂杂务（值堂灶）、女司事、专司内育、接婴妇、外领乳妇多类。[②] 另一方面则表现在通过专业训练培养专门人才。在传统的慈善机构，往往"无一办事人员为受过关于此种事业的科学训练者。他们所办理的一切事项，全凭着自己的主

---

① 郝红暖：《慈善理念的近代转型》，《光明日报》2015年10月26日。
② 夫马进：《中国善会善堂史研究》，商务印书馆2005年版，第234页。

观热情和经验"①，必将阻碍近代慈善的社会化发展。因此，为了能够专业的人办专业的事，以更好地适应社会慈善的发展趋势，不少民间慈善组织人员的专门化程度在不断加深，工作人员的专业素养也得到了逐步提升。比如，华北农赈时期，华洋义赈救灾总会的专业人员设计了相关理论课程，包括农赈说明、章程、表格、战区史地、农赈人员须知、会计规程、办理农赈之步骤、办理农赈之经验、实习等十余门课程，开班训练；民国后期，红十字会为了解决灾难猝发之时迫切需要广大专业人员的问题，在救助过程中设立训练班培养专门人才；中华慈幼会等慈善组织，在其组织运转过程中"训练慈幼事业领袖专才"；等等。② 这无疑为近代慈善在多个领域内的纵深发展提供了制度保障。

其五，慈善合作的国际化趋向。中国近代慈善思想的形成与发展无不受到西方社会慈善福利思想的影响，因此，慈善之间的交流与合作也是中西合作较早的一个领域，包括人员、经费、项目、救护、会务等多个方面。这种合作不仅表现在西方参与并帮助推动中国的慈善事业，还表现在中国慈善开始走出国门，通过与国际社会共同面对人类灾难而成长为一项全球性事业。比如，1922 年潮汕地区"八二风灾"发生后，中国红十字会与美国红十字会携手合作，共同派遣医疗队赴潮汕地区赈灾。1927 年华北大水灾，华北赈灾团体与美国红十字会合作，各拨赈款 20 万元，以工代赈，雇佣灾民，修建北平通州公路。还与英国代表兰普森合作，在灾区设立妇孺救济所 170 座，救济妇孺 39893 名。③ 当然，中国在接受西方援助的同时，也会对需要帮助的邻国和友邦施以援手。比如，1921 年，俄国粮食主产区伏尔加河下游地区发生严重旱灾，3000 多万人成为灾民，超过 200 万人饿死，是"亘古未有的俄罗斯绝大饥荒"。中国民众极为关注俄灾，同年 10 月 16 日，由熊希龄、王葆真等 22 人在北京发起成立专门救济外国灾荒的组织——俄灾赈济会。俄灾赈济会共四批次往俄国运送粮食等物

---

① 李文海、夏明方等编：《民国社会调查丛编》，福建教育出版社 2005 年版，第 268—269 页。

② 李喜霞：《中国近代慈善组织的社会化及其路径选择》，《兰台世界》2019 年第 9 期。

③ 周秋光编：《熊希龄集》（下册），湖南出版社 1996 年版，第 2207 页。

资约 130 车厢，使 10 余万灾民受到救济。1923 年 9 月 1 日，日本关东发生大地震，国内众多慈善组织行动起来，参与了救济日本这次地震行动。仅中国红十字会救护队就接回受灾华侨 6400 多人，救护用款 17200 多元。[①] 中西慈善的国际化合作不仅有助于中国慈善近距离地学习和借鉴西方慈善的经验，提升中国慈善组织的建设能力，也推动和扩大了中国慈善组织在国际社会中的影响，这无疑会助推中国近代慈善的积极发展。

二 近代西方慈善的发展与变化

历经文艺复兴、宗教改革再到启蒙运动，西方社会跨过中世纪的"黑暗时代"，朝着近代文明的方向进一步前行。虽然西方的慈善思想及理念主要来源于宗教，但伴随着两次思想解放运动及宗教世俗化的进程，近代慈善观念也在不断地发生变化。同时这一时期的社会思潮此起彼伏百花齐放，因此，不同于传统慈善观念主要奠基于宗教神学，近代慈善思想及观念的形成与发展是在人本主义、情感主义、义务论、功利主义、进化论等众多不同的理论观照下展开的。

在以基督教教会为社会精神支柱的中世纪，可以称为西欧的"至暗时代"，教会通过确立上帝的绝对权威而在整个社会建立了一套严格的等级制度，文学、艺术、哲学、音乐、科学技术、政治等一切都必须遵照基督教的经典教义《圣经》。在教会的严格控制下，中世纪的文学艺术死气沉沉，万马齐暗，科学技术也没有什么进展，与此同时黑死病在欧洲的蔓延，也加剧了人们心中的恐慌，使得人们开始怀疑宗教神学的绝对权威。为了打破这种绝对权威和桎梏，陈腐的欧洲亟须一场新的提倡人的自由的思想运动。这就是文艺复兴运动兴起的历史背景。文艺复兴运动作为人类历史上具有里程碑意义的思想解放运动，被认为是中世纪和近代的分界点，而人本主义（又称人文主义或人道主义）则是这次思想文化运动的指导思想和核心理念，其影响力在艺术、建筑、哲学、文学、音乐、科学技术、政治、宗教以及智力探究的其他方面都得到了体现。人本主义的基本内涵主要体现在这

---

① 转引自蔡勤禹、李静、尹宝平《近代中国慈善事业六大影响》，《东方论坛》2016 年第 3 期。

样三个方面：其一，肯定人的自由和平等，即崇尚自由平等的人性，反对封建束缚的神性；其二，肯定人的价值和尊严，即主张人是自己的真正主人和现实生活的创造者，确证人之为人的价值和尊严；其三，谋求人全面而自由的发展，即主张追求现实生活的幸福是人生之目的，宣扬个性解放，鄙视愚昧迷信的神学思想。这与慈善行为所蕴含的"尊重人、关怀人、爱护人"的理念具有高度一致性。从神到人的转变也使得慈善从天上来到了人间，慈善活动变得世俗化，开始致力于关注现实生活中的贫困疾苦问题。① 其后，随着资本主义的萌芽及发展，同时在文艺复兴运动倡导个人自由、平等、欲望、人性至上的观念影响下，欧洲于16世纪开始掀起了一场自上而下的通过以反对教会极端统治的方式来反封建的社会政治运动，即宗教改革运动。该运动不仅奠定了新教基础，同时还瓦解了从罗马帝国颁布基督教为国家宗教以后由天主教会所主导的政教体系，宣扬人是世俗社会的核心，从而进一步继承和发扬了人本主义的精神和理念。这无疑是对以教会为主导的传统慈善的又一次重大冲击。这一时期的慈善进一步呈现出世俗化的特点，不仅原先教会在慈善活动中的管理者角色被政府取代，教会人员不再是组织慈善活动的主体，而且人们对贫困的认识也在发生改变，不再坚信宗教神学所宣称的穷人是富人赎罪的机会，穷人比富人更容易打开通往天国的大门，而是认为物质上的贫穷不再是一种美德，而只是一种社会存在，甚至是一种不幸。正如马丁·路德认为的那样："托钵修会和那些炫耀外在贫困的人是撒旦的追随者和奴仆……贫困不值得推荐、选择和宣扬。"② 可见，此时的慈善理念开始逐渐弱化"原罪说"的观念，而是更多地宣扬慈善是一种基于上帝之爱、兄弟之爱、他人之爱且不求回报的利他行为，并且强调因爱而驱动的慈善行为是一种宗教虔诚的表现。

发生在17—18世纪的启蒙运动是继文艺复兴后又一次伟大的反封建、反教会的思想解放运动。这次运动倡导用理性之光驱散愚昧的黑暗，有力地批判了封建专制主义、宗教愚昧及特权主义，宣传了自

---

① 潘乾：《马克思恩格斯慈善观研究》，博士学位论文，东北师范大学，2014年。
② Pelikan J. ed. *Luther's Works*: Vol. 9, Saint Louis: Concordia Publishing House, 1960, pp. 147 – 148.

由、民主和平等的思想，为欧洲资产阶级革命做了思想准备和舆论宣传。这一时期也产生了大批优秀的思想家，他们积极批判封建专制和宗教愚昧，宣扬自由、平等、博爱和民主，以经验、理性来架构知识系统与考量道德，这其中情感主义、义务论、功利主义、进化论等学派的理论探讨就不乏对慈善相关问题的思考。

我们首先看一下情感主义。情感主义又称"情感论"，由17世纪的英国经验主义发展而来。经验主义作为一种认识论学说，与"理性主义"相对，认为感性经验是知识的唯一来源，一切知识都通过经验而获得，并在经验中得到验证。与之相类似，情感主义同样否认"理性"在道德中的决定作用，认为人的道德及其行为起源于人的情感，这与传统儒家的"人性本善"有点相似，即认为人性中自然就有仁爱、同情、怜悯等向善的情感，而这正是道德及道德行为产生的根源所在。大卫·休谟在其论著《人性论》中的分析开启了西方道德哲学中的情感主义。《人性论》一共分为三卷：第一卷讨论知性；第二卷是第一卷的延续，讨论情感；第三卷的"论道德"则将认识论和情感论应用于伦理学，是在前两卷基础上对道德问题的全面阐述。休谟怀疑甚至否认理性在道德准则前所能发挥的作用，而是将"同情"看作道德的重要原则，"人性中最引人注目的，就是我们同情他人的那种倾向"[1]。在休谟看来，同情是心灵的交感、情绪和情感的传达，是观念到印象的转化，它能够使人超出自我，对他人的利益乃至公共福利产生关切的情感，这也是德性的重要来源和社会生活的基础。在看到他人的痛苦和苦难时，人们会基于人性中的"同情"倾向自然而然联想到自己在相同境遇下也可能会有的感受，进而便会产生同情、怜悯和爱。这和慈善行为产生的心理过程正好相伴相生。"慈善是对所爱的人的幸福的一种欢喜和对他的苦难的一种厌恶"[2]，慈善是一种为他人幸福感到幸福、为他人痛苦感到痛苦的情感，"怜悯与慈善关联，慈善借一种自然的和原始的性质与爱发生联系"[3]。可见，休谟所理解的慈善来自存在于人的本性之中的天然情感，并通过这种自身固有的

---

[1] [英]休谟：《人性论》，关文运译，商务印书馆1980年版，第352页。
[2] [英]休谟：《人性论》，关文运译，商务印书馆1980年版，第429页。
[3] [英]休谟：《人性论》，关文运译，商务印书馆1980年版，第420页。

道德情感"仁慈、怜悯"等来区别善恶,并进而做出相应的慈善行为。让·雅克·卢梭与休谟持相同的观点,也特别强调怜悯之心是人生而有之的,但与休谟的不同之处在于,卢梭认为自然人有两种天然的情感——自爱心和怜悯心:自爱心使人关心自己的生存,怜悯心使人本能地不加害于别人,并在同类遭受灾害和痛苦时,会感到天然的憎恶。不仅如此,卢梭还认为对他人的爱和怜悯是由"自爱"引发的,"我们必须爱自己,我们爱自己要胜过爱其他一切的东西,从这种情感中将直接产生这样一个结果,我们也同时爱保持我们生存的人。"① 即只有懂得爱自己,才有可能爱别人,只有在这种由"自爱"到"仁爱"的慈善道德情感的转变过程中,人们才会生发对处于痛苦之境的他人的同情和怜悯之心,进而呈现出"不假思索地去援救我们所见到的受苦的人"②。亚当·斯密在《道德情操论》一书中同样将同情作为正义、仁慈、克己等一切道德情操的根源,并进而提出人类社会赖以维系、和谐发展的基础以及人的行为应该遵循的一般道德原则。斯密将人的情感分为自私情感、非社会情感和社会情感三类,并认为其中的社会情感就是人们作为一种内在道德意识的社会道德感,这种情感会促使人们愿意承担社会责任并关爱他人。③ 可见,斯密也赞同人性中固有的道德情感是慈善发生的源头之一。综合来看,情感主义论者均立足于人性内在的基本情感,并以此作为慈善的源头,但显而易见,这种情感立场因缺乏"理性"的引导和支撑,极易陷入道德相对主义的困境。

义务论也叫"道义学""本务论""道义论"或"非结果论",意指人的行为必须遵照某种道德原则或按照某种正当性去行动的道德理论。义务论强调道德义务和责任的神圣性履行义务和责任的重要性,以及人们的道德动机和义务心在道德评价中的地位和作用,认为判断人们行为的道德与否,不必看行为的结果,只要看行为是否符合道德规则,动机是否善良,是否出于义务心等,与"目的论""功利主

---

① [法]卢梭:《爱弥儿》,李平沤译,商务印书馆1978年版,第289页。
② [法]卢梭:《论人类不平等的起源和基础》,李常山译,红旗出版社1997年版,第89页。
③ 陈东利:《中国公民慈善意识培育》,上海大学出版社2014年版,第81页。

义"相对。伊曼努尔·康德是义务论伦理学的集大成者，区别于情感主义否认理性在道德中的决定作用，康德的义务论指向的是建立在理性意志而非欲望或感情基础之上的道德。康德其实并不否认情感主义论者所强调的同情心，只是认为这些情感"可爱和美好的"同时，也是"软弱的，而且总是盲目的"①，虽然同情心是慈善行为的重要驱动力，但只有排除功利、出于责任的行为才是真正的慈善行为，因为责任"所包含的道德强制力和道德理性，是所有道德规范中最多的，也是社会的道德要求和个人道德信念结合得最紧密的。从这个意义上说，是处于最高层次的道德规范"②。可见在康德看来，产生于同情心的慈善可能只是一种"为了自己、为了便于爱好的满足"③，而出于不良动机的慈善行为，更不可能是真正的慈善。同时，康德区分了完全义务与不完全义务：就国家立场而言，慈善是"完全的义务"。政府投入慈善以公共资源为基础，以共同体的善为依据，保障实现全体人的权利和政治正义，这是政府法定的义务，是政府的合法性基础，"根据国家的基本原则，政府有理由并有资格强迫那些富裕的人提供必要的物质，用以维持那些无力获得生活最必需的资料的人的生活……这件事情可以通过向公民的财产或商业资产征收赋税，或者建立基金会从中收取利润达到"，"国家还可以用更好的办法，通过永久性的基金会和慈善机构来处理，例如建立鳏寡院、慈善收养院，等等"④。而就个人而言，慈善是"不完全的义务"。慈善是一种自愿奉献，但它追求的是行善的动机，而不是功利和回报。帮助那些人是个人道德上的善，但却不是严格意义上的义务，因为没有一个人可基于权利而要求"我"给予他帮助，也不能够因为我无法给予他救助而认为他自己受到了不公正的待遇或侵犯。因此，个人的慈善是出于责任，是无功利性的实践理性法则，不是外在的要求和强制，是一种超义务。⑤ 简言之，慈善于个人可以做也可以不做，并无"绝对、完全

---

① ［德］康德：《论优美感和崇高感》，何兆武译，商务印书馆2001年版，第26页。
② 罗国杰：《伦理学原理》，人民出版社1989年版，第187页。
③ ［德］康德：《道德形而上学原理》，苗力田译，上海人民出版社2005年版，第43页。
④ ［德］康德：《法的形而上学原理》，沈叔平译，商务印书馆1991年版，第156页。
⑤ 杨龙波：《康德慈善伦理思想探微》，《学术界》2011年第10期。

第二章 慈善的历史嬗变

的强制"。但为了使人们能够自觉自愿而且积极主动地参与慈善活动，康德提出政府应该重视并提升人们的慈善意识，不仅需要依靠各种教育途径，还需要多渠道、多形式、多场合地宣传慈善，制造积极的慈善舆论，营造良好的慈善氛围。康德这些关于慈善的思想及主张无疑对近代西方慈善的发展具有价值及策略上的引领作用。

功利主义亦称"功利论"或"功用主义"，通常指以实际功效或利益作为道德标准的伦理学说。① 在正式成为一种系统学说之前，功利主义的思想源流来源于古希腊的快乐主义伦理学传统，最早可以追溯到古希腊亚里斯提卜所创立的昔勒尼学派功利主义。功利主义正式成为哲学体系是在18世纪末19世纪初期，提倡追求"最大多数人的最大幸福"，主要代表人物是杰瑞米·边沁和约翰·斯图亚特·穆勒。边沁从人的趋乐避苦的本性出发，认为人无论应该做什么，还是决定将要怎么做，总会遵循功利原则，"功利原则指的是：当我们对任何一种行为予以赞成或不赞成的时候，我们是看该行为是增多还是减少当事者的幸福"。② 根据边沁的这种"快乐计算方法"，当一个人的一种行为给他带来的是快乐而不是痛苦时，就是这个人的最大幸福，而当大多数人都获得这种最大幸福，就达到了"最大多数人的最大幸福"这一标准。可见，在边沁看来，社会公共利益其实就是所有个人利益的总和，是一种量上的加总，只要这个计算过程和方法得当，个人利益总会和社会公共利益即最大多数人的最大幸福相一致的。穆勒则认为快乐不仅有量的差别更有质的不同，肉体感官欲望的满足只是一种低级快乐，而为他人幸福牺牲自己福利则会获得精神上的高级快乐，因此功利主义"唯一赞成的自我牺牲，是为了他人的幸福或有利于他人幸福的某些手段而做出的牺牲，这儿所说的他人，既可以是全体人类，也可以是为人类集体利益所限定的个人"③。但穆勒又认为，"功利主义的道德承认，人具有一种力量，能够为了他人的福利而牺牲自己的最大福利。功利主义的道德只是不承认，牺牲本身就是善事。它认为，一种牺牲如果没有增进或不会增进幸福的总量，那么就

---

① 朱贻庭编：《伦理学大辞典》，上海辞书出版社2002年版，第11页。
② 周辅成编：《西方伦理学名著选辑》（下卷），商务印书馆1987年版，第211页。
③ ［英］穆勒：《功利主义》，徐大建译，上海人民出版社2007年版，第17页。

是浪费。"① 由此可见，功利主义虽然是建立在个人私利基础上的利己主义，但为了实现全体社会"最大多数人的最大幸福"，功利主义的利己主义实为一种将个人幸福与他人幸福相统一的合理利己主义，其内含的利他主义价值观也正是慈善观的伦理基础之一。"导致人类苦难的所有大根源，都能在很大程度上通过人类的关心和努力得以消除，其中的许多根源则几乎是完全能够消除的。虽然这些根源的消除是一个令人痛苦的漫长过程——虽然消除这些根源要经过许多代人的不懈努力，从而这个世界才能在不缺乏意志和知识的条件下成为本可以容易造就的最好世界——但任何人，只要他的聪明和慷慨足以使他参与到消除人类苦难的根源中去，不论这种参与是多么微不足道，多么鲜为人知，他都能从这种抗争本身中得到一种崇高的乐趣，而这种乐趣，他是不会为了任何自私的欲望放弃的。"② 可见，作为评价行为标准的"最大多数人的最大幸福"因着眼于社会整体福利及公共利益的最大化，也与慈善所追求的社会价值目标非常契合，这无疑对近代西方慈善的发展有一定的推动和促进作用。

进化论伦理学是西方伦理学中用生物进化论观点解释道德的根源、性质和功能的一种伦理自然主义派别，产生于19世纪末期，其主要代表人物有英国实证主义哲学家赫伯特·斯宾塞、生物学家汤玛斯·亨利·赫胥黎和俄国无政府主义者彼得·阿列克谢耶维奇·克鲁泡特金等。进化论伦理学的理论根据是达尔文的生物进化论，达尔文认为人类的产生是动物机体进化的结果，道德是动物机体进化到人类阶段的产物，高等动物的"社会本能""合作本能"是道德产生的自然前提。这实际上奠定了慈善在人类社会产生和发展的生物学基础。在此基础上，被称为"社会达尔文主义之父"的斯宾塞立足于人类生命的保存与种族发展的社会需要，以人的行为与社会环境之间的适应与否来判断行为的道德价值，认为能够有助于提高物种与环境之间的适应性的行为就是善的行为，反之亦然。在斯宾塞看来，道德是生物进化过程在人类社会阶段上的发展形式，善是进化较高的东西，恶是进化较低的东西，道德进步是人的生物本性在适应其自然环境和社会

---

① [英] 穆勒：《功利主义》，徐大建译，上海人民出版社2007年版，第17页。
② [英] 穆勒：《功利主义》，徐大建译，上海人民出版社2007年版，第15—16页。

环境的漫长的、渐进的过程中，人的道德情感及道德概念本身会逐步进化和完善，从而实现从恶到善、从恶行到美德的平稳发展。同时在这一进化过程中，社会利益和个人利益会逐渐趋于一致，满足自己需要的个人行为同时将有助于满足社会的需要，利他主义的动机也将逐渐胜过利己主义的动机，从而使社会上各种利益对立的人们和谐相处，削弱和消除它们之间的阶级斗争。因此，斯宾塞要求激发道德感、同情感、共同联合感、利他感以至利他主义来适应进化的人类社会。[①] 虽然斯宾塞将"物竞天择、适者生存"的自然规律生硬地套用到人类的社会实践，认为慈善是对这一规律的破坏，"以丧失优秀人种为代价来培养那些无用之人，真是一种极端的残忍……人们不禁会怀疑温情的慈善事业是否比最极端的自私所带来的灾难还要大，因为慈善家们只看到事情的表面而忽视了这样做所间接带来的损害"。[②] 但其为了实现"种族延续和他人完善"而提倡培养和激发的那些道德情感无疑对于发展社会慈善具有重要意义。赫胥黎与克鲁泡特金等人也用进化论解释人类社会的道德现象。赫胥黎认为，人类社会的进化也是人类道德情感的进化过程，道德就是要遏制和消灭自私自利，消灭恶，而同情心和良心是强化人类社会相互结合的纽带。克鲁泡特金则从理解人的本能出发，不赞成社会达尔文主义者所认为的人只有互争的本能，而是认为人和动物都有互助和互争的本能，而且互助是两者之中更主要且更重要的本能，"互助具有压倒一切的影响力量"[③]，人类生活中"除了互争的法则以外，还有互助的法则，而这个法则，……比互争的法则更为重要得多"[④]。克鲁泡特金认为，人与人之间互助互援的程度是在不断地进化与提高的，发展到他所处的那个社会，互助互援的情形则随处可见：一方面，在整个社会里成立了为着各种目的的友谊团体、秘密互济社团、乡村和城镇的医疗互助会、制衣和殡葬互助会，如在英国的"救生船会"里，船员们都是志愿的，他们有着为了抢救素不相识的人而准备牺牲自己生命的精神；另一方

[①] 戚小村：《公益伦理略论》，博士学位论文，湖南师范大学，2006年。
[②] ［英］斯宾塞：《社会学研究》，张宏晖、胡江波译，华夏出版社2001年版，第87页。
[③] ［俄］克鲁泡特金：《互助论》，李平沤译，商务印书馆1963年版，第262页。
[④] ［俄］克鲁泡特金：《互助论》，李平沤译，商务印书馆1963年版，第9页。

面，由个人的仁慈情感、同情所产生的互助行为普遍地存在，个人之间实行着广泛的互助，他们教育和保护小孩，不要丝毫报酬地照护生病的邻居和正在上班的母亲的孩子，抚养孤儿，对于处境危难的人予以救助，互相借用各种家用器具。① 克鲁泡特金从人类的互助本能对社会中的扶危救困等慈善行为的理论论证完美地诠释了近代慈善发展的原因及动力。

伴随着两次思想解放运动及宗教改革，近代西方有关慈善的思想及观念因立场不同而见解不一。即便如此仍不可否认的是，这些思想及观念对于推动近代西方慈善的发展都有其独特的价值及意义。这段历史时期慈善发展的主要特点表现在这样几个方面。

其一，慈善理念的转变。17世纪，宗教改革使得慈善从天上来到了人间，慈善活动开始变得世俗化。但与此同时，反宗教改革也煽起了"熊熊燃烧的热情之火"。可能是受到这股热情之火的影响，天主教徒和新教徒们通过宣扬慈善是一种基于上帝之爱、兄弟之爱、他人之爱且不求回报的利他行为，以试图再次唤起人们对上帝的崇拜。因而在慈善活动世俗化的进程中，基于"仁爱""慈爱"服务他人的慈善影响延续了很长一段时间。但在17世纪后期的英国已经开始出现了社会服务的第二种模式，即相较于慈善侧重于个体参与具体直接的行动之中，通过对他人的扶危济困而与他人发生联系，第二种社会服务的模式更注重寻求解决社会问题与社会需求，这就是公益。这一思路其实来源于新英格兰人担心对穷人的慷慨救助可能会鼓励依赖与懒散的产生。根据基督教的教义，贫穷的人对于富人而言是天赐的机缘，富人必须帮助穷人的规定启发了悲悯之心以及慈善之举。但在清教徒看来，有必要把值得救助的穷人与不值得救助的无赖区分开来。对于前者而言，老人、寡妇、孤儿和残疾人是一些他们个人没法左右环境的弱势者，他们值得社群的帮助；相反，后者却是懒散的和不节制的，不值得社会帮助。② 1704 年，丹尼尔·笛福的小册子《施舍不是慈善》也对传统的施舍行为做了抨击，认为现有的教区救济对因为

---

① 戚小村：《公益伦理略论》，博士学位论文，湖南师范大学，2006年。
② [美] 劳伦斯·J.弗里德曼、马克·D.麦加维编：《美国历史上的慈善组织、公益事业和公民性》，徐家良、卢永彬等译，上海财经大学出版社2016年版，第25页。

"事故"（比如疾病、残疾或没有工作能力）而造成贫困是合适的，但反对公共救济因为"奢侈、懒惰和自傲"等犯罪行为而导致的贫困。① 这种慈善向公益的转变类似于近代中国慈善的"教养并重"理念，正如本杰明·富兰克林所坚持的慈善目标：消除贫困，并助人自强。这已是现代慈善方法的雏形，即给予穷人希望和帮助，让他们能够更有尊严地养活自己。英国议会于1601年通过的《济贫法》就明确规定捐赠对象除传统的老弱病残、无家可归者外，还有学校、路桥修建、市政设施、孤儿院、教养院、刑满犯人安置、残废军人、破产手工业者以及对大学学者的资助等。同时，在英国沿用了300多年的《伊丽莎白法规》在调节税收制度、慈善事业世俗化、援助对象社会化以及建立有效的监管机制等方面都有开创性，被视为公益事业史上的里程碑和现代慈善的先驱。② 1788年，针对贫富差距的问题，德国汉堡市将全市划分为若干片区来帮助贫民自力更生，形成了一种在全市中心办事处综合管理下的分区助人自助式的救济制度，俗称"汉堡制"，并被许多国家模仿。

其二，慈善动机的转变。19世纪前后，随着慈善的规模不断扩大，新兴的商人阶层开始逐渐成为慈善捐赠的主力，而他们进行慈善的动机一方面受早期的宗教思想影响，另一方面在于捐赠人的道德责任观念，即新兴的商人阶层致力于的慈善事业坚持寻找解决社会问题的长期方案，即穷人为什么穷的根源，而非暂时性地解决贫困群体的问题。这种"为了全人类的进步"的责任担当，主要得益于福音派救赎观点中的积极因素发展而来的一个社会真理，即"上帝之国"的意义被解读为"社会正义"这一专业术语，正如美国"钢铁大王"卡内基在其《财富的福音》中所说，"在巨富中死去是一种耻辱"。这句名言深深地影响了几代美国人。但是为了实现社会正义这一愿景，单单靠慈善家自身的力量是远远不够的，因此为了回馈社会，许多富人会选择把新增的财富捐献出去，并通过与改革派的长期合作，将这些巨额的私人款项转用于为人类进步而进行的现代化建设之中。这种

---

① ［美］罗伯特·J.伯姆纳：《捐赠：西方慈善公益文明史》，褚蓥译，社会科学文献出版社2017年版，第61页。

② 耿云：《国外慈善事业简论》，中国社会出版社2014年版，第11页。

将大规模的资本主义财富直接转变为公共资产的做法不仅使得这些新富们扩展了他们在公共社会的影响范围，也使得他们所涉足的慈善事业因其丰富的想象力而与以往的做法大不相同，另外，也满足了捐赠人自己的需求或愿望。在传统慈善中，受基督教原罪思想的影响，富人捐赠仅是为了赎罪而别无其他；随着新兴商人阶层在慈善界影响的增大，许多商人捐赠不仅是为了帮助别人，也是为了满足自己的需求或欲望，包括救赎、回报、爱与认可，甚至是骄傲和炫耀。由此，人们开始将慈善作为获得社会声望、寻求事业永生的手段。弗朗西斯·特罗洛普在《瑞克斯希尔的牧师》中曾描述了这样的慈善场景："义卖，即英国基督教徒们的热心——支付金钱。这些活动都是些社交性，同时也是慈善性，而且它们还给予了参加这些活动的人盛装出席、被人们注视，甚至仰慕的机会。"[①] 西塞罗也曾哀叹那些铺张的捐赠者们，那些人在公共宴会和娱乐活动上一掷千金，却毫不关心平民的疾苦，而是爱显摆自己的财富，赢得公众的追捧。[②] 概而观之，近代慈善已经完全不同于传统慈善的乐善好施，而是旨在解决社会重大现实问题或敦促社会改革并考虑捐赠回报的一种资本主义风险投资，这种投资所带来的慈善资金在客观上的大规模注入，势必为慈善发展提供了充足的资金支持。

其三，大众慈善的兴起。虽然说为了全人类的利益和进步，把富人们的巨额财富变成公共资产是一项巨大的工程，但是让慈善占有更中心位置的是同时兴起的平民慈善，或称大众慈善，即基于一种权利意识和责任意识，慈善行为通过遵循普遍、普世、平等的原则，开始远远跨越熟人社会的边界，在更为开放的陌生人社会中进行。这种现象在近代美国尤为突出，而这一切都始于 20 世纪初期的抵御肺结核病运动。当时为了在圣诞节期间卖出特殊印章来资助国家研究和预防结核病协会，红十字会选择将特殊印章放在全国各地的邮局，因为那是普通美国人很容易去的地方。1908 年的印章销售募捐活动共募得资金 13.5 万美元，这是 20 世纪初期成功的大众募捐活动的最初推动

---

① Frances Trollope, *The Vicar of Wrexhill*, London: Richard Bentley, 1837, p. 217.
② ［美］罗伯特·J. 伯姆纳：《捐赠：西方慈善公益文明史》，褚蓥译，社会科学文献出版社 2017 年版，第 114 页。

力，充分鼓舞了人们重复进行此类活动。短短 8 年间，到 1916 年，印章的销售收入突破 100 万美元。到了 20 世纪 60 年代中期，4000 万封信件的邮递带来了 2600 万美元的收入。1905 年，积极参与预防结核病活动的美国人不超过 5000 人，而到了 1915 年，参与人数竟多达 50 万人。① 随着后续一次次连续不断的活动推广，如第一次世界大战的战事大动员、帮助战争囚犯、资助在国外的美国部队以及 1918 年受难平民的联合战事宣传活动等，参与大众慈善捐款已被确立为一种美国价值观，越来越多的美国人把这部分捐款开支纳入了家庭常规预算，因此从某种意义上可以说，参与大众慈善捐款已经是美国人生活标准的一部分。这种"人人为慈善"的观点虽然在近代后期才出现，但其对当时西方慈善的发展可谓意义重大，因为有效的大众慈善需要在全社会营造一种捐助文化，让捐款或救助成为一种生活常态，并能覆盖到每一个人。这种全覆盖意味着大众更为积极地融入社会、回报社会，这种个人对他人的社会责任的分担，也是普通民众在公共生活中主体地位的积极体现。这无疑为现代西方公民慈善的蓄力发展做好了铺垫。

其四，慈善的专业化发展。随着宗教世俗化的进程，教会逐渐丧失组织和管理慈善的中心角色，所以当新兴商人阶层开始在城镇中开展捐建救济院、医院、管教所、贫民习艺所、初级学校、中学和市政改善等方面的慈善活动时，推动了慈善的组织化和专业化发展。如 17 世纪的中后期，德国遭遇饥荒，为了筹集资金，各地商人阶层先后组织了"公爱协会""强迫工作所"等机构，配合议会推选出的志愿委员会开展工作，收容乞丐和贫民，直接促成了汉堡制的形成。18 世纪，英国富有的博爱主义者们发展了一种全新的捐赠形式——联合慈善事业，将分散的慈善资金集中起来，开展规模更大、影响更广的慈善活动。这些慈善事业一般仍交由宗教组织来管理，免费或收取极少的一部分钱来提供衣物、教育、医疗等服务。与此同时，为配合慈善事业的开展，由宗教组织建立的各种志愿组织和慈善组织，如各种协会、工会、友善协会、城市教区、地区访问团、母亲协会、节俭协会

---

① ［美］奥利维尔·聪茨：《美国慈善史》，杨敏译，上海财经大学出版社 2016 年版，第 26—27 页。

等纷纷建立并蓬勃发展。据相关数据统计显示，19 世纪 70 年代的大多数英国成年人都会参加志愿活动，平均每个人属于 5—6 个志愿组织。① 在有组织的慈善活动中还渗透着科学的工作方法。个案研究工作是当时最重要的发明，它强调"没有调查就没有救济"。主张通过暗中调查和正面拜访将每个慈善接收者区分为值得救济者和不值得救济者，资源将用于那些有望变好或暂时陷于困难的人，从而摒弃了以往不加区分的济贫行为。在调查中，慈善工作者们还注意进行登记、检查和咨询等，以作为后续慈善救助的参考依据。他们希望通过科学的工作方法帮助穷人获得自力更生的能力，进而实现"自助"；同时也为所在机构树立良好的公众形象以吸引更多的捐助。② 美国大众捐款的进一步扩张，同样推动了慈善的专业化发展。一战之前和战争期间，大部分资金来源于志愿者的捐赠。但一战后，全职的专业人士组建了专门的筹资公司，并把他们的服务推销到大学、教堂、医院和文化机构，大力提高了资金捐助的水平。如 1908 年斯普林菲尔德暴动之后成立了全国有色人种协会（NAACP），这个协会虽然一直是不论肤色向所有人开放，也欢迎各种信仰或协会的成员参加，但 1914 年超过一半的收入仍然是来自 14 个像朱利叶斯·罗森沃尔德这样的捐助大户。然而在 1919 年一次被广泛参与的会员活动之后，大约 62300 名会员缴纳的会费和捐助的资金让其收入翻了 3 倍。③ 显然，专业化的筹资可以让捐助圈得以拓展。慈善的专业化发展表明无论是慈善组织的运作，还是慈善活动的开展，都不是公民单纯的奉献爱心的直接行为，而是需要依靠专业的人员、专业的组织通过专业的方式来运营，只有这样才能保持慈善活动的经常性、持续性、规范性和相对稳定性。

---

① 耿云：《国外慈善事业简论》，中国社会出版社 2014 年版，第 12 页。
② 周真真：《charity 概念在英国的历史流变及其社会意蕴》，《世界历史》2018 年第 1 期。
③ Charles Flint Kellogg. *NAACP*: *A History of the National Association for the Advancement of Colored People*, Vol. 1：1909 - 1920, Baltimore：Johns Hopkins University Press, 1967, p. 107.

第三节 公民慈善：现代慈善的转型

中华人民共和国成立以来，伴随着中国社会的沧桑巨变，当代中国慈善的发展可谓"命运多舛"，经调整改造、停滞衰熄、复兴发展等阶段，一路走来实属不易。现如今，依托网络科技的发展与平台以及政府在慈善领域的职能转变，中国慈善正历经蜕变所呈现出一些新的发展特征和趋势值得我们关注。现代西方随着资本主义经济的发展，人们之间的贫富差距逐渐加大，而当资本逐渐集中在少部分人手中时，社会上需要救助的人则开始逐渐增多，这必然导致慈善领域新的矛盾出现，对矛盾的回应及解决也彰显着西方现代慈善发展的一些新动向。

一 新中国慈善的转型与蜕变

中华人民共和国成立之初的慈善事业是在旧中国存留下来的慈善机构的基础上发展起来的。70多年来，我国的慈善事业先后经历了1949—1954年的调整与改造时期、1954—1984年的衰熄与停滞时期和1984年以后的复兴与发展时期。[①] 这一曲折的发展过程不仅体现了当代中国慈善的转型与蜕变有其历史必然性，也为我们今天反思、理解及展望其未来的发展方向提供了视角和素材。

1949年中华人民共和国成立之初，因长年战争和自然灾害频仍，整个社会可谓千疮百孔。为了应对1950年的饥荒问题，曾在民国战乱时期发挥过重要作用的慈善机构被党和政府一并接收和改造，同时又新建了一批社会福利救济机构和设施，以帮助失业工人和灾民复工复产。1949年12月，政务院发布了《关于生产救灾的指示》；1950年2月27日，政务院成立全国救灾委员会，并召开第一次全国民政工作会议；1950年4月24日，召开中国人民救济代表会议，通过《中国人民救济总会章程》；26日，时任政务院副总理、中央政法委员会主任的董必武在会上作了《新中国的救济福利事业》的报告。这

---

① 周秋光、曾桂林：《中国慈善简史》，人民出版社2006年版，第362页。

一系列会议的召开及文件的出台都反映了当时政府对慈善事业态度的转变,即从最初的不太关注到逐渐重视,这点在董必武所作的报告中体现得尤为明显。"救济福利事业……是政府和人民同心协力医治战争创伤并进行和平建设一系列工作中的一个组成部分。因此,它就有了新的意义和新的内容……全国救济福利事业的工作方针,应该是统一的;工作计划和范围及人力、物力、财力的安排,应该是有机配合的;宣传和行动,应该是一致的。……过去某些救济团体须改造的,在全国救济机构成立以后,即应由其领导进行。某些名存实亡或已完全失其作用或假冒慈善的救济团体,应即宣布取消。"[1] 这不仅阐释了政府对民间慈善事业的重视程度,而且表明了其对福利救济事业的包揽立场,实为中华人民共和国成立初期开展慈善工作的指导方针。此后,全国各地开始正式接收、改造旧有的慈善组织机构:对于原国民政府所办的各省县救济院及其他善堂,新政府基本实行取缔、解散和关闭,如民国年间著名的北京香山慈幼院经改组为公办学校后不复存在,其附属的"'慈型工厂'改为地方'国营管件厂','慈华工厂'改为'国棉四厂','慈平工厂'改为'北京制革厂','慈成工厂'改为'交通印刷厂'"[2];对于民间社会各界人士兴办的慈善团体,新政府则进行改组和接收,如上海的龙华孤儿院划归上海市民政局接管后改为公办性质的儿童保育院,仍旧收养孤儿,而以施种牛痘兼为穷人看病等善举为主的普安善堂只是稍作人事变动即被允许继续开展慈善服务活动;[3] 对于接受外国资助的各种教会慈善机构,政府一律接收、调整和整顿。据有关资料显示,至 1953 年年底,全国各地已改造旧的慈善机构 419 处,调整旧的救济福利团体 1600 多个。[4] 除了对旧有慈善机构的接收和改造,党和政府也开始探索社会主义社会的福利制度,并新建了一批社会福利机构和设施,作为旧有慈善机构的补

---

[1] 徐达深主编:《中华人民共和国实录》第 1 卷(上),吉林人民出版社 1994 年版,第 232 页。

[2] 周秋光主编:《熊希龄:从国务总理到爱国慈善家》,岳麓书社 1996 年版,第 250 页。

[3] 上海市上海县县志编纂委员会编:《上海县志》,上海人民出版社 1993 年版,第 297 页。

[4] 周秋光、曾桂林:《中国慈善简史》,人民出版社 2006 年版,第 366 页。

充。有关数据显示，1949—1954年，全国新建或改建666个残老、儿童福利机构，其中收养在院抚育教养的婴幼儿童便达25960人，加上残疾儿童福利机构等，中华人民共和国成立初期国家共收养了20多万孤儿、弃婴、残疾儿童和流浪街头的儿童。① 不论是对旧有慈善机构的接收和改组，还是新建适应社会需求的社会福利机构和设施，都表明政府在中华人民共和国成立初期并未排斥慈善事业，但这种大包大揽的计划慈善较之过去有着根本的不同，即虽然冠以福利机构的名目，但由于其与政府部门的工作事务紧密相联，因而导致中华人民共和国成立初期的慈善实为一种国家救济福利，这种福利国家化的慈善会因政府各种举措的限制而失去自己发展的空间和动力，这也是随后我国慈善事业遭遇衰熄和停滞的重要原因。

　　1954年以后，我国的慈善事业开始逐渐走下坡路，直到完全停滞。究其原因是多方面的：一方面由于当时的国际环境。20世纪50年代中期，中国面临着严峻的国际形势，在社会主义与资本主义两大阵营"冷战"对峙时期，对社会主义阵营的坚守就意味着对资本主义阵营的摒弃。而之前被新政府接收、调整和整顿的旧慈善机构就有接受外国资助的各种教会慈善机构，这些慈善机构虽然不乏深入民间、服务平民的"真慈善"，但也确实存在曾有外国传教士打着"慈善"的幌子实则为帝国主义的侵略服务、残害中国人民的"伪慈善"。惨痛的历史阴影加上阶级立场的对立，导致慈善被视为"资产阶级的糖衣炮弹"而被全盘否定和排斥，由这种极"左"思想所产生的对外国慈善机构的抵触情绪最终演变为对国内外所有与慈善相关事务的彻底禁锢，甚至是在灾荒连连的时代，政府也一概拒绝国际援助。② 另一方面则在于国内的政治环境和经济形势。1957年4月，中共中央发出《关于整风运动的指示》，以提高全党的思想水平、改进工作作风。整风运动的初衷是好的，但随着整风运动在全党的逐步展开，由于少数资产阶级右派分子乘机攻击中国共产党和社会主义，整风运动开始

---

　　① 苏振芳：《社会保障概论》，中国审计出版社、中国社会出版社2001年版，第107页。

　　② 詹奕嘉：《唐山大地震后30年——中国接受救灾外援的历程》，《世界知识》2006年第14期。

逐渐走上反右派运动的路线,并迅速扩大成大规模的群众性政治运动。随后的"大跃进"及"人民公社化"运动则不仅深刻反映了人们对共产主义与集体主义的盲目狂热与急于求成,而且在现实中造成了整个国民经济出现了全局性的困难,从而也使福利事业经历了一个大削减的过程。[①]

20世纪50年代中期以后差不多30年的时间,我国的慈善事业一直处于停滞状态,不仅不存在任何一个真正意义上的民间慈善组织,而且也没有出现有一定组织和规模的慈善活动。这一情形到20世纪80年代中期时开始有所松动,这主要得益于改革开放的全面展开和经济的快速发展。随着计划经济向市场经济的转型,社会成员之间的收入差距开始加大,贫富分化现象开始出现,特别是当有相当规模的贫困人口存在而政府的财力又有限时,依靠民间力量发展慈善事业就显得非常必要了。1981年7月28日,中国儿童少年基金会在北京成立,这是中华人民共和国成立以后中国大陆第一个以募集资金的形式,为儿童少年教育福利事业服务的全国性社会团体,是一个非营利性的社会公益组织,由此开启了中华慈善事业发展的新篇章。随后,宋庆龄基金会于1982年5月筹建成立,该基金会也主要开展少儿文教方面的公益事业。1984年3月,中国残疾人福利基金会成立,为残疾人社会福利事业的发展奠定了良好的基础。[②] 1984年11月,民政部在福建漳州召开全国城市福利事业单位改革整顿工作交流会,强调社会福利事业要从过去单一、封闭的国家包办向国家、集体、个人共办转变,要面向社会,多渠道、多层次、多形式地发展社会福利事业。这次会议提出了城市福利事业改革的主要方向,因而对于我国慈善事业的复兴具有重要意义。1986年4月,六届全国人大四次会议通过《国民经济和社会发展第七个五年发展计划纲要》,提出要"建立健全社会保障制度,进一步发展社会福利事业,……要通过多种渠道筹集社会保障基金"。这是政府机构首次明确提出社会保障的概念并单独设章阐述了社会保障的改革与社会化的原则倾向等问题。至此,社会保障社会化作为计划经济时代国家负责、单位包办保障制的对立

---

① 郑功成等:《当代中国慈善事业》,人民出版社2010年版,第132—135页。
② 周秋光、曾桂林:《中国慈善简史》,人民出版社2006年版,第383—384页。

物，被正式载入国家发展计划。① 20 世纪 80 年代中期，随着一批社会福利机构的恢复和发展，这些带有慈善性质的社团组织在社会救济、帮扶等方面的作用开始日益凸显出来，如到 1989 年，中国红十字会在全国 30 个省、市、区均恢复或建会，基层组织达 8.7 万个，在慈善医疗与救济等领域发挥日益重要的作用，社会地位和声望也越来越高。不仅国内慈善的发展形势一片向好，20 世纪 80 年代以来，中国政府在对待救灾援助的立场上也逐步有了转变，如从 1980 年的"南涝北旱"灾害，中国政府第一次向国际社会委婉求助，到 1987 年大兴安岭特大火灾，中国政府不仅主动要求国际援助，而且还成立了统筹国外援助工作小组统一领导和接收捐赠工作，再到 1991 年华东地区发生特大水灾，中国政府第一次大规模直接呼吁国际援助等，这一路走来充分显示了中国政府接受国际援助从被动到主动的态度转变。这段时期政府对慈善的立场虽然还处于矛盾之中，即一方面希望民间力量和社会能够承担一部分责任解决社会问题，另一方面又害怕和担心会因此而动摇自己的权威，但顶着阻力步履蹒跚的慈善事业依托初步建立的一批慈善团体和机构为后续的正式复兴奠定了初步的组织基础。

1994 年是中华人民共和国慈善发展史上具有标志性的一个年份，在这一年的 2 月，《人民日报》发表了题为"为慈善正名"的社论，明确提出"社会主义需要自己的慈善事业，需要自己的慈善家"，这是"慈善"二字在政府报刊中的正式回归。同年 4 月，中华慈善总会作为新中国成立以来第一个全国性的民间慈善组织在北京正式成立，标志着中国的慈善事业开启了一个新的发展时期。至 2000 年，全国共建有慈善组织 306 个，其中地（市）级慈善会 109 个，县（市）级慈善会 106 个，乡（镇、街道）慈善会 66 个。② 这些为数众多的慈善团体为发动和依靠社会各界力量赈灾救难做出了积极贡献，并将我国的慈善事业迅速推向复兴之后的新高潮。步入 21 世纪后，随着国民经济的连续高速发展，贫富差距也在日益扩大，社会群体利益逐渐呈

---

① 郑功成主编：《社会保障学》，中国劳动社会保障出版社 2005 年版，第 73 页。
② 周秋光、曾桂林：《当代中国慈善事业发展历程回顾与前瞻》，《文化学刊》2007 年第 5 期。

现多元化与复杂化，这种阶层差异已然成为社会经济发展中影响社会稳定的不协调因素之一，因而加强社会利益的整合就显得非常重要。而慈善的发展一方面能够调节社会矛盾，维护社会稳定，另一方面还可以提升国民道德素质，传承传统美德。由此，政府对慈善的态度历经限制、排斥、接纳到开始正式倡导和支持。2005年3月，十届全国人大三次会议的《政府工作报告》中明确提出"支持慈善事业发展"，随后的2006年十届人大四次会议、2007年十届人大五次会议及党的十七大、2008年十一届人大一次会议等重要会议均对慈善事业的发展予以了高度关注，时至今日的实践也证明慈善事业不仅已经纳入到国家的总体工作部署，而且作为政府工作中的一项长期规划，一直都有政府坚定的支持与规范。2014年11月，国务院出台了《关于促进慈善事业健康发展的指导意见》，这是中华人民共和国成立以来第一个以中央政府名义出台的促进慈善事业发展的文件。2016年3月16日《中华人民共和国慈善法》（以下简称《慈善法》）的颁布，重塑了现代慈善事业的价值与观念，明确了慈善组织的独立主体地位，并且放开了其募捐资格，鼓励人人行善，从而促进慈善事业从精英化走向真正意义上的大众化。据统计，2018年民政部依据《慈善法》指定的20家互联网募捐信息平台，共为全国1400余家公募慈善组织发布募捐信息2.1万条，网民点击、关注和参与超过84.6亿人次，募集善款总额超过31.7亿元，比上年增长26.8%。[①] 由此可见，在国家和社会这种宽容、支持的环境下，我国慈善事业已经步入正轨并开始快速发展。

二 现代西方慈善的新动向

如前文所述，在近代西方慈善的发展过程中，富人受宗教信仰的影响十分热衷于慈善捐助，正如卡耐基在1889年发表的《财富的福音》中所表达的那样，富人对社会进步负有不可推卸的责任，因而在满足了家庭成员必要的生活所需外，剩余财富的最佳处理方式就是用于公众的福利事业。此番言论也影响了美国的很多富人慈善家。但在

---

① 《20家互联网募捐信息平台2018年募集31.7亿元》，http://paper.people.com.cn/rmrb/html/2019-04/11/nw.D110000renmrb_20190411_3-07.htm.

一战及二战期间，慈善需求剧增，仅靠民间慈善组织已经很难解决贫困、失业、老龄化等社会问题，人们开始呼吁国家扮演更为重要的角色。由此，二战后，欧洲许多国家设计了一整套对全体公民实行的"从摇篮到坟墓"的福利措施。20世纪以来政府的介入是影响西方慈善事业发展的最显著因素。但政府的介入也使得社会资产占有与个人资产占有之间的矛盾凸显出来，由此产生的个人自由与国家干预、效率与公平等之间的矛盾也是现代西方慈善发展过程中需要解决的问题，而不同的思想流派对于此问题也有着自己不同的思考与解释。

自由主义是西方一种主要的理论流派，其发展经历了古典自由主义和新自由主义两个阶段。形成于17世纪的古典自由主义强调个人自由和"天赋人权"，认为人的自由是不可侵犯的，因此主张国家的一切政治、经济和社会生活都要以维护个人的自由为目的。基于此，古典自由主义不仅认为贫困者贫困的原因在其自身，实施救济只能靠他们自己，政府对此无能为力，因而极力反对国家的普遍福利政策；而且认为是否对贫困者进行救济完全是个人的私事，国家应该保持中立，因而无权干涉或强制个人参与慈善公益事业。产生于20世纪的新自由主义由古典自由主义发展而来，不仅反对国家对经济和社会生活的不必要干预，而且极力强调和宣扬市场经济及自由竞争。在新自由主义者看来，政府对社会福利和公益事业的干预会直接导致个人自由的丧失，"如果人们在过于绝对的意义上理解保障的话，普遍追求的保障，不但不能增加自由，反而构成了对自由的最严重的威胁"①，"个人的福利应通过市场购买来实现，个人的生活满足感或幸福也只有从市场的交换中才能得以改善，国家福利应是一种以非再分配形式体现的'公共利益'"②。当然，经济调节对于一个社会而言也非常重要，但国家所要提供的经济调节绝非保障财产上的绝对平等，而是要确保每个人在市场竞争和其他场合都享有同样多的参与机会、获胜机会和被挑选机会，即机会均等。因此，新自由主义者主张对国家福利

---

① ［英］哈耶克：《通往奴役之路》，王明毅等译，中国社会科学出版社1997年版，第120页。

② ［美］弗里德曼：《自由选择：个人声明》，胡骑等译，商务印书馆1982年版，第86页。

供应进行激进改革,尤其是减少政府的社会服务范围,减少国家财政补贴水平。然而,当现代国家必须要发挥为了公益福利而筹集与分配资源的重要功能时,新自由主义内部则出现了另外一种声音,即罗尔斯提出的正义论。在罗尔斯看来,正义是社会制度的首要基础,而一个正义的政府必须要充分考虑由于非主观因素造成的弱势群体,因此必须通过一定的社会正义制度对市场初次分配的结果进行重新再分配,这是政府的一种职责。很明显,罗尔斯的意图在于将国家干预和国家福利相结合,并希望通过公共理性和公共权力来干预财产的分配结果,以减轻由自然和社会的"偶然性"所导致的贫富差距。这为福利国家的建立提供了合理性依据,也是美国慈善文化的重要伦理基础。

社群主义是当代西方政治哲学的新发展,它是在批判新自由主义的过程中产生的。在社群主义者看来,自由主义理论所提出的"自我"概念是一种抽象的自我,这种脱离社会现实环境,不受任何社会历史背景、经济政治地位、文化传统等影响的自我是根本不存在的。正如泰勒所指出的那样,"自由主义忽略了个人选择的能力只有在某种特定社会或文化的环境中才能实践,忽略了提供个人选择所需的社会条件"[1]。与自由主义不同,社群主义把人视为历史环境中的人,主张从环境及其变化来理解人。麦金太尔就指出环境是一个相当重要的概念,"一种环境有一个历史,而个人行为者的历史不仅是,而且应当是置于这个历史中的,因为没有环境和环境在时间中的变化,个人行为者的历史和他在时间中的变化就是不可理解的"[2],"要成功地识别和理解某人正在做什么,我们总是要把一个特殊事件置于一些叙述的历史背景条件中,这历史既有个人所涉及的历史,也有个人在其中活动和所经历的环境的历史"[3]。因此与自由主义的核心概念是个人不同,社群主义的核心概念是社群。在社群主义看来,社群是一个拥有

---

[1] Taylor, Charles. *Philosophy and the Human Sciences: Philosophical Paper* II. Cambridge University Press, 1985.

[2] [美] A.麦金太尔:《德性之后》,龚群、戴扬毅译,中国社会科学出版社1995年版,第260页。

[3] [美] A.麦金太尔:《德性之后》,龚群、戴扬毅译,中国社会科学出版社1995年版,第266页。

某种共同的价值、规范和目标的实体,它是一种善,而且是一种最高的善,个人只有通过社群才能实现生活和使命的价值。由此可见,在社群与个人的关系上,社群主义不仅认为社会关系决定着个人,个人组成社群,个人是社群的一部分,而且还强调社群对于自我和个人的优先性。从这一立场出发,社群主义提倡个人利益与社群公共利益的有机结合,认为每个人都应当在努力追求美德的过程中过一种善良的生活。个人生活在社群之中,社群给予个人以共同的目的和价值,形成个人的认同。① 在自由主义的命题下,国家如果侵犯了个人的自由,则国家做了不应该做的事;而社群主义的价值则认为"国家没有做应该做的事情,如没有使人民享受最低的教育、没有救济垂危中的个人,也是对人权的践踏"②。这就为贫困者能够成为慈善的对象提供了理论依据,即贫困者作为社群的一员与社群具有同一性,有资格享受社群提供的福利,而社群也有责任帮助其摆脱困境。不仅如此,社群主义还关注了正义问题中的分配正义。在社群主义看来,社会生活的多样性决定了社群分配标准的多样性,并且各个分配标准都有其特定的作用领域,因而"需要"这一分配标准同样有"一个特殊的分配领域,其中需要本身就是正当的分配原则。在一个贫困的社会里,相当大部分社会财富将被划入这个领域。……在需要领域中……所需的物品根据人们的所需情况而分配给他们"③。这实际暗含了社群主义对国家第三次分配即慈善分配的理论支持,即它被看作是除国家福利之外的主要补充和救助穷人的一个重要来源。

英国著名社会学家吉登斯提出了"第三条道路"的社会福利思想。所谓"第三条道路",既不认为国家应该承担扶危济困的全部责任,也不主张限制国家在社会福利中的作用,而是认为穷人和富人的平等要通过国家与社会之间的合作来实现。市场对于分配资源、保证个人自由等方面虽然是比较好的机制,但也确实引发了一些需要控制和矫正的社会问题,所以"第三条道路"实为一条不主张完全依靠国

---

① 蓝维、高峰等:《公民教育:理论、历史与实践探索》,人民出版社2007年版,第133页。
② 俞可平:《社群主义》,中国社会科学出版社1998年版,第114页。
③ [美]迈克尔·沃尔泽:《正义诸领域:为多元主义与平等一辩》,褚松燕译,译林出版社2002年版,第31页。

家力量、也不主张市场化的"中间道路"。它力求实现两个基本平衡：其一是国家干预与市场自由之间的平衡；其二是对集体价值的重视与对个人价值的重视之间的平衡和整合。在吉登斯看来，责任的平衡是和谐社会的基石，为此提出"无责任即无权利"，主张公民在普遍享有社会保障权利的同时，也应当普遍承担起社会保障制度的缴费等义务。① 显然，"第三条道路"吸收了自由主义公益伦理思想中"自助助人"的积极因素，强调把利他性的助人过程与使人通过帮助而获得自立的能力结合起来，其结果不仅是对个人应付困难和生活危机的能力以及生活信心的培养与提升，而且也可以使人树立个人责任心，培养对自己负责的意识，以消除他们对国家福利的依赖。② 顺着这一思路，"第三条道路"主张先通过面向所有国民的国家福利制度如社会保障制度实现公民收入的公平分配和充分就业，扩大生活福利，但与此同时也须限制政府对社会公益福利的垄断，提倡和鼓励企业、社团、家庭等民间组织的积极参与，这样承担救助的责任主体便不限于受助者本人，从而可以增加慈善行动的辐射面，提升公益服务的质量和水平。

不论是限制政府在慈善领域的行为、强调市场经济的积极作用，还是主张政府在慈善领域所能发挥功能的不可忽视，抑或调和双方矛盾采取折中的"中间道路"，都是对前文所谈到的个人自由与国家干预、效率与公平等现代西方慈善发展过程中需要解决的矛盾的回应。在这些理论回应指导下的慈善实践，也使得现代西方慈善的发展有了一些新动向。

其一，大众慈善的进一步发展。现代西方慈善的蓬勃发展，很大程度上得力于广大公民个体的积极参与。公民个体即私人参与慈善一般通过两种途径：一是捐赠，包括捐赠金钱和物品两个方面。据有关数据显示，在美国所有的慈善捐款中，约有85%的捐款来自公民个人，约有10%的捐款来自公司企业，另有5%来自大型基金会。③ 直

---

① ［英］安东尼·吉登斯：《第三条道路：社会民主主义的复兴》，郑戈译，北京大学出版社、三联书店2000年版，第68—117页。
② 戚小村：《公益伦理略论》，博士学位论文，湖南师范大学，2006年。
③ 姚俭健、Janet Collins：《美国慈善事业的现状分析：一种比较视角》，《上海交通大学学报》（哲学社会科学版）2003年第1期。

至今天，个人捐赠仍然是美国慈善捐赠的主要来源。2019年的《捐赠美国》（Giving USA）显示，2018年个人捐赠占捐赠总额的68%，遗产捐赠占9%。二是志愿服务，即自愿提供无偿服务。志愿服务搭建了不同社会阶层之间沟通与交流的平台，不仅让需要帮助的人感受到来自社会的关爱，也让提供帮助的人找寻到自己的人生价值。如英国的志愿服务就有着悠久的历史和传统，超过16岁的青年就可以参加志愿服务，而且各行业的招聘单位以及大学都要求申请者具有志愿服务经验。不仅如此，老年人、失业者、生理或智力有残障的人都可能是志愿服务者，他们既帮助了别人，也帮助自己走出了自我隔离的生活。[1]

其二，企业慈善的大规模扩展。随着现代市场经济的发展和企业能力的提升，企业在现代西方国家慈善事业中发挥的作用越来越大。企业参与慈善一方面可以为慈善提供发展资金，另一方面也会给企业带来诸如减免赋税、提升企业形象、增强企业内部凝聚力等各种直接或间接的回报，因此对企业与社会而言是"双赢"。企业参与慈善的方式一般可以通过设立企业基金、直接捐赠款物、鼓励员工捐赠或做义工、提供商业培训等途径进行。企业基金会与私人基金会的不同在于：企业基金会与提供资助的母公司保持密切联系，资助规模视当年的盈利情况而定，受益对象往往是公司开展业务的区域。相关数据显示，自20世纪90年代中期以来，无论生意好坏，美国大型公司每年的捐赠额都达到了其利润的1%。[2] 没有设立基金会的中小企业一般会采取直接捐赠款物的方式，往往会根据慈善组织服务的领域及区域、信息公开程度、工作效率与效果等因素来确定捐赠对象。鼓励员工捐赠或做义工一般采用"捐赠匹配"制度，即员工向合法慈善机构捐款时，公司也会如数追加，以此来鼓励员工积极捐赠。提供商业培训也是一条"双赢"的慈善途径，比如，美国思科公司通过建立网络学院不仅培养了大批网络人才，也极大地改善了公司的人力资源储备。

其三，政府对慈善的大力支持。为鼓励慈善组织提供更多更好的服务以弥补政府的不足，许多西方国家的政府都会拿出一部分资金用

---

[1] 耿云：《国外慈善事业简论》，中国社会出版社2014年版，第74页。
[2] 徐雪松：《企业慈善行为研究》，博士学位论文，同济大学，2007年。

以资助慈善组织。相关数据显示,在 34 个国家慈善组织的资金来源中,政府财政支持的平均数据为慈善总收入的 34%,其中爱尔兰和比利时甚至高达 77%。[①] 慈善捐赠免税政策也是鼓励纳税人捐款或创建新的慈善机构的重要机制。其实早在 1909 年,美国就为"专门以宗教、慈善或是教育为目的"的机构免除了营业税。随后,美国税收法案逐步扩大免税组织的范围,到 1927 年,为了满足战后的社会慈善需求,把税收减免写入个人所得税法,1935 年又开始对公司捐赠实行税收减免。自此,美国的慈善捐赠稳健增长,从 1921 年的 17 亿美元到 2010 年超过了 2000 亿美元。除此之外,政府还会通过慈善的相关立法来规范和保障慈善的良性发展。当慈善事业在社会活动中的影响和作用越来越大,慈善组织的管理问题、慈善活动的诚信问题等开始成为影响慈善顺利发展的重要因素,因此国家和政府通过法律法规加强对慈善组织和慈善活动的监督和管理,以此保障其树立良好的慈善公信力,有利于培养整个社会的慈善意识和慈善文化。

其四,慈善组织专业化和多元化的提升。随着被称为"全球社团革命"的 NGO 在世界各地的兴起浪潮,慈善组织作为非政府组织的重要组成部分,其数量和规模也在日益庞大,形式也越来越多元,常见的有信托、社团、协会、基金会等。慈善信托是一种要求接受财产的人要公正地管理所托管的财产,实现捐赠者要求用于慈善目的的慈善组织形式;社团主要包括一些以慈善为目的的学校、医院和医学组织或其他社会团体,具有法人性质;协会是一种相对简单的慈善组织形式,只要一群人为了追求共同的慈善目标集合在一起即可;基金会主要指利用自然人、法人或其他组织捐赠的财产而成立的以公益事业为目的的非营利性法人。慈善组织的多元化同时也意味着其专业化,即不仅组织之间的分工越来越明确,而且组织的内部治理也追求高效。系统化、规范化、专业化的运营之道意味着对慈善资金使用效率的价值追求,这也是现代慈善组织的管理使命,正如美国学者马修·比索提出的"慈善资本主义",其实质就是把公司盈利和风险投资等引入慈善事业,以追求慈善资本的最高效率。

---

① [美] 莱斯特·M. 萨拉蒙、S. 沃加斯·索科洛斯基:《全球公民社会:非营利部门国际指数》,陈一梅等译,北京大学出版社 2007 年版,第 37 页。

第三章

公民慈善：微公益时代的
慈善价值导向

　　由前所述，我们不难发现，中西方慈善虽然在思想渊源、理论流派及发展特征等方面有诸多不同，但两者的总体走向是相似的，即从传统单纯的扶危济困到近代内容形式日益多元的富人慈善，再到现当代逐渐走向平民慈善。当代中国慈善在其曲折发展的70多年间，有很长一段时间基本处于停滞状态，因而落后于一些西方发达国家。但在过去30多年里，互联网的日渐勃兴逐步改变甚至颠覆了很多传统行业。特别是进入21世纪以来，移动互联网的爆炸式发展也给当代中国的慈善事业带来了良好的发展机遇，其中最显著的就是大众公益[①]的兴起，并且人们还赋予其一个温暖而亲切的词——"微公益"。随着互联网和公益慈善的全新链接开始渗透到社会生活的方方面面，我们开始进入一个以全民公益的群体行动为特征的微公益时代。微公益时代不仅意味着网络科技的迅猛发展，更预示着中国慈善格局的巨大改变，即中国的慈善事业开始走向回归本真的公民慈善，政府行政色彩将进一步弱化，而代表慈善特性的民间性和个体性也将成为微公益时代的慈善价值导向。

---

　　① 正如前文所析，传统慈善的着眼点是人的生存，而现代慈善则着重于人的发展，这也是传统慈善向现代公益的转型，是慈善与公益的融合。基于此，如无特别标明，本书是在同一个意义上谈慈善与公益。

第一节　微公益时代公民慈善的"微"特色

对于当下的中国社会而言，以互联网和移动支付为代表的数字技术及其思维方式正在产生着颠覆性的影响，公益慈善领域也是如此。继1994年《人民日报》首次发表题为"为慈善正名"的社论以来，中国慈善因政府力量的支持与介入逐渐步入正轨。但随着社会发展进入转型关键期，社会矛盾逐渐凸显，政府主导下的中国慈善也因此出现"心有余而力不足"的状况。这一情况在2008年开始有所变化。2008年中国重大自然灾害频发，特别是2008年的"5·12"汶川地震最为严重，但大灾激发了中国社会各界空前的慈善捐助热潮。截至当年12月初，各界为地震捐赠款物达751.97亿元，其中个人捐款达458亿元，首次超过企业捐赠。而根据民政部主管的中民慈善捐助信息中心发布的《中国慈善捐助报告（2007—2015）》的数据，2008年全国慈善捐赠总额达1070亿元，而在2007年，这一数字仅为309亿元。大灾中迸发出的巨大民间力量影响深远，使得2008年被称为"中国民间公益元年"。[①] 当借助网络技术的公益慈善开始展现出一种"人人可公益、人人做公益"的公益图景时，其不同于以往公益慈善的"微"特色值得我们格外关注。

一　微公益的传播载体之"微"

以往的公益慈善组织在发布信息方面往往需要投入相当的时间和资源，其模式可以分为九个过程四个阶段：第一阶段主要是准备工作，包括探访、计划、动员。在此阶段，公益组织通过探寻走访、调查探寻或其他渠道寻找和发现救助对象；随后，归结整理救助对象的资料，了解救助的需求，进行公益项目策划；之后，公益组织依据计划，通过电视、报纸以及行政通知等方式发布招募信息，发动志愿者参与，动员对象多为青年人如大学生等热心人士。第二阶段主要是募捐工作，包括组织过程、募捐过程和整备过程。这个阶段，公益组织

[①] 王京仔：《从公益元年出发，地震慈善这十年》，《法治周末》2018年5月8日。

第三章　公民慈善：微公益时代的慈善价值导向

召集相关志愿者进行培训，再按计划将志愿者组建为临时项目团队，作为组织的暂时成员；随后，新的项目团队进入潜在捐助者人群中进行动员、宣传和募捐（所募集的资源可粗略分为四类：体力捐助、智力捐助、实物捐助、财务捐助或组合）；之后，组织方会回收筹集到的公益资源，并进行整理、核对和记录。第三阶段是捐助工作，这个阶段，公益组织将公益资源转移到救助对象手中，是公益价值最终实现的过程。第四阶段是总结反馈工作。公益组织会对资源使用情况进行核对、记录和反馈；临时公益团队解散；最后，通过多种渠道，定期将工作情况进行总结，反馈给利益相关者。[①] 很显然，这种模式往往会因某一个项目投入过多的时间和精力以及项目团队的临时性而导致对这一个项目实施救助的滞后致使整个公益慈善工作无法向纵深发展。

自1994年中国接入互联网以来，其作为一种技术工具和信息渠道开始逐步渗透到经济社会的方方面面，并迅速扩散开来。正如习近平总书记曾指出的那样，要充分运用现代技术手段，充分运用微博、微信、微视、微电影等方式，根据"微时代"媒体传播的新特点，努力在"微"字上下功夫。[②] 据中国互联网络信息中心（CNNIC）于2020年4月28日发布的第45次《中国互联网络发展状况统计报告》统计，截至2020年3月，我国网民规模达到9.04亿，较2018年年底增长7508万，互联网普及率为64.5%；其中，我国手机网民规模达8.97亿，较2018年年底增长7992万，网民中使用手机上网的比例达99.3%，较2018年年底提升0.7个百分点；手机网络支付用户规模达7.65亿，较2018年年底增长1.82亿；短视频用户规模为7.73亿，占网民整体的85.6%。这表明以互联网为代表的数字技术正在加速与经济社会各领域深度融合，成为促进我国消费升级、经济社会转型、构建国家竞争新优势的重要推动力。依托于网络技术同步发展的公益慈善领域也不例外。比如，腾讯公益慈善基金会在2007

---

① 蒲清平、张伟莉等：《互联网+微公益发展研究》，中国民主法制出版社2016年版，第13—14页。

② 转引自韩振峰《习近平关于社会主义核心价值观的十个基本思路》，《前线》2015年第4期。

年6月成立之初，就确定了公益2.0战略，即利用腾讯的互联网平台和技术，推动中国公益事业进入大众参与、全民公益的微公益时代。现如今，随着互联网公益模式的根本变革，以互动为核心的微公益2.0时代慢慢跨入了以移动为核心的微公益3.0时代。与传统公益慈善模式不同，微公益可借助微博、微信、论坛、手机短信等多种媒体及其提供的@、转发、评论、实时语音交流、地址分享等功能，把受助者、捐助者、志愿者以及潜在的大众作为人际网络上的最小节点连接起来，不仅能便捷、迅速地传播公益慈善信息，使公益慈善信息有更广的知晓度，而且通过消除受助者与捐助者之间的诸多中间环节，使沟通更加顺畅、高效，能更好地实现信息的反馈与互动。因此，以"求助信息发布—救助—互动反馈"为主要阶段的微公益并不是指建立一两个网站或某些APP应用，而是借助互联网技术打造的全开放式信息平台，将线上和线下有着某种公益需求的用户联结起来，同时随着信息的不断流动和裂变，建立起线上线下联动的点对点、多点对多点的连接系统，以确保微公益信息在短时间内得到最大化的聚焦和关注。概言之，社交平台为公益活动的传播起到巨大的推动作用，并成为公益捐助的重要来源。据相关数据统计，截至2019年9月，已有超过1900万人在快手平台上获得收入，其中超过500万人来自国家级贫困县；有115万人通过在快手平台卖货，年销量总额达到193亿，扎实推动了网络扶贫向纵深发展。第45次《中国互联网络发展状况统计报告》对此就有集中阐释，并以此说明网络技术发展所带来的传播载体之"微"在网络扶贫工作方面已初见成效：2019年4月，中央网信办、国家发展改革委、国务院扶贫办、工业和信息化部联合印发《2019年网络扶贫工作要点》，提出要充分释放数字红利，加大网络扶贫工作力度。网络赋能扶贫攻坚，成效显著。

一是通过网络扶贫工作，显著改善贫困地区网络基础设施。2019年，我国"村村通"和"电信普遍服务试点"两大工程深入实施，中国广大农村及偏远地区贫困群众逐步跟上互联网时代的步伐，同步享受信息社会的便利。截至2019年10月，我国行政村通光纤和通4G比例均超过98%，贫困村宽带比例达到99%，实现了全球领先的农村网络覆盖；试点地区平均下载速率超过70M，基本实现了农村城市"同网同速"。农村及偏远地区学校网络接入条件不断改善，全国中小学校联网率超过96%，助力实现教育均等化，为网络扶贫奠定坚实基础。

二是通过网络扶贫工作，切实提升广大网民对脱贫攻坚的认知水平。数据显示，超过七成网民对网络扶贫相关活动有所了解。截至2020年3月，网民在互联网上看到"扶贫捐款"相关内容的比例最高，为57.7%；在互联网上看到"贫困地区特色农产品宣传""在社交平台、新闻网站上的扶贫宣传"等相关内容的比例分别为48.1%、47.2%。

三是通过网络扶贫工作，积极带动广大网民参与脱贫攻坚行动。数据显示，在了解网络扶贫活动的网民中，近七成网民参加过各类网络扶贫活动。截至2020年3月，了解网络扶贫活动的网民参与"网上扶贫捐款"的比例最高，为43.9%；其次是"扶贫宣传点赞、转发、评论"，比例为36.3%；"网上购买贫困地区特色农产品"的比例为23.0%。

四是通过网络扶贫工作，不断巩固脱贫攻坚工作成果。数据显示，近九成网民认同互联网在脱贫攻坚中的重要作用。截至2020年3月，七成以上网民认为互联网能在"汇集广大网民的力量为贫困群众提供帮助""通过电商帮助贫困群众扩大农产品销售""让贫困群众更方便地获取工作、社保、医疗等信息"等方面发挥了重要作用。[①]

二 微公益的参与主体之"微"

传统上，公益慈善活动通常是在政府的组织和策划下，通过各级行政组织对各个单位提出要求来具体实施的。捐赠过程一般是单位领导、党员带头，根据职位、职称等进行指定捐赠。这种自上而下的公益慈善方式往往因行政色彩较为浓厚而打击了公民个体志愿而自主地参与公益慈善活动的热情和积极性，减弱了公民个体的公益慈善主动性和责任感，甚至会导致公民个体一提到公益慈善就会有消极的负面情绪体验，不利于公益慈善事业的持续健康发展。与之不同，微公益

[①] 《中国互联网络信息中心（CNNIC）》，《第45次中国互联网络发展状况统计报告》2020年4月28日。

时代的公民慈善主要体现一种"为了公益事业的志愿行为"[①]。所谓志愿,即非强迫,因此与传统公益活动通常通过政府的组织和策划采取自上而下的方式实施一种"被公益"不同,借助互联网的微公益具有满足参与主体需求的自身特性:首先,简单易用,内容简短精悍,入门容易。迷你性和碎片化的内容不仅更适合阅读,而且能够充分满足公众的表达和沟通诉求。其次,用户可以根据自己的兴趣偏好以及平台内容的质量,来选择是否"关注"某些用户,信息的获取具有很强的自主性和选择性。再次,信息共享便捷迅速。网络用户可以在任何时间、地点利用各种移动终端连接网络平台,即时发布信息,其传播速度远远超过传统纸质媒体。最后,微博公益平台的出现,使网民拥有了更多的话语权,更加有利于汇聚公众的声音和力量。[②] 这些特性极大地激发了普通民众参与公益慈善的主动意愿和热情,充分体现了参与主体之"微"的特性。

正是因为微公益的参与主体之"微"这一特性,民间捐赠和个人捐赠的规模正在逐年提升。据民政部中民慈善捐助信息中心2013年9月21日发布的《2012年度中国慈善捐助报告》显示,该年个人捐赠总额约817亿元,占我国GDP的0.16%,人均捐款60.4元;虽然捐赠规模及捐赠意愿与国际水平差距依旧悬殊,如2012年中国GDP约为美国的1/2,但美国的慈善捐赠总量却是中国的近24倍,达到3162亿美元,占GDP的2.0%;2012年我国民间网络捐赠开始初露锋芒,无论是在参与人数上,还是在募捐金额上,多家网络捐赠平台的劝募效果皆超过了2011年,成为劝募市场上的新兴力量。[③] 而由中国慈善联合会于2017年11月2日发布的《2016年度中国慈善捐助报告》则显示,随着2016年《中华人民共和国慈善法》颁布实施的保驾护航和网络募捐平台的日益规范,不仅直接推动了社会捐赠在这一年的"高歌猛进",捐赠总额已接近欧洲发达国家水平,捐赠总量、

---

① [美]罗伯特·L.佩顿、迈克尔·P.穆迪:《慈善的意义与使命》,郭烁译,中国劳动社会保障出版社2013年版,第12页。

② 蒲清平、张伟莉等:《互联网+微公益发展研究》,中国民主法制出版社2016年版,第98页。

③ 《2012年度中国慈善捐助报告》发布,http://guoqing.china.com.cn/2013-09/21/content_30085756.htm。

人均捐赠量的年度增长率均大幅领先美英两国；而且个人捐赠也大幅提升，普通民众成为中坚力量，捐赠额达到了创纪录的293.77亿元，比上年猛增124.47亿元，占到捐赠总额的21.09%，同比增长73.52%。① 由中国慈善联合会于2019年9月24日发布的《2018年度中国慈善捐助报告》更是显示，对比企业捐赠的走低，个人捐赠则展现出稳健增长的后劲。2018年，我国内地个人捐赠360.47亿元，同比增长3.24%，排除灾害等偶发事件外（如2008年汶川地震当年个人捐赠大增，首度达到458亿元的高位），个人捐赠创历史新高，占捐赠总量的25.05%，个人捐赠所占比重也处于近年最好水平；不仅如此，以个人捐赠为主的网络募捐总量在2018年继续攀升，民政部指定的20家互联网募捐信息平台共募集善款超过31.7亿元，较2017年增长26.8%。② 这些数据都表明，随着微公益时代的到来，普通民众进行小额捐赠的规模在不断扩大，全民参与慈善的氛围日渐浓厚，我国慈善捐赠正以网络化、趣味化、年轻化、小额化的方式进入普通公民的生活，并成为大众的一种日常生活方式。

当前，"全民慈善优于富人慈善"的现代慈善理念已深入人心。因此，微公益作为凝聚善和爱的平台，服务宗旨不同于传统公益把希望寄托在少数富人身上，而是通过降低用户参与公益的门槛，实现每个有公益意愿的公民个体都能便捷、高效地加入公益的队伍，同时通过互联网技术的传播影响力带动越来越多的公益围观者也能加入进来，成为新的公益参与者和受益者，不断推动微公益的发展与壮大。比如，"小朋友画廊"是2017年8月17日由腾讯公益等公益机构联合发起的线上线下互动微公益项目，其募捐目标是通过网民用1元钱购买自闭症儿童的绘画作品来为自闭症儿童这一特殊群体筹集1500万元善款，进而通过这一网络微公益项目引发社会各界对儿童自闭症议题的关心。该公益项目上线后，立即在微信朋友圈刷屏，7小时就筹集到了1500多万元，捐款人数超过500多万人次。"小朋友画廊"

---

① 《2016年度中国慈善捐助报告》发布，http：//www.gongyishibao.com/html/gongyizixun/12735.html。

② 中国慈善联合会发布《2018年度中国慈善捐助报告》，http：//www.gongyishibao.com/html/yaowen/17358.html。

公益项目通过微信朋友圈的转发和评论,将各个角落、对儿童自闭症议题感兴趣的普通民众,甚至是很多中小学生都吸引进来,充分发挥了"指尖公益""人人公益"和"轻松公益"的合力作用,让网络微公益的参与主体之"微"这一特征得到淋漓尽致的展现。

三 微公益的公益主题之"微"

所谓微公益的公益主题之"微",意指公益无论大小,重要的是对公益精神的诠释,无论是一粒米、一块钱、一篇微博、一张提供信息的照片、一个转帖、一个关注等都是参与公益的有效方式。因此,微公益的目标就在于从每个人身边的小事着手,从细微处着手,"勿以善小而不为",强调积少成多,积小流成江海,通过公益精神的内化体验,唤起社会公众对公益事业的热情和社会整体道德价值观念的递进,让公益成为一种常态化、普遍化的生活方式和生活习惯。① 比如,儿童、中小学生等是被排除在传统慈善大门以外的群体,为了让慈善参与人群也能够扩展到这部分群体,有些微公益项目陆续推出"捐赠步数"的公益活动,即激励参与者将每天完成的运动(如走路)步数转化为现金或营养包,用以救助不发达地区营养不良的儿童或其他弱势群体。这种方式的公益参与成本基本为零,不仅让儿童、中小学生等低龄群体得以参与进来,还让参与者在践行公益的同时有一个健康的身体,过上一种健康的生活。从这个意义上说,微公益可以真正抛掉"公益主要是有钱人的事情"这一论断,而成为人人组织、人人参与的全民行动。再如,2015 年 3 月,"地球一小时,闪跑一小时"荧光夜跑活动在成都、上海、杭州、深圳、西安、北京六大城市同时启动,邀请所有运动爱好者、关注环保的普通市民走出家门,跑者身着涂满荧光涂料的 T 恤尽情奔跑,传播节能环保的公益理念。当前,微公益正在以重力加速度的姿态重塑我国慈善公益的思维与实践。在公益项目的开发设计方面,除了传统的故事设计外,轻松、有趣、常态的捐赠体验正成为公益项目吸引普通老百姓广泛参与的重要维度。

---

① 冯莹姣、周瑞法:《微公益:具象化公益的道德内化》,《浙江师范大学学报》(社会科学版)2012 年第 1 期。

公益的主题之"微"汇聚的是微力量,但放大的是善念善举。当从身边一件小事出发的微公益在全社会营造"人人可公益""人人做公益"的良好氛围时,极易形成慈善公益事业的"蝴蝶效应",撬动各方力量,甚至可以推动某些社会问题的解决。由邓飞联合500名记者、国内数十家主流媒体和中国社会福利基金会发起的"免费午餐"项目,就是这方面的成功案例。该计划最原初的目标是为贵州贫困山区的169名寄宿儿童每天免费提供一顿3元的午餐,致力于帮助这些寄宿学生免于饥饿和改善营养。后来,"免费午餐"计划因各大媒体的跟进在社会上引起了各界关注,并最终引起了中央政府相关公共政策的出台。2011年10月26日,国务院决定启动实施农村义务教育学生营养改善计划:中央每年拨款160多亿元,按照每生每天3元的标准为农村义务教育阶段学生提供营养膳食补助,普惠680个县市、约2600万在校学生。从民间公益人士通过微公益项目"免费午餐"计划,到中央政府全面实施全国农村义务教育学生营养改善计划,舆论普遍认为,是微公益项目的民间探索之路撬动了政府相关公共政策的制度供给。① 再比如"大爱清尘"项目,也是由民间依托互联网平台发起,但是因为民间的力量实在有限,而尘肺问题又非常严重,项目发起人一直呼吁政府部门的参与,经过多方呼吁和沟通,最终也于2016年迎来了公共政策的呼应。同年1月,国家发展和改革委、财政部、卫健委、民政部等十部委推出《关于印发加强农民工尘肺病防治工作的意见的通知》,强调在农民工尘肺病防治工作中要"全面强化政府落实责任"和"逐步形成政府救助与社会关爱相结合的工作格局",这也是通过民间微公益的发展影响甚至推动公共政策改变的典范。

第二节 微公益时代公民慈善的"微"功能

自2008年被称为公益元年以来,以"微"为特征的公民慈善已

---

① 杨团主编:《中国慈善发展报告(2012)》,社会科学文献出版社2012年版,第396页。

走过了十余年的时间。在这十余年的时间里，公益慈善的发展出现了一些新现象：慈善内涵日益多元，不仅关注传统的社会问题（如扶贫济困、教育、环保），小众的需求也受到关注（如罕见病群体），高端的需求同样受到关注（如健身、朗诵、合唱、临终关怀、科普、非遗保护）；慈善的方法和工具越来越丰富（如众筹、线上募捐、捐步数、光盘行动、绿色出行、冰桶挑战、时间银行）；慈善组织形式也越来越丰富，非正式组织（如越野 E 族、夕阳再晨团队）、网络型组织（如公益筹款人联盟、河流守望者网络）、基于互联网的平台（如腾讯公益、易宝公益圈）、虚拟组织（如米公益）纷纷涌现；围绕慈善的合作无处不在，慈善领域内部的合作蓬勃发展，跨界合作日益深化。[1] 这些新的现象表明民间公益慈善的力量不容忽视，这种力量不仅意味着受助者的需求更易于满足，更重要的在于对每一个参与公益的普通公民乃至整个社会都有着独特的意义和价值。

一 内蕴着主动公民身份的底色

在学术界，一般认为主动公民身份（Active Citizenship）通常内含这样三个维度：第一，认知之维。即人们需要一个信息与知识基础，在此基础上他们才能够采取行动，并且能够自信地去采取行动。第二，情感之维。主动公民身份最终要关注的就是个体与群体对他们理论上所隶属的社会和社区的归属感所达到的程度，因此除了认同与价值观事务之外，还与促进社会包容与凝聚力紧密联系在一起。第三，实践之维。积极履行公民身份直接关涉如何采取何种行动，这首先就要考虑在采取行动中怎样积累经验。[2] 而微公益的核心要义就在于：互联网不再只是公益慈善组织用来筹资或者传播的工具，它有着一种更高的价值期待，即每一位参与公益的行动者都是以普通公民的身份自主、独立地志愿参与到社会公益行动当中，这种源自普通公民身份自主、志愿参与的慈心善举，无疑蕴含着丰富的主动公民身份底色。

---

[1] 康晓光、冯利主编：《中国第三部门观察报告（2018）》，社会科学文献出版社2018年版，第3页。

[2] Montané, M. & Beernaert, Y. *Towards Active Citizenship: Connecting Young Citizens across Europe and the World*. Barcelona – Brussels: European Parliament and DG Education and Culture of the European Commission, 2001: 76.

首先，全开放式的信息平台奠定坚实的思想基础。主动公民身份强调公民的积极参与，并以一定的信息认知和思想认知为前提，即公民在行动之前，需要确定行动针对的问题。公民只有在对有待解决问题具有一定的信息认知和思想认知的基础上，才有可能产生行动的意识，并最终将行动付诸实践。譬如，国外在培养主动公民的教育实践中，志愿服务学习是一种比较成熟的教育实践方式。它将公民参与作为基本方法贯穿于整个教育实践的全过程，其基本步骤主要包括调查准备阶段、确定问题阶段、提出策略阶段以及解决问题阶段。其中，调查准备阶段和确定问题阶段就是参与实践的信息认知基础和思想认知基础。而在这一维度上，微公益时代的公民慈善通过建立一个全开放式的信息平台，并凭借其网络监督机制的优势，不仅可以持续推动信息透明化，还可以通过第三方利用大数据建立公益组织信用评价体系，这都为培养微公益时代的主动公民奠定了坚实的认知基础。

其次，自我价值的实现促发向上、向善的道德体验。在现实生活中，人们行为的选择通常会受到情感因素的制约。向上、向善的情感体验往往会激励人们去实施某一行为，与之相反，消极否定的情感体验则会让人停止某一行为。在道德领域同样如此，向上、向善的道德情感若不断得到承认和强化，则会不断产生积极的道德行为倾向，而消极否定的道德情感体验则会否定或抑制道德行为的产生。这种积极的道德情感体验反映在主动公民身份上就是一种以追求和维护"公共善"为目的的公民责任。而之所以说以追求和维护"公共善"为目的的公民责任会带给主动公民个体一种积极的道德情感体验，是因为人在本质上是"一切社会关系的总和"，人不是抽象的、孤立的，而是需要在现实的社会关系中展现自我，这也是公民之为"公"的本意所在。对主动公民来说，其需要也只有在公共化的场景中来成为"公之民"。公共化的生存场景具有非常强的生命感受性与生存体验性，它与人的生命体验是密切相关的，与人的精神生命的成长活动的过程和规律是紧密相通的。在公共化的生存场景，主动公民表现出人们生命活动必要的、超越个体的人与人之间的相互关怀、相互关心，表明自己作为人的神圣的、精神性存在的特征。[①] 由此可见，通过参与公共化的场景不仅可以推动"公共善"的实现，主动公民个体也会因为自我价值实现而获得一种积极的道德情感体验。主动公民个体在公共化的场景中越是积极展现自己的公民品质，积极的道德情感体验会越多，反之亦然。微公益时代的公民慈善也同样契合这一理念，即公民个体通过自觉、自愿救助他人、造福社会的方式参与到公益慈善事业中，不仅能够促进公民个体自我道德素养的完善和自我价值的实现，还能促进社会公共利益和大众福祉的实现，这种积极的道德情感体验会激励公民个体持续产生公益慈善的参与意愿，从而不断体现出一个主动公民的责任担当。

最后，撬动公共政策进而实现政府和民间的良性互动。伯纳德·科瑞克（Bernard Crick）在区分"主动公民"与"好公民"时曾指出，一个服从法律并能够按照社会准则行动，但却不与他人进行任何形式或程度的合作以影响公共政策的人，无论在专制主义国家，还是在民主的国家里，都可以叫作好公民，但是却不能称为主动公民，因为他所展现的只是"对规则的习惯性的忠诚与本能的服从，……而不是批判性思想与民主实践"。在科瑞克看来，主动公民不只是好公民，他或她"有能力并有资格对公共生活施加影响"，具备"在说话与行动之前权衡证据的批判性能力"，积极参与"志愿活动与公共服务"，并且拥有发现"新的活动形式"的个人信心。[②] 换言之，与自由主义的公民固守个体权利的边界不同，主动公民必须要以进入公共领域来体现人之公共化存在的事实。一般可以通过关注公共善、承担公共责任、进行公共论辩、制定公共政策的方式介入到公共事务，并以公共性的行动方式确认自己作为公共化存在的身份。[③] 在这一维度上，微公益时代的公民慈善为主动公民的独立自主参与搭建了诸多有利平台。它不仅让有参与意愿的普通公民个体有意愿和能力参与公益慈善

---

① 许瑞芳、叶方兴：《积极公民：一种公共性的分析理路》，《江西师范大学学报》（哲学社会科学版）2017 年第 5 期。

② 转引自饶从满《主动公民教育：国际公民教育发展的新走向》，《比较教育研究》2006 年第 7 期。

③ 许瑞芳、叶方兴：《积极公民：一种公共性的分析理路》，《江西师范大学学报》（哲学社会科学版）2017 年第 5 期。

事业，而且有可能通过普通公民的身体力行来撬动相关领域公共政策的改变，实现政府和民间的良性互动与合作共治。不仅如此，微公益借助互联网技术虽然可以把普通公民个体的公益热情聚小成大，但在其向纵深推进的过程中仍会遇到瓶颈，需要政府的介入和参与，比如政府的资金投入、渠道的疏通、必要的政策支撑以及提供制度保障，等等。换言之，随着微公益的进一步发展，政府部门需要增强互联网思维，转换相应的角色以适应并强化这种发展趋势，而这也为民间公益组织与政府部门之间实现良性互动、合作共治提供了可能。如前文提到的"免费午餐"和"大爱清尘"项目就是通过民间微公益的发展影响甚至推动公共政策改变的典范。

二 对公民权利与义务的确认

对于生活在现代国家的公民个体而言，公民身份是一个至关重要的资格标签，而且提升公民身份认同对于维护社会稳定具有重要作用。公民身份认同的核心就在于公民个体对权利与义务的认知与觉悟，这种认知与觉悟不仅意味着公民权利意识的觉醒，还可以推动公民对公共事务的关注，并进而助力社会共同价值观的形成。然而就中国社会的现实情况而言，公民权利的保障体系不够完善、市场经济催生的个人自由主义以及公共参与的有效性不足等不确定因素使公民身份认同过程存在着诸多现实阻力。勃兴于互联网技术的微公益通过建构保障公民权利的"微"平台、提供公民关注公共事务的"微"渠道和形成提升公民参与有效性的"微"场域，给公民身份认同提供了一条新的建构路径。

首先，微公益可以建构保障公民权利的"微"平台。根据我国宪法，公民享有从消极权利到积极权利，从政治权利到经济、社会和文化权利等几乎所有重要的权利。虽然宪法的规定完善，但由于宪法监督机制落实不力，导致公权力对公民权利的侵害还不能得以全面有效的控制和监督，公民权利保障也因此存在不少薄弱环节。[①] 如当下中国对公民人身权利、财产权利保护的制度构建层次较低；公民政治权

[①] 戴菁、兰文飞：《宪法的生命在于实施——访宪法学家、武汉大学副校长周叶中教授》，《学习时报》2016年12月1日。

利的形式与内容尽管有所充实，但大多还处于从制度文本向实践程序的落实与拓展的过程中；公民社会权利的内容和保障尽管大多在制度构建层面取得了一定进展，但制度文本往往与现实操作之间存在着一定的差距。[1] 就现实情况而言，公民权利的保障对象主要是草根阶层，因此如何保障这部分群体的公民权利，是完善公民权利保障体系工作首先要解决的问题。一方面，当草根阶层的公民权利受损时，他们遇到的最大问题是如何向外求助，即如何扩大自己的话语权；另一方面，草根阶层需要参与相应的公共实践才能切身体会和意识到自己的公民权利，这是增强公民身份认同的重要组成部分。微公益对此有着自己独特的优势，即所谓的新媒介赋权，主要包含两层含义：一是个人对社会的求助有了可能；二是社会对个人的救助也有了可能。[2] 正如前文所述，以"求助信息发布—救助—互动反馈"为主要阶段的微公益并不是指建立一两个网站或某些APP应用，而是借助互联网技术打造的全开放式信息"微"平台，将线上和线下有着某种公益需求的用户联结起来，同时随着信息的不断流动和裂变，建立起线上线下联动的点对点、多点对多点的连接系统，以确保微公益信息在短时间内得到最大化的聚焦和关注。当越来越多的公益围观者加入进来成为新的公益参与者和受益者，并不断推动微公益的发展与壮大时，不仅求助者通过获得帮助在一定程度上保障了自己的公民权利，救助者也通过参与公益和追求公共善实现自我价值而产生一种公民感（sense of citizenship），这种积极的道德情感体验会进一步深化公民对自己的身份认同。

其次，微公益可以提供公民关注公共事务的"微"渠道。市场经济催生的个人自由主义导致了公民对公共事务的疏离。20世纪90年代以来，市场经济的实施以及消费主义的盛行极大地满足了人们的物质需求，但与此相应的精神需求却没能得到较好的充实与提升。部分公民不仅对国家事务漠然处之，而且在社会中与他者相遇时也难见真

---

[1] 褚松燕：《20世纪90年代以来中国公民资格权利的发展》，《政法论坛》2007年第1期。
[2] 师曾志、王帅帅：《重返个体生命富生态话语的家园——微公益时代的命运共同体及公共自治》，杨团主编：《中国慈善发展报告（2013）》，社会科学文献出版社2013年版，第170页。

心和热诚。在他们看来，对待陌生人的礼节以及和陌生人的仪式性交往，往好处说是形式而乏味，往坏处说是虚情假意。① 换言之，以个人独立、自由竞争为核心的市场经济在提升公民主体意识的同时，培养出的是"精致的利己主义者"和"孤独的公民"，他们把个人的利益视为唯一值得追求的目标，而对他人利益和公共利益持冷漠态度，从而导致人际关系疏远、社会信任危机以及社会责任感的消失。这种整个社会因为经济利益而罔顾是非、善恶、美丑的道德乱象，究其根本是人文价值迷失的问题。对此，微公益以其公益主题之"微"为公民关注公共事务提供了"微"渠道。关注"微"主题的微公益呈现出这样两个特点：一是个人私利因为人们的集体行为开始公共化，并由此形成对公共利益的关注；二是公益的核心内容，由过去的宏大叙事越来越转变为日常生活中的小叙事。② 比如，李连杰创办的壹基金就以"每人每月一元钱"的倡议，期望汇小爱集大爱，公众不仅可以轻而易举地使公益行为与吃穿住行一起成为日常生活的一部分，更可以实现公益价值理念的日常生活化。这种由私人利益向公共利益的关注转变正是公民身份认同的一种集中体现，鉴于公民身份认同过程的长期性、反复性和实践性，宣扬公益价值理念日常化、生活化的微公益也会随着这一过程推动公民身份认同的不断深化。

最后，微公益可以形成提升公民参与有效性的"微"场域。公民必须要以进入公共领域的方式来体现人之公共化存在的事实，一般可以通过关注公共善、承担公共责任、进行公共论辩、制定公共政策的方式介入到公共事务，并以公共性的行动方式确认自己作为公共化存在的身份。③ 换言之，公民身份认同需要通过一定的公共参与渠道来实现。但就中国目前的形势而言，一方面由于部分公共责任意识薄弱的公民缺乏参与公共生活的动力从而导致参与过程中随大流、走形式

---

① ［美］理查德·桑内特：《公共人的衰落》，李继宏译，上海译文出版社2008年版，第3页。

② 师曾志、王帅帅：《重返个体生命富生态话语的家园——微公益时代的命运共同体及公共自治》，杨团主编：《中国慈善发展报告（2013）》，社会科学文献出版社2013年版，第171页。

③ 许瑞芳、叶方兴：《积极公民：一种公共性的分析理路》，《江西师范大学学报》（哲学社会科学版）2017年第5期。

的现象时有发生，如受外部的宣传、命令、指示等产生的外驱型被动参与，使得公共参与表面化；另一方面则是因为缺乏相应的参与渠道或参与门槛过高，致使很多即使有参与意愿的公民也无法进入到相应的公共政策议题场域，从而降低了公共参与的有效性，导致无法有效奠定社会共同价值观形成的实践基础。针对中国社会目前公民公共参与的有效性不足，微公益可以其参与门槛"低"和参与者"众"等特点解决相关问题：让真正有参与意愿的公民主动参与，而不是被迫参与；使有参与意愿的公民能够进入到相应的公共政策议题场域，并有可能通过自己的身体力行来改变相关领域的公共政策，实现政府和民间的良性互动与合作共治。如"免费午餐"和"大爱清尘"项目，就是政府和民间实现良性互动与合作共治的典范，此处不再赘述。

三 推动建构新型社会认同

社会认同这一概念最初由泰弗尔（H. Taifel）和特纳（J. C. Turner）在心理学领域提出，意指"社会成员共同拥有的信仰、价值和行动取向的集中体现，本质上是一种集体观念。与利益联系相比，注重归属感的社会认同更加具有稳定性"[1]。社会认同之于个人有着提高自尊、满足归属感、找寻个人存在的意义等重要价值，之于社会则有着稳定社会秩序、构建和谐社会等重要作用。但如今，伴随着社会生活网络化的快速发展，经由网络技术和虚拟实践的共同作用，社会认同的基础性条件发生了变化，从而促发社会认同在网络场域的深刻变迁，并由此引发了网络时代的社会认同困境及阻碍。秉持着大爱无疆的公益理念和慈善精神，微公益的诞生及其发展虽然依赖于互联网技术的改革创新，但其实践却从未止步于网络空间，反而通过引入网络监督机制、打造线上线下的互信互动平台、倡导参与公益事业的自觉自愿原则，创建了建构移动互联时代社会认同的可能场域。

首先，微公益网络监督机制的引入可以奠定社会认同的确定性基础。在现实社会中，无论是个体还是群体，都受到特定的社会历史条件和制度环境的直接限制，所以，在现实社会中讨论社会认同问题

---

[1] H. Taifel, J. C. Turner. The Social Identity Theory of Inter-group Behaviour, *Psychology of Intergroup Relations*. Worchel S. Austin (eds), Chicago: Nelson Hall, 1986: 7.

时，或者需要阐明个体所处的经济状况、社会地位、职业区别、学历高低等限制条件，或者具体分析群体所依赖的组织结构、制度关系、文化习俗以及宗教信仰等方面的不同，这都具有一定的确定性。而到了移动网络时代，很多个体和群体通过隐匿自己的身份和实际存在形式进入一个不受时空和制度规定限制的网络空间，这种被卡斯特称为"缺场空间"或"流动空间"的网络空间是一种信息交流比较自由的开放空间，它所具有的空间扩散性、社会交往的互动性、匿名性和隐蔽性等特征颠覆了现实社会中社会认同形成的特定基础，如共同地域、共同语言、共同民族等，取而代之的是一个不确定性不断增强、风险日益增多的社会生存情境。在这样一个流动性的社会中，个体和群体不必再去专注自己属于社会的哪种身份、何种地位与何种归属，甚至不必在意所在群体的关系制约和制度规范，而是通过借助微博、微信、QQ群等形式多样的网络技术，不断超越其各自边界进入到广阔的网络空间开展信息沟通和交流。由此，现实互动的"现场感"缺失了，随之形成的是无数个体以及无数群体所特有的社会认同，这种由多元认同叠加和组合的社会认同具有极大的不确定性。而互联网作为各种信息的集散地，信息的丰富性同时也滋养了信息的随意性和虚假性，这也会极大地降低微公益的公信力。2016年是中国慈善史上的重要转折点，在这一年，《中华人民共和国慈善法》《境外非政府组织境内活动管理法》《社会服务机构登记管理条例》《民办非企业单位登记管理暂行条例》《基金会管理条例（修订草案征求意见稿）》《社会团体登记管理条例（修订草案征求意见稿）》《志愿服务条例（征求意见稿）》以及相关配套法规密集出台。至此，中国实现了慈善法治的理论塑造，中国慈善事业进入了依法治理的时代。通过相关法律法规的约束和限制，微公益的参与互动过程可以在充满不确定性的网络空间给参与微公益的双方提供一个相对真实、透明的身份，从而奠定网络时代社会认同相对确定的认知基础。

其次，微公益"跨线"式的运行方式可以缓解虚拟认同与现实认同的张力。网络时代形成的多元叠加和组合的社会认同既包括对现实的自我认同和群体认同，又包括对网络社会的虚拟自我认同和群体认同，产生于不同社会生活情境的社会认同必然存在着矛盾与张力：其一，认同的参照标准不同。现实认同的参照标准包括共同的利益、共同的目标以及达成共识的集体观念，具有一定的稳定性；而虚拟认同则主要以共同的兴趣爱好和共同的需求为基础，具有一定的易变性。其二，认同的身份基础不同。在现实社会中，社会关系、社会角色、社会群体、社会组织都是通过身份认同表现的；而在网络社会，性别、学历、职业、社会地位等真实的社会身份被隐藏起来，信任基础被逐渐解构。其三，认同的权力主体发生了变迁。在现实社会中，信息权力的主体往往是意识形态的控制者和政治权力的控制者，普通的网民是被动的信息接受者，信息传递遵循自上而下的逻辑；而在网络社会，每个普通的网民都可以通过发帖、跟帖、转发等途径表达自己拥有信息的权力，从而逐渐形成自下而上的信息力量。总之，面对现实与网络不同时空的频繁转换和处于现实与虚拟不同的生活状态，人们不得不反复需要在心理上进行重构与认同，这使得网络时代的社会认同更为复杂，社会整合的难度和阻力也就更大。微公益自其诞生之日起就形成了跨越线上线下的特点，而2015年快速发展的移动互联网更是加速了这种跨越。当各种各样的"互联网+"运作方式被广泛应用于公益模式时，不仅可以通过触景传播等更加有效地激发网民的公益爱心，更重要的是实现公益资源线上线下的统筹调配，弥合了线上公益活动与线下公益活动的鸿沟，并创造出一种全新的公益业态。这样，参与微公益的主体在面对现实与网络不同时空的频繁转换和处于现实与虚拟不同的生活状态时，不需要反复在心理上对自己的身份进行重构与认同，这无疑可以缓解虚拟认同与现实认同之间的矛盾与张力。

最后，微公益"去中心化"的发展进程可以创造建构性社会认同产生的新场域。随着网络时代的到来，社会认同逐步由身份认同、归属性认同转向评价性认同，认同感不仅仅停留在对周围社会的信任和归属、对有关权威和权力的遵从，而是增加了更多的评价性因素。[①]与这种认同心理转变相适应的是一种主动的建构性社会认同，即"在社会生活网络化背景下的认同，已经不同于传统社会学和个体心理学界定的个人认同或身份认同。个体的身份认同实质上是寻求个人怎样

---

① 宋辰婷：《网络时代的感性意识形态传播和社会认同建构》，《安徽大学学报》（哲学社会科学版）2015年第1期。

得到社会的认可,这种认同思考的是个体在社会中处于何种层面、地位或角色,希求的是个体得到社会某种层面或某种群体的认可和接受。网络社会中的认同发生了根本变化,甚至是颠覆性的变化,因为网络社会中的认同不再是个体被社会认同,而是被网络联系起来的个体怎样评价、认可和接受社会"[1]。这种基于评价性认同心理的社会认同通过在不同的个体和群体之间的交流和分享,历经了一个主动的意义建构过程。"网络社会中的意义是围绕一种跨越时间与空间而自我维系的原初认同建构起来的,而正是这种原初认同构造了他者的认同"[2]。与传统公益慈善一般采取自上而下的模式不同,在互联网时代成长起来的微公益借助互联网自下而上的大众性、草根性以及迅速传播性,一方面深入倡导微公益理念,另一方面使得没有亿万身份、没有强大社会影响力的普通公民可以根据自己的喜好和需要参与公益事业。普通公民开始成为公益项目的发起者、实施者和监督者,这种"去中心化"的发展进程满足的是一种公民自我实现的诉求,是普通公民主体意识和责任意识的觉醒,更体现了公民个体以关注公共善、承担公共责任、进行公共论辩、制定公共政策的方式介入公共事务来完善个体道德素养和实现自我价值。因此从某种程度上可以说,参与微公益,实质上是公民个体以一种公共性的行动方式确认自己作为公共化存在的身份,公共性的行动方式体现的是一种建构性的思维模式,而确认的公共化存在的身份则不仅包括个体意义上的身份认同,更重要的是指向群体意义上的社会认同。

概而观之,在互联网影响无所不在的当下,彰显身份自主、志愿精神和合作共治的网络微公益不仅产生了大量关爱与救助行动,而且彰显了普通公民通过微公益行使自己公民权利和道德责任的巨大力量。由此我们有理由相信,扶持微公益时代公民慈善事业的持续健康发展,是实现党的十九大报告提出的"强化社会责任意识、规则意识、奉献意识""建设平安中国,加强和创新社会治理,维护社会和谐稳定"等社会愿景可行的实践进路。

---

[1] 刘少杰:《网络化时代的权力结构变迁》,《江淮论坛》2011年第5期。
[2] [美]曼纽尔·卡斯特:《认同的力量》,夏铸九、黄丽玲等译,社会科学文献出版社2003年版,第6页。

第三节　微公益时代公民慈善发展的影响因素

虽然微公益时代的公民慈善因"微"特色而具有的"微"功能有着独特的优势与价值，但作为新生事物的微公益在其自身的发展过程中仍然存在着网络虚假公益信息频出、完备的信息公示制度缺乏、社会整体的参与度不高、网络宣传水平制约了微公益组织的影响力等诸多缺陷，这必将使其具有的"微"特色和"微"功能大打折扣。顺应当前时代发展及我国社会实际，把普通公民的慈心善行落实到日常生活的关键就在于我们如何构建一个能让普通公民"在场"的实施策略和战略框架，让我们每一个人能借助微公益这一平台和渠道，从身边的人开始理解慈善，从能做的事开始践行慈善。基于此，本书认为有必要从价值引领、社会支撑、法治保障和文化培育四个层面，协同推进微公益时代公民慈善的实施，进而构建一个循环贯通的公民慈善实践模式。

一　价值引领：作为价值共识的社会主义核心价值观

改革开放以来，随着我国市场经济的不断发展和持续深入，私人领域与公共领域开始进一步分化，随之而来的是人们时常会面临处理私人关系与公共关系之间，即私人利益与公共善之间冲突的挑战。这一问题如若得不到很好的解决，不仅会引发社会的道德危机，也会影响微公益时代公民慈善的良性发展。私人领域与公共领域之间的这种冲突所体现的实乃"好人"与"好公民"或"私德"与"公德"之间的矛盾与冲突，而重视公德，压抑、排挤私德甚至以公德取代私德是历史长河中道德变迁的主要态势。囿于社会转型所带来的公私领域的进一步分化，"好人"与"好公民"之间的矛盾与冲突主要表现在：一是能够做一个"好人"，但不知如何做一个"好公民"；二是无法明晰做"好人"与做"好公民"的界限与范围；三是将做"好人"与做"好公民"截然对立。但随着现代性乃至后现代的崛起，不论是西方还是中国，更多的思想家及学者看到了强调"好公民"或公德而忽视"好人"或私德所产生的弊病，人们开始认识到"好人"与"好公民"都是维护现代社会秩序的重要因素。因为"公"与"私"尽管是两个对应的范畴，但绝非两个完全对立的范畴，而是相互关联并彼此贯通的两个范畴。基于此，解决这一矛盾的关键在于融通双方、达至和解。以24个字为基本内容的社会主义核心价值观涵盖了国家、社会和公民三个不同层面，通过体现当代中国社会的多元价值诉求而被公认为是全国各族人民共同认同的价值观的"最大公约数"。因此，社会主义核心价值观作为整个社会价值共识的基础，为私人领域的"私德"与公共领域的"公德"实现融通并达至和解提供了价值基础。

社会主义核心价值观在理论层面为融通私人领域与公共领域提供了可能和保障，而依托于互联网技术的微公益作为一种基于慈善精神的志愿性活动，它以公民个体的善举为开端，并以实现整个社会的美好生活为愿景，因此可以在实践层面为打通私人道德领域与社会公共领域提供一条可能的实践之径。但是当公民慈善的价值依归表现为最大化地实现公益的平民化、常态化和普遍化时，我们也发现，随着网络平台的进一步开放，由于海量的网络信息极易滋生随意性和虚假性，在很大程度上瓦解了公益慈善良性发展所必需的信任基础，这一方面表现在打击了普通公民参与公益的积极性，另一方面则呈现为公益参与者之间的价值共识缺失。从而导致公民慈善所能起到的社会效应远未达到理论上的预期。针对这些实践难题，坚持以涵盖国家、社会和公民三个不同层面的社会主义核心价值观引领微公益的成熟与发展就显得非常必要了。微公益不仅完美诠释了社会主义核心价值观在国家、社会、公民三个不同层面的价值目标，而且在其实施过程中所呈现出来的传播载体之"微"、参与主体之"微"、公益主题之"微"与培育和践行社会主义核心价值观须在"落细、落小、落实"上下功夫的实践进路也非常契合。基于此，作为社会认同"最大公约数"的社会主义核心价值观是可以也必须导引参与微公益的普通公民在错综复杂的社会环境中做出正确的价值判断和价值选择的。

以社会主义核心价值观引领微公益时代公民慈善良性发展的关键，就在于提升广大人民群众对于社会主义核心价值观的认同。但社会主义核心价值观认同作为一种价值认同，在经济全球化不断发展的今天却面临着不少困难和阻碍,这不仅在于全球化及转型期背景下的价值冲突激增给社会主流意识形态传播所带来的巨大挑战,还在于培育社会主义核心价值观的法律保障和配套机制也有所缺位。不仅如此,网络化时代传播的信息良莠不齐以及传统教育方式的成效不彰也是社会主义核心价值观认同成效不彰的重要因素。因此,认同社会主义核心价值观绝非一件一蹴而就的事情,而是需要遵循其认同形成的利益机制和过程机制。利益机制强调社会主义核心价值观的认同需要关注"人的需要"这一维度,即在面对基于不同的需要层次和种类而发生的不同的需要主体之间的冲突时,需要完善社会主义市场经济体制,并以改善民生作为推进社会主义核心价值观认同的基本路径和动力。过程机制则表明社会主义核心价值观的认同需要经历三个阶段或三个层次,其中对社会主义核心价值观的认知认同是基础,对社会主义核心价值观的情感认同是重要环节,对社会主义核心价值观的行为认同是最终目标和归宿。针对认知认同,我们需要创新全面有效的宣传教育方式,健全灌输引导机制,采取社会大众容易接受的宣传教育方式,引导人们从思想深处提升对社会主义核心价值观的认同;针对情感认同,我们需要强化大众文化渗透,使社会主义核心价值观全方位、多维度地融入大众日常生活,并使之成为人们日常生活的价值引领和行动指导;针对实践认同,我们需要构建社会主义核心价值观的实践平台,进一步建立和拓展相应的实践活动渠道,通过志愿实践活动,将社会主义核心价值观的理想信念和行为准则落实到社会大众的日常行为中。

二 社会支撑:助力公民慈善发展的社会土壤

微公益在实施过程中所呈现出来的传播载体之"微"、参与主体之"微"、公益主题之"微"等"微"特色使得微公益时代的公民慈善获得了诸多发展良机,但"水能载舟,亦能覆舟",如若得不到来自社会大众的认可和支持,网络公益慈善的发展必将面临巨大的风险和挑战。因此,除了坚持社会主义核心价值观的价值引领,我们需要提升公民慈善自身的社会信誉,从而架构起推动网络公益慈善良性发展的社会支持图景。

公信力是现代公益慈善发展的生命力所在。在微公益时代的公民慈善中，当面对数字化背景和许多不确定性时，只有出于这种反映人与人、人与技术平台、系统之间、互动过程中产生的倾向性信念或行为选择即网络信任，才能真正推动网络信息的良性流动。然而，从2011年年初上海市卢湾区红十字会"万元餐"事件开始，到6月的"郭美美事件"，紧接着发生的中华慈善总会"假发票事件"，中国青少年发展基金会"中非希望工程事件"，以及河南宋庆龄基金会公益医保和投资放贷相继被媒体和公众提出质疑，由此所引发的公益慈善的公信力危机也一度影响到网络公益慈善的社会口碑。如"罗尔"事件、"亿加爱心互助平台"集资诈骗案、微信"轻松筹"骗捐事件、"冰花男孩"事件、黑土麦田事件等网络公益慈善的危机频发，让人们很容易把骗捐、诈捐、套捐等网络骗局与网络公益慈善联系在一起。网络公益慈善的公信力不足主要表现在互联网慈善信息的真实性不足、"善款"具体使用的透明度不足以及某些慈善募捐的目的性不纯，这直接导致公众对网络公益慈善的信任度下降，极大地破坏了微公益时代公民慈善发展的社会土壤并扼杀了其未来的发展可能和空间。对此，2016年9月《中华人民共和国慈善法》颁布，2018年9月《慈善组织信息公开办法》也发布实施，慈善信息披露主体模糊、信息公开内容流于形式、信息公开统一平台缺乏等诸多问题在某种程度上也得到了一定的解决。相关政策及措施的实施与推进不仅表明我国政府进一步提升慈善公信力的决策和决心，也反映了目前我国慈善信息透明度提升的向好态势。但即便如此，影响慈善信息透明度的这些因素仍然值得我们关注：一是信息披露的问责方式主要是一种事后问责，事前预警的功能较弱；二是募捐伦理在实践层面的边界有待厘清；三是信息披露的优待政策或奖励机制尚有欠缺；四是信息公开的内容与公众的需求之间可能存在一定差异。需要明确的是，网络公益慈善的公信力并不局限于其透明度，因为信息的透明并不必然意味着其拥有科学的决策和执行机制，也不必然意味着其策划的公益项目能带来良好的社会效益。因此，在逐渐加大网络公益慈善透明度的基础上，我们也需要关注其自身的持续性与专业性的提升。

草根性和灵活性的特征极易导致很多微公益项目最后仅表现为一种随手公益，从而极大地浪费了微公益理应发挥的效能。因此，逐步系统化、组织化并走向专业公益是网络公益慈善的大势所趋。专业性的公益并不是指社工执照、各种证书的资格认证，其中最重要的一点是对所需要解决的事情的专注性。中国狮子联会的良性发展就很好地诠释了如何从随手公益向专业公益、从松散型团队向专业性团体转型，并进而发展成为一个专业性的公益组织的经验，如其服务模式化中的服务活动经常化、服务内容流程化就非常值得网络公益慈善中随手公益的专业化转型借鉴。除了公益慈善活动本身流程及内容的规范及专业外，造就一支富有爱心、业务精湛的专业人才队伍也是提升网络公益慈善持续性和专业性的必然趋势。对此，上海真爱梦想公益基金会在其"梦想课程"中所体现的专业团队对课程设计的专业性提供了这方面的经验。因为对于网络公益慈善而言，能否吸引专业人员的加入同样是最终影响其服务效率和质量的关键因素。但就目前国内的情况而言，在专业人员培养及引入存在大量缺口的情况下，加大志愿者服务培养的规模和力度也许是另一条值得尝试的实践路径。在国家相关政策的大力扶持下，我国的志愿服务发展总体呈现快速增长势态，但若在国际范围内与其他国家进行横向比较，我国志愿服务发展则还有较大的上升空间。除了需要应对志愿服务的区域不平衡及行业规范不足等问题外，如何激发实名注册志愿者的活跃率也是值得我们关注的主要问题。

三 法治保障：完善的法治建设为公民慈善保驾护航

互联网公益慈善迅速发展过程中所产生的公信力危机是微公益时代公民慈善发展的巨大障碍。对此，除了要坚持社会主义核心价值观的价值引领、通过推动互联网公益慈善自身的规范化和专业化发展以提升其社会信誉以外，通过完善法治建设以加强对公民慈善的制度保障，则是制度层面亟须解决的关键一环。

伴随着我国慈善事业发展的几经沉浮，我国的慈善立法也是经历兴起、"消亡"、复兴再到集中制定《慈善法》的曲折发展历程。这一曲折进程不仅说明了立法这一行为本身的不易，也反映出国家和政府对于慈善立法的慎重。《慈善法》的正式实施对于规范当前的慈善事业行为、推动慈善事业的健康发展不仅表现在集中立法的形式有效弥补了之前分散立法的不足，使得慈善活动的全面实施与开展可以做到有法可依、有章可循，而且"大慈善"概念的设定，也体现了社会共享的发展理念，对于提升整个社会的慈善意识大有裨益。不仅如此，促发推动配套规范性文件及制度的落地与实施，也进一步完善了公益慈善活动的法治保障。虽然慈善事业领域的有法可依正在逐步改善我国慈善事业的法治环境，但我们也应清醒地认识到，落地实施的《慈善法》的实际效果与我们理想中的期待尚存在一定的距离，比如在过去分散的慈善立法中存在的慈善主体、慈善组织和慈善监督三个方面的困难在《慈善法》中依然没有得到很好的解决，有关慈善组织登记管理的社会组织三大条例和慈善税收优惠政策也迟迟未能完成修订和出台，这些都会影响《慈善法》的执法力度和效果。

当我们把目光聚焦到互联网领域的公民慈善时会发现，上述这些问题不仅未能避免，反而尤为突出：其一，公民慈善的主体资格受限。《慈善法》虽然允许公民个体可以开展慈善公益活动，但严格限定必须是公开取得募捐资格的慈善组织才可以开展公开募捐，即互联网公益慈善领域经常发生的公民个人求助并不在《慈善法》的规定范围之内。不仅如此，民政部也明确指出，个人求助、网络互助不属于慈善募捐。也正因如此，当现实中大量的公民个体实施募捐产生争议时，在《慈善法》及其相关的配套法律法规中无法找到可供解决争议的法律条文和依据。这实为网络公益慈善的合法性问题。其二，慈善组织的网络募捐平台规范问题。网络公益慈善容易引发争议的原因之一就在于网络募捐平台的自身规范问题。民政部先后一共指定了20家互联网募捐信息平台，这20家互联网募捐信息平台一方面是由于面对规模巨大的广大网民而言数量远远不够，另一方面也因自身规范的漏洞容易成为网络诈骗的温床而受到了广大网民的诟病。比如民政部多次约谈的水滴筹就是如此。其三，对网络慈善行为的监管缺乏可操作化细则。《慈善法》对于网络募捐的规定其实仅停留在一般性要求和相关部署上，因而缺乏可操作化的针对性的执法举措。因此一旦出了问题，细则化的缺失就会导致《慈善法》及其相关配套法律法规无法落到实处，更何况现实中还存在着大量没有公开募捐资格的组织与个人实施网络求助或救助的案例，对这些行为我们如何监管以及在什么程度上实施监管？这都是现实无法回避的问题。

针对上述难题，改善微公益时代公民慈善的法治环境势在必行。首先，我们需要重视以社会主义核心价值观引导制度的顶层设计。一套行之有效的制度体系的实施前提是社会成员对这一套制度的认同及认同程度，公益慈善制度只有与指向实现社会共同价值理念和价值追求的社会主义核心价值观相契合，才能促进社会大众对公益慈善制度的认可。为此，社会主义核心价值观是公益慈善制度建设的基本价值遵循，富强、民主、文明、和谐是公益慈善制度设计与完善的题中应有之义；自由、平等、公正、法治是公益慈善制度设计与完善的价值主题和衡量标准；爱国、敬业、诚信、友善是公益慈善制度设计与完善的功能导向。其次，加快完善法律配套制度及法治文化建设。面对网络公益慈善的发展势头，我们不仅需要以立法的形式解决非官方网络慈善平台的合法身份问题，并详细规定网络公益慈善的各种行为规范，而且要全面落实税收优惠政策以激励人们积极参与公益慈善事业。除此之外，我们还需要通过营造依法行善的社会氛围，通过提升人们对《慈善法》及其配套法律制度的知晓与认同来夯实慈善法治的社会基础。最后，加强制度有效性的监督体系建设。制度的健全和完善不仅包括制度的设计、安排与规范，还包括制度的执行和制度的监督，公益慈善制度监督体系的建设就是为了保障公益慈善制度能真正落到实处。而公益慈善制度监督体系的建设是一个系统性的工程，一方面需要充分发挥舆论媒体的监督作用，即坚持正确导向，不仅需要客观报道公益慈善的正面典型事例，营造慈善社会氛围，而且需要发挥社会公器的功能，坚决曝光和遏制一切有损公益慈善事业发展的不法行为；另一方面则需要为落实社会大众的监督搭建多样平台，充分发挥广大网民合力所产生的舆论压力对公益慈善行为的监管功能。

四　文化培育：塑造微公益时代的公民慈善文化

良好的公民慈善生态应是公益慈善精神及其理念融入并落实到广大人民群众的日常生活，这实为一个社会成员不断体悟、内化慈善文化，并将慈善文化外化于行的柔性过程。慈善文化虽有广义和狭义之分，但均指向的是人们在长期的慈善活动中所形成的慈善价值观念和慈善行为准则。优秀的慈善文化可以通过其所形成的一套价值观念和行为准则的规范及导向作用推动慈善事业的良性健康发展。微公益时代的慈善文化有其自己的特有属性：其一，高效便捷的传播速率，这是其有着全民参与、反馈及时等鲜明特色的原因所在；其二，以人为本的人文关怀,即"微"文化可以提升每一个草根参与者的存在感和归属感。其三,"微小"与"巨大"的辩证统一,即公民慈善"微"文化可以通过积聚个人微力量来激发整个社会的正能量。

优秀的公民慈善文化的塑造离不开慈善教育。所谓慈善教育,可以分为面对弱势群体的作为一种慈善行为的慈善教育和面向全体社会成员的作为一种教育行为的慈善教育。作为一种教育行为的慈善教育一般又可以分为旨在广泛传播慈善理念、慈善精神的慈善普及教育和旨在培养推动慈善事业职业化运作的专业人才的专业慈善教育,其共同目标都是服务于现代慈善的可持续良性发展。以培养公民慈善意识、增进公民知晓慈善运作机制、养成公民慈善行为自觉为使命和价值的慈善教育不仅可以在人人慈善的理念基础之上实现慈善事业的专业化和职业化发展,而且可以通过对公民实施道德层面、知识层面以及实践层面的立体培育为培育微公益时代的公民慈善文化助上一臂之力:首先,慈善教育是提升慈善"微"文化传播效度的有力保障,即作为慈善文化组成部分的慈善教育不仅是慈善文化的一种传播载体,而且其教育过程的双向互动形式有利于有针对性地进行慈善文化传播。其次,面向全体社会成员的慈善教育与凸显以人为本的慈善"微"文化完美契合,即当慈善教育打破传统界限将慈善文化辐射到全体社会成员时,实则营造了一种从人人"学"善到人人"向"善再到人人"行"善的慈善氛围,这与注重人文关怀的慈善"微"文化理念不谋而合。最后,以践行慈善行为为最终归宿的慈善教育可以有效助力聚合微力量,即慈善教育是一种实践教育,面向全体社会成员的慈善教育可以引导并促发每个公民基于慈善理解及认同的慈善行为。

基于慈善教育与慈善文化的完美契合,我们可以通过提升慈善教育的实效性来塑造优良的公民慈善文化。但就目前而言,不论是慈善普及教育,还是致力于专业人才培养的慈善教育,均未充分发挥其应有的功效,比如面向社会大众的慈善普及教育因各种现实因素而未能形成全民参与公益慈善的大气候,而面向专业人才培养的慈善教育也因相关共识尚未达成、专业师资力量缺乏以及合作实践的局面尚未完全打开等原因而难以扭转目前公益慈善领域专业人才的"稀缺"局面。有鉴于此,针对我国目前慈善教育现状及慈善事业发展现实,同时借鉴西方发达国家慈善教育办学以及寻求项目合作的相关经验，我们不仅要根据《关于促进慈善事业健康发展指导意见》中的"五进"战略积极推动普及慈善教育，即进机关、进企业、进学校、进社区、进乡村，实现慈善教育发生场所的全覆盖，而且要积极探索在以国内部分高校招收慈善专业或方向的硕博学生作为理论研究奠基的基础上，适时推进高校与公益慈善行业的双赢合作策略与途径。

第四章

微公益时代公民慈善的价值引领

对于当下的中国慈善事业而言，随着互联网技术的发展，微公益也经由以互联为核心的Web1.0时代、以互动为核心的Web2.0时代进化到现在的以移动为核心的Web3.0时代，发展平台进一步细化和丰富，呈现和实现方式也更加多维化，微公益开始逐渐成为人们一种广泛、深入、便捷的生活方式。广泛性一方面表现在参与公益的人群变得更加广泛，如被排除在传统公益大门之外的儿童、中小学生等群体可以通过自己的方式参与进来；另一方面微公益所覆盖的受助对象越来越广泛。深入化表现在公益思维深入化、公益行动深入化、公益透明度继续深入。便捷性表现在参与微公益的便利化程度因互联网技术的发展得到极大提升，在某种程度上甚至可以说是"指尖公益"。广泛、深入、便捷等特征表明微公益可以将追求公共善细致入微到每个公民的日常生活，是在微观层面对公共善的一种价值探寻。但微公益也因其个性鲜明、体现多元价值、去中心化的"微"特征往往难以形成牢靠的价值共识，这事关微公益的成熟与发展。由此，我们非常需要作为社会认同"最大公约数"的社会主义核心价值观发挥价值引领的功能，导引参与微公益的普通公民在错综复杂的社会环境中做出正确的价值判断和价值选择。

第一节 作为一种价值共识的社会主义核心价值观

随着我国市场经济的现代转型，不仅出现了越来越多的公共领域，私人领域与公共领域也进一步分化，人们会不时地面临着处理私人关系与公共关系之间的规范与原则即私人利益与公共善之间冲突的挑战。这种冲突所体现的实乃"好人"与"好公民"或"私德"与"公德"的矛盾与冲突，而这也是现代社会道德危机的症结所在。

"好人"与"好公民"的争论始自古希腊时期。色诺芬的《回忆录》、柏拉图的《会饮篇》、黑格尔的《哲学史讲演录》以及拉尔修的《名哲言行录》等中的记载都能佐证苏格拉底是一个好人，而且这样一个"好人"坚信"好人无论是在生时或死后都不会遇到不祥"①，但他却被其雅典城邦的公民同胞给判处了死刑。在这场悲剧中，苏格拉底的最后选择是"好人"屈服于"好公民"，并以终结生命的方式终结了"好人"与"好公民"的冲突，将二者的冲突推到了"你死我活"的最极端状态。②受苏格拉底之死的影响与刺激，柏拉图开始思考如何设计优良政体以安顿"好人"及培养"哲学王"的统治者以造就"好公民"，真正实现"好人"与"好公民"的和解。然而事实证明，柏拉图的这一梦想成了西方政治哲学的"哥德巴赫猜想"。亚里士多德则将柏拉图的精英主义创见拉回至世俗凡间，不仅基于现实主义的立场积极承认"好人"与"好公民"之间的不一致，即"好公民"的"好"是相对于政体而言的，不同的政体所要求具备的"好公民"的德性是不一样的，而"好人"的"好"则有统一的品德标准，不论政体如何变化以及在政体中占据何种职位，都要求"统归于一种至善的品德"，"作为一个好公民，不必人人具备一个善人所应有的品德"③；而且通过对公民的不同分类也含蓄地指出了二者统一的可能，"好公民和善人的品德虽不是所有的公民全然相同，在［作为统治者］这一部分特殊的公民，就的确相同"④。可见，在亚里士多德这里，"好人"的"好"比"好公民"的"好"有着更高的道德位

---

① ［古希腊］柏拉图：《柏拉图对话集》，王太庆译，商务印书馆2004年版，第54—55页。
② 冯书生：《"好人"，抑或"好公民"：苏格拉底之死的政治伦理悖论及其现代回响》，《安徽师范大学学报》（人文社会科学版）2015年第5期。
③ ［古希腊］亚里士多德：《政治学》，吴寿彭译，商务印书馆1965年版，第124页。
④ ［古希腊］亚里士多德：《政治学》，吴寿彭译，商务印书馆1965年版，第125—126页。

阶，要成为一个好人，首先需要通过公民交往生活使自己具备公民的德性成为一个好公民。综而观之，古典哲人通过致力于人性之善的探究而赋予其哲学上的规范意义，但在"好人"与"好公民"的关系上未能真正达成共识。

伴随着文艺复兴、宗教改革和启蒙运动所带来的三次大规模的观念变革，欧洲社会一步步从神性的桎梏中解放出来，从而开启了自由主义在近代影响的先河：一方面，目的观念从人类早期文明时代共同的总体性观念碎片化、私人化了，与它紧密关联的德性观念也多元化、弱化并且分解了；另一方面，没有共同的善和共同的德性的公共性的政治生活成为生活的中心舞台。[①] 自此，所有关乎善的标准、关乎德性的标准抑或好与坏的标准都被放到了与公共领域无关的私人领域，政治逐渐从道德中剥离出来，联结"好人"与"好公民"的传统纽带开始松动。作为西方近代资产阶级政治思想的奠基人，马基雅维利颠倒了亚里士多德从"好公民"到"好人"的秩序，强调"好公民"的问题要高于"好人"的问题，"德性绝不能被理解为国家为之而存在的东西，相反，德性仅仅是为了国家的缘故才存在的"[②]。沿着马基雅维利这条用具体的"利益"取代抽象的"正义"、以"权术"替换"道德"的路线，自由主义顺理成章地"把好公民的问题变成绝对第一位的问题，而把好人的问题都变成只是私人私域之事"[③]。这种基于政治"现实主义"的"权大于法"的观念使得传统"好公民"的德性完全被纯粹的政治品行所取代，失去了作为"好人"的目的性以及道德性"光照"。

"好人"与"好公民"的争论在中国社会更多地呈现为对"私德"与"公德"关系的探讨。学界对"私德"与"公德"的概念界定及划分标准并不统一，可谓各有千秋。我们这里采用一种较为普遍的划分标准，即以道德规范的适用范围来划分公德与私德。所谓"公德就是公共领域中公民的道德活动，它关系到其他公民的公共生活，

---

① 廖申白：《伦理学概论》，北京师范大学出版社2009年版，第46页。
② 贺照田主编：《西方现代性的曲折与展开》，吉林人民出版社2002年版，第91页。
③ [美]列奥·施特劳斯：《自然权利与历史》，彭刚译，生活·读书·新知三联书店2003年版，第50页。

关系到公共领域的正常秩序。……私德行为只是影响自己和家人、亲戚和朋友，它不需要公众评价和监督，也不需要公共组织协调和处置"①。中国古代其实并未有"公德"与"私德"的概念，但按照这一划分标准，中国传统道德以私德为主，因为存在大量如克己复礼、非礼勿视、非礼勿听、非礼勿言、非礼勿动，仁、义、礼、智、信等关于个人基本道德（或称"私德"）的规范性论述。但正如有些学者指出的，儒家伦理虽然"不包含公民、公民社会，以及公民伦理的概念，但是隐含着关于公共生活关系的推论"②。故此，中国传统社会的"公德"与"私德"并非泾渭分明，私德的扩展和延伸往往呈现为公德，儒家"修齐治平"的理想便是极好的例证，只是传统社会的公德因缺乏足够的公共交往生活支撑而未能在日常的道德生活中得到落实或践行。梁启超是中国近代提出公德私德说的第一人，"人人独善其身者谓之私德，人人相善其群者谓之公德"③，并认为两者是立人、立国所必需的道德，缺一不可。"无私德则不能立"④，"无公德则不能团"⑤。但因认为中国文化的私德甚为发达，所以梁启超针对 20 世纪初中国近代变革和国家富强的迫切要求而大力提倡公德。中华人民共和国成立后，关于公德私德的主张和理解可以在国家宪法和党的系列文件中进行考察。五四宪法中的"尊重社会公德"、八二宪法中的"五爱"以及 1986 年《中共中央关于社会主义精神文明建设的指导方针的决议》中提出的"四有"均是将公德作为当时社会道德建设的基本要求。1996 年党的十四届六中全会通过的《中共中央关于加强社会主义精神文明建设若干重要问题的决议》提出社会公德、职业道德、家庭美德三分的框架，但没有提及个人道德。

至此，重视公德，压抑、排挤私德甚至以公德取代私德是历史长河中道德变迁的主要态势。但随着现代性乃至后现代的崛起，不论是西方还是中国，更多的思想家及学者看到了强调"好公民"或公德而忽视"好人"或私德所产生的弊病。如麦金太尔立足于回归古典德性

---

① 黄显中：《公德与私德》，《光明日报》2003 年 7 月 8 日。
② 廖申白：《公民伦理与儒家伦理》，《哲学研究》2011 年第 11 期。
③ 梁启超：《新民说·宋志明选注本》，辽宁人民出版社 1994 年版，第 16 页。
④ 梁启超：《新民说·宋志明选注本》，辽宁人民出版社 1994 年版，第 16 页。
⑤ 梁启超：《新民说·宋志明选注本》，辽宁人民出版社 1994 年版，第 16 页。

的立场,强调了"好人"德性之于"好公民"的重要性,现代性所导致的破碎的自我"因为丧失了德性的根基而丧失了自我的完整性,最终使人在不断扩张的工具理性中陷入了'自由着'的奴役状态之中"①。哈佛大学教授海斯特(Helen Haste)则基于政治与道德羁绊牵连的实际指出"好人"与"好公民"的不可分割,因为"对诸多道德问题的讨论会直接牵涉立法和政策上的诉求,而公民政治参与的动机……又往往取决于其道德的敏感性"。② 不难发现,人们开始认识到"好人"与"好公民"都是维护现代社会秩序的重要因素,但现实的问题在于,随着社会转型所带来的公私领域的进一步分化,公民个体时常面临处理私人关系与公共关系之间规范与原则冲突的挑战,这种冲突从一个方面演绎为私德与公德,即"好人"与"好公民"之间的矛盾与冲突,主要表现在以下几个方面。

首先,能够做一个"好人",但不知如何做一个"好公民"。在一个由陌生人组成的现代社会中,一个具有再好"私德"的人,也未必能够在一个陌生人社会中稳妥地适应与应对同陌生人的关系,原因就在于在传统熟人社会中维系"差序格局"的"私德"无法约束、引导人们在公共场所及相关领域中的行为以规范和协调与陌生人之间的关系。③ 传统熟人社会中"亲亲相隐"的观念对于当今中国人的价值取向仍然潜在地甚至直接地发生着影响,如对与我无关的"陌生人"极度冷漠,而对所谓"自己人"的无底线热情,无视公共规则和秩序,这也是为什么现如今公共生活秩序所要求的公德素养在我国国民身上依旧令人尴尬和失望的原因所在。

其次,无法明晰做"好人"与做"好公民"的界限与范围。基于传统儒家"修齐治平"这种血亲伦理辐射和外推的思想,梁启超提出了"由私德外推为公德"的德育设想,即以私德为基础来培养公德。反言之,一个私德不良的人,其公德是会令人质疑的,即所谓

---

① 马雪影:《浅析希腊传统德性的内在分裂——兼论麦金太尔的德性复兴》,《哲学动态》2012年第6期。

② Helen Haste, Amy Hogan, "Beyond Conventional Civic Participation, Beyond the Moral-political Divide: Young People and Contemporary Debates about Citizenship", *Journal of Moral Education*, Vol. 35, No. 4, 2006, p. 474.

③ 王小章:《陌生人社会、公德与公共精神》,《观察与思考》2016年第1期。

"一屋不扫何以扫天下"。中国传统道德教育的路径正是从私德出发,推己及人。这种层层外推的逻辑思路看到了以私德培育公德的基础作用,但因为不同的主体对"群"会有不同的定义,从而使得私德外推所指向的"群"的概念模糊不清。故按此路径培养的公德可能并不适用于所有人共存的公共空间,而只是一种私德的放大,这样反而极易导致私德与公德之间的边界模糊。受这种传统的消极影响,因公私德伦理界限不清引发公私德错位,从而导致扰乱公共秩序的事情时有发生,腐败问题就是这方面的典型:一方面,公共领域的规则如公权侵入到私人领域,造成私人权利或个人隐私的破坏;另一方面,私人关系扩张到公共领域,造成公共领域规则正当性的偏失。

最后,将做"好人"与做"好公民"截然对立。公德与私德,在现代社会之前,两者是一体的,直到现代社会,人们才对它们作出区分,因为它们之间出现了矛盾。① 按一般观点,公德所适用的公共领域是行动着的交互主体所形成的公共空间,公共性、他律性是其典型特征;私德所适用的私人领域是相对于公共领域而言的,隐私性、自律性是其典型特征。完全对立的特征似乎意味着公共领域和私人领域可以同时并存但又不相互侵犯,换言之,私人领域的道德水平无论高低,公众都无权对其进行评判。正如穆勒在《论自由》一书中所提及的两条著名的原则之一:个人的行动只要不涉及自身以外什么人的利害,个人就不必向社会负责交代。② 穆勒的"不伤害原则"本意是为了给予个人道德以一定的自由权利,但其有一个前提条件即不伤害他人或社会利益。然而社会现实生活中,有些公民个体只看到个人道德的自由权利,而忽视这种自由权利所应承载的责任和义务,他们会在利益的驱使下无视私德的建设,甚至突破底线地蓄意作恶。殊不知这种做法会带坏社会风气、扰乱社会秩序,特别是经由互联网放大后会引发严重的负面后果,导致公共利益受损。

基于此,解决这一矛盾的关键在于融通双方、达至和解。梁启超的私德外推说虽然遭到了诸多质疑,正如福泽渝吉所说:"文明逐渐

---

① 李泽厚:《什么是道德?——李泽厚伦理学讨论班实录》,华东师范大学出版社2015年版,第112页。

② [英]穆勒:《论自由》,程崇华译,商务印书馆1996年版,第102页。

进步，人与人的关系也复杂起来，就没有理由只用私德一种手段，来支配人类世界了。"① 但私德外推为公德并非完全错误，因为"公"与"私"尽管是两个对应的范畴，但同时又是彼此勾连贯通的双方，这勾连贯通的桥梁就是个体的"人格"（personality）。"私"固然与己相连，但"公"同样也与个体自身密切相关，只不过不仅仅只是与某一个人相关而已。② 基于此，私德外推为公德的关键在于如何推。这一推不仅需要满足在私人领域涵育个体道德的要求，而且还需要具备推动个体进入公共领域的功能。为了适应这一时代的变化和发展，党的十八大报告在进一步丰富和发展了马克思主义价值学说的基础上，明确提出"三个倡导"，即"倡导富强、民主、文明、和谐，倡导自由、平等、公正、法治，倡导爱国、敬业、诚信、友善，积极培育和践行社会主义核心价值观。"③ 随后以此为指针，2013 年年底中共中央办公厅专门印发了《关于培育和践行社会主义核心价值观的意见》，明确把"富强、民主、文明、和谐"确定为"国家层面的价值目标"，把"自由、平等、公正、法治"确定为"社会层面的价值取向"，把"爱国、敬业、诚信、友善"确定为"公民个人层面的价值准则"，并强调"这 24 个字是社会主义核心价值观的基本内容，为培育和践行社会主义核心价值观提供了基本遵循"④。这样，涵盖国家、社会和公民三个不同层面的社会主义核心价值观，不仅被公认为是全国各族人民共同认同的价值观的"最大公约数"，而且通过体现当代中国社会的多元价值诉求，为私人领域的"私德"与公共领域的"公德"实现融通并达至和解提供了一种可能。

---

① ［日］福泽渝吉：《文明论概略》，北京编译社译，商务印书馆 2017 年版，第 80 页。
② 王小章：《陌生人社会、公德与公共精神》，《观察与思考》2016 年第 1 期。
③ 《十八大以来重要文献选编》（上），中央文献出版社 2014 年版，第 25 页。
④ 中共中央办公厅：《关于培育和践行社会主义核心价值观的意见》，《人民日报》2013 年 12 月 24 日。

第二节　微公益时代的公民慈善与社会主义核心价值观

如果说社会主义核心价值观作为融通私人领域与公共领域的价值基础是在理论层面而言的，那么，勃兴于互联网技术的微公益作为一种基于慈善精神的志愿性活动，不仅以公民个体的善举为开端，而且以实现整个社会的美好生活为愿景，这或许可以为打通私人道德领域与社会公共领域提供一条可能的实践之径。

首先，微公益是一种基于慈善精神的志愿行为。没有哪一个人可以在世界上独立生存，每一个人都需要别人的帮助，这种基于人性本能的互助，正是慈善产生的渊源。因此从某种意义上说，自有人类开始就有了慈善。综观古今中外的文化，不论是儒家讲的仁爱，还是佛家讲的慈悲，抑或基督教讲的博爱，都体现了人在需求上的一致性和共通性，特别是当面对共同的基本问题如生老病死时，这种一致性和共通性更是构成了人类的基本价值观，即社会共同体中的任何人都不应对其他成员的命运漠不关心，每个人在追求个人幸福的同时必须尊重和爱护他人。这正是慈善精神的集中体现。慈善作为一种古老的、普遍的传统，在不同的文化中都具有其独特的形式，人们可以以慈善之名行无数好事：从救助儿童到保护树木，从救助难民到保护古建筑，从资助乐团到救助流浪动物，等等。以至于我们可以用多种词汇来描述慈善行为的价值和目的，如解放、志愿行为、施舍、利他、非营利、仁慈、慷慨等。罗伯特·L.佩顿和迈克尔·P.穆迪则从更为积极的层面定义了"慈善"：为了公益的志愿行为。他们认为，慈善肯定了一种价值，它是一种对他人福祉的关心，对公益的关心，而道德是这一志愿行为最为重要的本质，因为慈善的历史就是"道德愿景里的社会历史"。慈善是人类提出关于"什么是良善"（what is good）的主要方式，人类通过慈善行为缓解痛苦或满足迫切的需求，提高生活质量或社会的公民素质，发出倡导或传递思想，提高价值或身份，验证社会改革的新思想，以及在变革下

第四章　微公益时代公民慈善的价值引领

维护传统。① 由此可见，慈善一方面极具个人色彩，因为存在很多非正式、自发的、人与人之间的慈善行为；另一方面则有着极其广阔的公共生活空间，因为它可以通过正确引导人们的努力方向，让整个社会变得更加美好。因此，我们既可以把慈善当作一种外在的社会现象，也可以将其视为内在的个人经历和价值。勃兴于互联网技术的微公益可以看作慈善在"互联网＋"时代的一种现代形式，其一方面通过弘扬"奉献、友爱、互助、进步"的慈善精神，呼唤人的道德良知，促进人与人之间的相互尊重、相互帮助与和睦友好；另一方面则通过倡导公平正义的公益活动推动社会对人权的尊重与保障，同时借助互联网技术形成规模效应。可见，微公益不仅没有摒弃以乐善好施、扶贫济弱为特征的慈善传统，而且借助互联网技术将当前内涵更为丰富的慈善精神投射到社会的各个角落，为打通私人道德领域与政治公共领域奠定了根基。

其次，微公益发端于公民个体的公益慈善行为。在互联网时代迅疾发展的微公益因其传播载体之"微"、参与主体之"微"以及公益主题之"微"等特征，可以与公民日常生活紧密相连，从而颠覆了公益慈善在公民个体心目中的传统印象。传统上，公益慈善项目不仅在信息发布方面需要投入大量的时间、精力和资源，而且具体实施过程通常是在政府组织和策划下，采取自上而下的方式指定捐赠，行政色彩较为浓厚，导致信息沟通互动不畅、公民个体消极的负面情绪体验等极不利于公益慈善事业持续健康发展的倾向。与之相反，传播载体之"微"使得微公益具有开放、便携和易参与等特点，可以"将线上和线下有着某种公益需求的用户连接起来，同时随着公益信息的不断流动和裂变，建立起线上线下联动的点对点、多点对多点的帮助连接系统，以确保微公益信息在短时间内得到最大化的聚焦和关注"②，从而实现公益项目与网络平台、受助者与捐赠人之间的无缝对接，最大限度地降低成本、提升公民个体参与公益项目的积极性和责任感。参与主体之"微"则在于微公益通过降低行善门槛而具有的大众性和

---

① [美]罗伯特·L.佩顿、迈克尔·P.穆迪：《慈善的意义与使命》，郭烁译，中国劳动社会保障出版社2013年版，第51页。

② 刘丹：《微公益时代公民慈善的多维分析》，《思想理论教育》2018年第9期。

草根性等特点，可以实现由充满权威色彩的"中心化"走向人人自发、人人主动的"弱中心化"，进入全民公益的新阶段。历经教会慈善——富人慈善——公民慈善的发展历程，"全民慈善优于富人慈善"的现代慈善理念开始深入人心，"益行家""小朋友画廊"等公益项目的成功让越来越多的人们认识到积极参与公益慈善事业不仅是一种公民义务，更是一种公民权利，这是一种"给予的自由"，这种自由在流动性不断加剧的陌生人社会更为弥足珍贵，而微公益可以通过"指尖公益""轻松公益""人人公益"的合力让这种自由发挥得淋漓尽致。公益主题之"微"体现的是"勿以善小而不为"，其目标就在于从每个人身边的小事着手，从细微处着手，强调积少成多，积小流成江海，通过公益精神的内化体验，唤起社会公众对公益事业的热情和社会整体道德价值观念的递进，让公益成为一种常态化、普遍化的生活方式和生活习惯。[①] 如滴滴联合壹基金发起的"救在壹线"公益筹款项目，就是通过滴滴用户捐赠用车里程、滴滴出行配捐公益资金的方式，为九寨沟地区救援筹集善款，这不仅将本来对用户来说不具备实际价值的"里程数"开发利用起来，而且还增加了用户参与公益的精神收获。由此观之，发端于公民个体公益慈善行为的微公益对于涵育私人领域的个体道德有其独特的优势，实为"做好人"提供了丰富的渠道，这为打通私人道德领域与政治公共领域提供了前提。

最后，微公益以实现整个社会的美好生活为道德愿景。现代社会并非十全十美。近年来，全球范围都出现了各种新的社会现象和问题，其中呈现出一种较为普遍的"分离"趋势。国家层面的英国脱欧、社会层面的日本"无缘社会"、群体和个人层面的中国"空巢青年"等，都体现出了这种传统社会连接减弱甚至切断的分离特征。[②] 这种社会分离、失联的趋势，其实正是近代社会学日益关注的"社会原子化"（social atomism）的现象。所谓"社会原子化"，是指由于人类社会最重要的社会联结机制——中间组织（intermediate group）的解体或缺失，而产生的个体孤独、无序互动状态和道德解组、人际疏

[①] 冯莹姣、周瑞法：《微公益：具象化公益的道德内化》，《浙江师范大学学报》（社会科学版）2012年第1期。

[②] 陈一丹等：《中国互联网公益》，中国人民大学出版社2019年版，第319页。

离、社会失范的社会危机。① "社会原子化"极不利于现代社会的长期健康稳定地运行,需要对其进行必要的平衡和纠正。对公民个体而言,不仅需要在私人道德领域做一个"好人",更需要跨入公共领域做"好公民"。做"好公民"意味着他或她"有能力并有资格对公共生活施加影响",具备"在说话与行动之间权衡证据的批判性能力",积极参与"志愿活动与公共服务",并且拥有发现"新的活动形式"的个人信心。② 对此,与互联网技术相结合的微公益可以搭建诸多有利平台,通过中性信息连接的同时融入正向的情感,从而使原子化的个人之间形成更强的社会纽带,重塑社会连接。一方面,连接公众与社会。作为一个公民,不仅需要重视和维护个人的自由和权利,也需要将自身命运与国家命运、社会命运紧密相连,积极通过追求"公共善"来实现公民的自我利益。由此产生的公民责任感会给公民个体带来一种积极的道德情感体验,从而满足公民个体在现实的社会关系中展现自我、在公共化的场景中成为"公之民"的精神需求。借助于互联网技术的微公益可以满足这一心理期待,其将慈善公益事业带到线上,通过互联网的方式表现社会公益问题,能够更有效地引起公众的关注和参与,让公众与社会保持连接。如"冰桶挑战"公益项目就让更多人了解和关注被称为渐冻人的罕见疾病。另一方面,连接官方与民间。随着数字化时代的到来,政府、官方与民间、公众的传统连接在不断弱化,对此,微公益有望为政府和民间搭建沟通新渠道,让政府通过互联网及时了解民间情况与需求的同时,民间也能借此向政府反映问题,甚至可能实现通过普通公民的身体力行来撬动相关领域公共政策的改变,从而不断增强官方与民间合作共治的合力。"免费午餐""大爱清尘"等微公益项目,以及四川、安徽、浙江等地不约而同地暴发网络抗争,最终推动当地政府部门取消了有环境污染的招商引资项目等微公益运动就彰显了公民运用微公益行使自己社会权利的巨大力量。可见,微公益虽然发端于公民个体的公益慈善行为,但并

---

① 田毅鹏:《转型期中国社会原子化动向及其对社会工作的挑战》,《社会科学》2009年第7期。
② 饶从满:《主动公民教育:国际公民教育发展的新走向》,《比较教育研究》2006年第7期。

不止步于此，其指向的是"做好公民"所在的更为广阔的公共空间，这为打通私人道德领域与政治公共领域展现了努力的方向。

由此可见，微公益时代公民慈善的价值依归是最大化地实现公益的平民化、常态化和普遍化。但与此同时，我们也看到随着网络平台的开放，线上众筹风靡一时，公益与社会之间的关系远没有人们想象得那样有力，公益热只是一个个小圈子的热，圈内与圈外冰火两重天。究其原因，一方面在于海量的网络信息极易滋生随意性和虚假性，使得互联网平台充斥着形形色色的"坑蒙拐骗"，这不仅干扰了人们对信息准确度的判断，同时也影响了网络平台的信度和效度，导致普通公民参与公益的积极性受到打击。另一方面，在网络世界，公益参与者之间的价值共识也非常薄弱。微公益活动的发起者和执行者较之传统的公益活动有着更大的自主权利，这种个性鲜明、体现多元价值、去中心化的"微"特征往往难以形成牢靠的价值共识。针对这些实践难题，微公益的成熟与发展非常需要坚持社会主义核心价值观的价值引领。而之所以如此，是因为涵盖国家、社会和公民三个不同层面的价值认同和价值诉求在微公益时代公民慈善的理论及实践中得到了充分体现。

第一，微公益深刻彰显了社会主义核心价值观国家层面的价值目标。首先，众所周知，微公益是借助互联网和移动支付技术，通过公益项目的"跨界""跨线""跨平台"以及"跨组织"公开募集和自愿捐赠，实现对社会资源和财富进行的分配与调节，以减小贫富差距、弥合社会矛盾，实现国富民强。可见，微公益的旨趣与社会主义核心价值观中"富强"的意蕴是完全吻合的。其次，与传统的公益活动主办方和执行者是特定的慈善组织或基金会不同，微公益活动的发起者、执行者和监督者都可以是普通公民，他们不是被动或迫于外在压力而参与公益，相反，在微公益的实践中往往活跃着无数"为了公益的志愿行为"的普通民众。身份独立、志愿自主、公开透明是微公益的精髓，而这恰恰与社会主义核心价值观所倡导的"民主"精神有异曲同工之处。再次，依据马斯洛需求层次理论，人的需求是多方面、多层次的，不仅包括物质方面的需求，更有精神性的满足，而"同情是人性中一个很强有力的原则"，即当困难人群在社会生活中渴望帮助时，有良知的人一般都会慷慨解囊，即使数量微薄或仅是举手之劳，因为这是一种植根于人性中的内在精神。微公益的便携性和低门槛，让有公共参与意愿的人能够在力所能及的范围内获得精神满足，激发人们对真善美的追求。这实为社会主义核心价值观"文明"样态的映照。最后，慈善作为一种文化，其核心是利他主义的价值观，目的就在于在全社会形成一种浓郁的人文关怀，调和冲突，使社会呈现一种稳定的状态。微公益通过一个个具体而微小的公益项目将"我为人人，人人为我"这种人文关怀在社会各个领域、各个角落完整地呈现出来，而这正是社会主义核心价值观国家层面"和谐"价值的深刻彰显。

第二，微公益完美诠释了社会主义核心价值观社会层面的价值取向。传统的公益活动，通常是由政府部门或带有行政色彩的官办慈善组织采取自上而下的方式来具体实施。首先，微公益借助互联网和移动互联网的迅速传播性，使得普通民众不必受时空地域的鸿沟制约，可以根据自己的喜好和需求自发自愿地参与进来，因而民间性、自愿性和自主性是微公益的亮点。微公益自下而上的特质正是社会主义核心价值观社会层面倡导的"自由"意志的生动体现。其次，微公益所呈现的"平等"就在于参与人员的大众性和草根性。传统的公益活动一般被认为是少数富人的专利，慈善晚宴、慈善嘉年华等更像是社会名流的个人秀。微公益与之形成鲜明对比，其服务宗旨在于每个社会成员都有参与公益活动的权利和义务，参与公益的人与人之间只有参与方式的不同，而无人与人之间的不平等。再次，微公益所体现的"公正"就是借助网络技术的不断发展持续推动信息的公开和透明。随着微公益项目与互联网的深度融合，微公益组织可以利用网络频道、微博、微信、APP等平台优势，帮助公民更好地了解其所运营的公益项目的基本信息、运作机制和财务状况。同时，微公益还可以依托大数据、云计算等互联网时代的基础设施来激励公益组织更完整、更及时、更有效地向捐赠人、受捐赠人和有关第三方披露公益项目整个流程的相关信息。因此，微公益所秉承的公开性和透明度无疑使"公正"价值成为微公益的精神标识。最后，改革开放以来虽然中国的慈善法治建设一直处于不断完善的进程之中，并取得了长足的发展和进步。但实事求是地说，现实生活中我国的慈善法治建设还存在诸多的问题和缺陷，慈善领域的立法、执法和司法工作还缺乏整体性和协同性。当前，在慈善法治建设方面具有里程碑意义的莫过于2016年《中华人民共和国慈善法》的颁布与实施。《慈善法》开启了我国慈善法治建设的新时代，必将不断推进微公益的发展和成熟，这体现的正是社会主义核心价值观之"法治"底色。

第三，微公益全面展现了社会主义核心价值观公民层面的价值准则。首先，以关爱他人、奉献爱心为宗旨的微公益可以通过激发人们向上向善的价值追求，不断加强人与人、人与社会之间的沟通与联系，同时因其便捷性、即时性、交互性的特点广泛动员群众大力支持公益，公益在社会生活中的影响，为厚植良好的社会道德风尚奠定社会心理基础，为构建和谐社会点亮道德之光，而这正是以"爱国"为核心的民族精神的重要体现。其次，微公益虽因其随手可公益、轻松做公益等理念而使得公益活动显得不那么轰轰烈烈，甚至每一个具体的项目在整个行业中都显得有点微不足道，但每一个活动背后的发起、组织、策划及实施无不渗透着公益践行者的良苦用心。这些星星之火折射出的是普通民众对公益事业的热爱与奉献，而这正是社会主义核心价值观"敬业"精神的真实写照。再次，公益事业的发展需要建立在大众信任的基础之上，借助网络技术的微公益尤须如此，因为真正推动网络信息良性流动的恰恰在于人与人之间意念和意识的连接与交互，而一旦信任被滥用，其后果必将是深重的信任重建代价。换言之，正是人与人之间内含的"诚信"精神才促进了微公益的良性发展。最后，中华民族自古以来就有乐善好施、扶贫济困、助人为乐的优良传统，包括微公益在内的现代公益事业对这些优秀传统文化必须予以高度重视，并通过互联网的技术和平台优势发扬光大。由此，社会主义核心价值观所倡导的"友善"精神方能适应新时代的要求。

不仅如此，在实践层面，微公益在实施过程中所呈现出来的传播载体之"微"、参与主体之"微"、公益主题之"微"[①] 与培育和践行社会主义核心价值观须在"落细、落小、落实"上下功夫的实践进路也非常契合，两者相辅相成，相得益彰：微公益的传播载体之"微"，使得社会主义核心价值观的培育和践行更为便捷；微公益的参与主体之"微"，使得社会主义核心价值观的培育和践行更为广泛；微公益

---

① 前文对此三个特征已有详细论述，故此处不再赘述。

的公益主题之"微",使得社会主义核心价值观的培育和践行更好融入日常生活。正是基于微公益与社会主义核心价值观之间这些千丝万缕的联系,我们有理由相信,作为社会认同"最大公约数"的社会主义核心价值观是可以导引参与微公益的普通公民在错综复杂的社会环境中做出正确的价值判断和价值选择的。

第三节 以社会主义核心价值观引领
公民慈善良性发展

中共中央办公厅印发的《关于培育和践行社会主义核心价值观的意见》指出,社会主义核心价值观是社会主义核心价值体系的内核,体现社会主义核心价值体系的根本性质和基本特征,反映社会主义核心价值体系的丰富内涵和实践要求,是社会主义核心价值体系的高度凝练和集中表达。[①] 显而易见,社会主义核心价值观提出的目的,就在于构建社会主义和谐社会的价值观基础,这一价值观基础自然有引领微公益时代公民慈善良性发展的价值和意义。但引领成功与否的关键则在于社会主义核心价值观能否得到广大人民群众的认同。因为社会主义核心价值观只有获得人民群众的广泛认同、接受与内化并能自觉指导其实践,才能充分发挥其引领和整合多元化思想观念的基本作用。基于此,提升广大人民群众的社会主义核心价值观认同就成了引领公民慈善良性发展的关键。

近数十年来,"认同"(identity) 在各种学术文本中是一个出场率相当高的概念,它所指称的是一种被赋予具有军事、暴力等"硬权力"(hard power) 所无法企及的独特的和具有非凡能量的"软权力"(soft power) 形态。在日常话语中,虽然我们每个人都能够自如地使用这一概念,但是却无法给出一个简洁而准确的定义来说明其丰富的内涵。在学术研究中,也是如此。学者们一般把"认同"作为一个具有足够解释力的概念来分析社会现象和社会行为,并且往往根据研究

---

① 中共中央办公厅:《关于培育和践行社会主义核心价值观的意见》,《人民日报》2013年12月24日。

对象的需要而把它具体化，如民族认同、国家认同、文化认同、青少年认同等，却很少去追究它到底是什么，这样一来就只研究了这些认同的具体含义而非普遍意义上的"认同"概念。正如詹姆斯·D.费伦（James D. Fearon）所表明的那样，"不同的研究传统……已经发展出关于这个词的颇为互异的标准与惯例。……可能某些学者只打算规定某一个关于'认同'的定义来适用于特殊的目的，因此，由于不同的目的可能会使这些定义之间存在一些差异"①。很明显，对社会主义核心价值观的认同是一种价值认同，这种价值认同，是指"个体或社会共同体（民族、国家等）通过相互交往而在观念上对某一或某类价值的认可和共享，是人们对自身在社会生活中的价值定位和定向，并表现为共同价值观念的形成。这样一种价值认同，不仅是个体和社会共同体这两个层面的认同都必然具有的一个维度或方面，而且是一切个体认同和社会共同体认同的基础"②。

一 社会主义核心价值观的认同机制

认同社会主义核心价值观并非与生俱来，也决非一蹴而就，它有一个科学的认知和转化过程。通过这个过程，个体将科学的思想理论体系转化为日常生活的意识、观念、语言与行为准则。因此，研究社会主义核心价值观认同的过程与内化机制，对于实现和提升社会主义核心价值观认同具有重大的理论价值和现实意义。

其一，利益机制。党的十八大提出的"倡导富强、民主、文明、和谐，倡导自由、平等、公正、法治，倡导爱国、敬业、诚信、友善"24字社会主义核心价值观，既积淀了中华民族悠久的优秀传统文化，又顺应了现代社会发展的潮流，涉及国家、社会和个人三个层面，是当代中国发展在价值取向和目标方向上的"最大公约数"，能够激励全体人民为共同的美好愿景而戮力同心、不懈奋斗。然而，这一体现广大人民群众根本利益的最高形式的价值规范，在人们的日常生活实践中却没能很好地实现其功能和作用。价值"失范"的现象层

---

① Fearon, James D., *What is Identity (As We now Use the Work)*? Department of Political Science of Stanford University, 1999: 6, unpublished.

② 汪信砚：《全球化中的价值认同与价值观冲突》，《哲学研究》2002年第11期。

出不穷，许多优良的传统和习俗失去其原有的魅力，违纪、违规、违法现象增多，诸如虐待亲人、背弃朋友、见利忘义、以权谋私，甚至扰乱社会、危害国家等，导致社会发展总体存在集体意识衰落、个体意识缺乏整合的态势，这也成为众多学者在传统社会向现代社会转变的过程中关注的焦点。

为什么在经济发展蒸蒸日上的当代中国会出现上述问题？其重要原因之一就在于忽视了"人的需要"维度，忽视了现实的人的需要在社会主义核心价值观认同中的根基性作用。[①] 根据马克思关于人的需要理论，需要是人的实践活动动机的基础，任何人如果不为自己的某种需要和为这种需要的器官做事，他就什么也不能做。[②] 换言之，需要是人的本性，需要构成了人的世界的价值基础。自改革开放以来，经济的快速发展以及经济体制的深刻转型，带来了我国社会结构的巨大变化，而这一巨大变化直接带来的便是基于社会阶层多样化的利益多元化格局。人们对利益的追逐，无论是行为目标还是行为本身都具有一定的排他性，这必然会导致各种形式的利益冲突的发生。[③] 利益说到底其实就是"需要在生产关系上的表现"[④]，所以利益冲突就表现为不同的需要主体基于不同的需要层次和种类而发生的冲突，而这种冲突的存在必然会阻碍价值共识的形成，阻碍了社会主义核心价值观认同的实现和提升。正如马克思所言，"'思想'一旦离开'利益'，就一定会使自己出丑。"[⑤] 毛泽东也曾经指出："一切群众的实际生活问题，都是我们应当注意的问题……满足了群众的需要……群众就会真正围绕在我们的周围，热烈地拥护我们。"[⑥]

因此，在某种意义上我们可以说，利益决定人的价值观，价值观反映人的利益需求，价值观认同的基础是利益认同。所谓"利益认

[①] 赵伟：《人的需要：社会主义核心价值观认同的现实根基》，《社会主义研究》2014年第5期。

[②] 《马克思恩格斯全集》第23卷，人民出版社1972年版，第286页。

[③] 王建国：《社会阶层结构和利益格局变革条件下的党内民主与党内和谐》，《社会主义研究》2007年第6期。

[④] 孙承叔：《真正的马克思：〈资本论〉三大手稿的当代意义》，人民出版社2009年版，第74页。

[⑤] 《马克思恩格斯全集》第2卷，人民出版社1957年版，第103页。

[⑥] 《毛泽东选集》第1卷，人民出版社1991年版，第137页。

同",就是指人的物质、精神利益需要方面的一致性与统一性。① 所谓"价值认同",就是观念上对客体是否满足主体需要程度的认可。马克思曾指出:"理论在一个国家实现的程度,总是决定于理论满足这个国家的需要的程度。"② 即脱离一定的利益关系的思想是不存在的。由此可见,社会主义核心价值观认同能否实现取决于其能否使人们的自身需求得到满足,只有符合广大人民群众的实际需要的价值观,才能广泛激发人们接受并认同这一价值观的主动性和积极性,也只有这样,才能使社会主义核心价值观的功能得以充分发挥。而利益机制是主体以利益为载体实现利益的方式,它通过主体利益的实现与满足,从而使主体获得利益认同,以实现主体的价值认同。所以,利益机制指向的利益认同对价值认同具有十分重要的基础作用,它可以为社会主义核心价值观的认同提供动力。

其二,过程机制。虽然"认同"这一概念的内涵非常丰富,无法对其给出一个简洁而准确的定义,但对于"认同过程"特别是"价值认同过程",学界还是有一定共识的,即"价值认同作为一个复杂的动态发展和变化的过程,一般要经历认知认同、情感认同和行为认同三个阶段,这三个阶段体现出价值认同过程的三个层次"③。而社会主义核心价值观认同作为一种价值认同,也同样需要遵循这样一个过程。对社会主义核心价值观的认知认同指的是完整、准确地理解社会主义核心价值观的丰富内涵,这不仅包括知晓认同"三个倡导"的具体内容,更为重要的是要理解核心价值观的历史渊源和现实基础,以及每个层面内部的关联性等。对社会主义核心价值观的情感认同是指在深刻认知的基础上,对核心价值观产生的满意、肯定及信任的态度。对社会主义核心价值观的行为认同则是指在自己的学习生活实践中能积极践行社会主义核心价值观,能够以社会主义核心价值观作为标准来规范自己的行动,或把社会主义核心价值观作为自己的信念、尺度、原则,并自觉内化为自己的价值取向。作为一个价值认同过程

---

① 曹新高:《思想政治工作的一般规律——从利益认同到价值认同》,《青岛行政学院学报》2001年第2期。
② 《马克思恩格斯选集》第1卷,人民出版社1995年版,第11页。
③ 邹国振:《社会主义核心价值体系认同的层次性分析》,《学术论坛》2011年第2期。

的三个阶段或三个层次，它们之间的关系并不是相互独立的，而是相互依存且密切相关的。

首先，对社会主义核心价值观的认知认同是基础。虽然有认知不一定意味着有相应的认同，但任何方面的认同都是在有相关认知的基础上发生的，没有认知则无认同。换言之，认知是认同这一心理过程的第一个阶段，是认同的起点。正是在这个意义上，我们说认知认同是实现社会主义核心价值观认同培育中最基础、最重要的因素，是个人认同、信仰、实践得以形成的必要条件。因为人们要认同一定的价值观或价值体系首先取决于其对该价值观或价值体系的认知状况，只有在认知的基础之上才有可能产生相应的价值观念，并成为支配和制约其他心理要素的主导力量。所谓社会主义核心价值观的认知就是社会大众通过形成关于社会主义核心价值观的概念、知觉、判断或想象等心理活动来对社会主义核心价值观内容、性质、形成及结构进行了解和理解的过程，进而知道什么是社会主义核心价值观，什么价值选择是对的，什么价值选择是错的。

其次，对社会主义核心价值观的情感认同是重要环节。普通心理学认为情感是指人在对事物的属性、特征及其关系等形成认识的同时所产生的对该事物满意与不满意、喜爱与厌恶、肯定与否定等一系列的态度。换言之，情感是在对事物有一定认识的基础上产生的，源自对事物的真切和深刻了解。不仅如此，在认知的基础上，如果情感一旦形成，情感就会成为调控认知活动的重要因素，它会充实认知内容，使认知更加丰富，并能进一步激发人们的认知活动。概言之，有情感的认知会更加深刻、牢固。鉴于此，社会主义核心价值观的培育和践行，不仅需要对社会大众奠定理论内涵的认知认同，还需要从情感上进一步激发社会大众的感性认同，即情感认同。对社会主义核心价值观的情感认同就是指社会大众在对社会主义核心价值观有了认知认同的基础上，产生信任、充实、愉悦等积极、强烈及稳定的情绪体验，从而为进一步内化和认同这一价值观打下基础。没有这种道德的情感动力，外在的社会主义核心价值观是无法进入社会大众的内心世界的，也不可能作为一种"内驱力"自觉而时时、事事地影响社会大众的一言一行。

最后，对社会主义核心价值观的行为认同是最终目标和归宿。价值认同的落脚点是知行统一，即在认知认同和情感认同的基础上，人们需要对自己已有的价值准则和行为规范进行重构，并用其来指导和检验自己的实践行为，这就是行为认同。如果人们对社会主义核心价值观只是停留在认知与情感的层次上，而没有把社会主义核心价值观作为指导自身行动的价值取向，那是没有现实意义的。正因为社会主义核心价值观是关于社会发展的理想和目标，所以践行这一价值观的实际行动比认知更具意义。据此，社会主义核心价值观不只是思想意识范畴的问题，从根本上说更是实践的范畴，社会主义核心价值观的价值正是通过对这一价值观的践行来体现的，它需要社会大众在实现对社会主义核心价值观的认知认同和情感认同之后，在生活中仍然能以实际行动来表达对它的认同。这是社会主义核心价值观培育和践行的最终目标和归宿。

据北京师范大学"中国社会价值观现状的调查研究"课题组的调查，当前我国公众高度认同社会主义核心价值观，但在认识与实践这两个环节上还存在一定差距，因此必须在如何化认知为实践上做进一步努力。而社会主义核心价值观要被社会大众所接受，并转化为比较稳定的价值标准，就必须要同他们的日常生活密切联系起来，使得社会主义核心价值观融入其日常的工作、学习和生活之中，真正用社会主义核心价值观去指导他们的日常生活实践，让社会大众把对社会主义核心价值观认知认同和情感认同的追求转化为实践上的追求，从而推进整个民族、国家、社会精神品格的升华。

二 社会主义核心价值观的认同路径

随着经济的快速发展和经济体制的深刻转型，提升社会大众的社会主义核心价值观认同需要面对很多困难和挑战，但通过对社会主义核心价值观认同的内在机制分析，我们发现，实现社会主义核心价值观认同是有其内在的路径可循的。

首先，以改善民生作为推进社会主义核心价值观认同的基本路径和动力。根据前文对利益机制的分析，利益机制指向的利益认同对价值认同具有十分重要的基础作用，它可以为社会主义核心价值观的认同提供动力。而遵循利益机制的路径提升社会大众的社会主义核心价值观认同，最重要的就是完善社会主义市场经济体制。党的十八届三中全会公报曾指出,"要紧紧围绕使市场在资源配置中起决定性作用深化经济体制改革,坚持和完善基本经济制度,加快完善现代市场体系、宏观调控体系、开放型经济体系,加快转变经济发展方式,加快建设创新型国家,推动经济更有效率、更加公平、更可持续发展;紧紧围绕建设社会主义核心价值体系、社会主义文化强国深化文化体制改革,加快完善文化管理体制和文化生产经营机制,建立健全现代公共文化服务体系、现代文化市场体系,推动社会主义文化大发展大繁荣;紧紧围绕更好保障和改善民生、促进社会公平正义深化社会体制改革,改革收入分配制度,促进共同富裕,推进社会领域制度创新,推进基本公共服务均等化,加快形成科学有效的社会治理体制,确保社会既充满活力又和谐有序"等等。所有这些战略举措的目标就在于从根本上通过全方位的深度改革,努力消除社会矛盾,解决好人民群众最关心、最现实的利益问题,从而不断扩大和增进全体人民的共同利益和福祉。这必将为建立和巩固社会主义核心价值观主导的社会价值共识奠定最坚实的物质和利益基础,也是我们对社会主义核心价值观建设的信心和希望所在。不仅如此,我们还需要以改善民生作为推进社会主义核心价值观认同的基本路径和动力,同时满足社会大众各个方面及层面的合理需要。针对当前我国社会主义市场经济在促进经济发展的同时所存在着的严重利益分化现象,也需要建立起有效的利益分配机制。比如,改革当前以财政税收为主的再分配体制,增强针对弱势群体的转移支付力度;通过信息、资金与管理等方面的系统扶持,增加弱势群体的非政府组织,建构多元化的利益主体;完善利益协调互动机制,形成良性的利益发展格局;建构利益竞争与合作机制,通过合作式竞争得到合理利益;完善利益互助互惠机制,依靠社会捐助等途径进行帮扶;建立利益均衡机制,推动社会公共服务的均等化等等[1],目标就是统筹经济与民生的协调发展,防止市场经济在"民生公共产品"和"公平"问题上的"失灵",切实保证社会大众占有和分配国家资源、生产资料、劳动产品的权利,从而实现真正的民生,奠定社会主义核心价值观认同的现实基础。

---

[1] 莫凡:《跨越卢比康河的共同利益之桥:借鉴欧洲认同推进社会主义核心价值认同》,《江淮论坛》2009年第6期。

其次，通过宣传教育增强社会主义核心价值观的认知认同。对社会主义核心价值观的认知认同，无论是通过自身的自发学习获得，还是通过外在的教育引导获得，追本溯源都离不开全面有效的宣传教育这一系统性工程，这也是古往今来社会大众认同核心价值观的基本经验。而创新全面有效的宣传教育方式，需要健全灌输引导机制。列宁曾经指出："工人本来也不可能有社会民主主义的意识。这种意识只能从外面灌输进来。"① 但要明确的是，这种灌输引导机制并不是我们传统意义上依靠行政手段的强制性灌输，而是灌输和引导相结合，理论联系实际，从不同人群和地区特色出发，采取社会大众容易接受的宣传教育方式，从而营造出以社会主义核心价值理念为内容的主导性社会信息环境，引导人们从思想深处提升对社会主义核心价值观的认同。我们可以从以下几个方面进行努力：（1）用"中国语言"讲好"中国故事"。即力求换一种接地气的方式，用社会大众日常生活中熟悉的语言来对社会主义核心价值观进行宣传教育，换言之，就是做到深入浅出，通俗易懂。一方面，使用的"中国语言"要符合社会大众的认知水平和认知结构；另一方面，使用的"中国语言"要符合社会大众的语言使用习惯。（2）善于借鉴优秀传统文化资源。中国的传统文化源远流长，是中华民族在长期发展的历史长河之中的文化积淀，是社会主义核心价值观的重要思想源泉。习近平总书记在2014年10月15日召开的文艺座谈会上指出："作为中华民族的精神命脉，中国传统文化既是涵养社会主义核心价值观的重要源泉，也是我们在缤纷的世界文化中站稳脚跟的坚实后盾。"善于借鉴与社会主义核心价值观相契合的优秀传统文化，可以激发人们内心深处的理想观念及文化情结，这是对社会大众进行社会主义核心价值观宣讲教育的有效时机，可以此为基点实现和提升社会大众对社会主义核心价值观的认同。（3）充分利用网络传媒的交流互动。网络传媒的迅猛发展不仅带来了媒体内容和形式的多样化，使得媒体的传播渠道得到了全面变革，更为重要的是深刻地改变了人们接受新的价值观念的方式和内容。对此，我们需要加强网络传媒的阵地建设：对于宣传教育对象，要根据受众不同的认知身份和认知心理，实施因众宣传教育，同时增

---

① 《列宁选集》第1卷，人民出版社1995年版，第317页。

强教育对象的价值判断力和媒介素养；对于宣传教育主体，需要明确自身的角色与担当，增强其道德责任感；对于宣传教育的媒介，需要提升主流网络媒体的传播力、公信力和影响力，同时优化整合新老传媒的合力作用。

再次，强化大众文化渗透，提升社会主义核心价值观的情感认同。习近平总书记指出："一种价值观要真正发挥作用，必须融入社会生活，让人们在实践中感知它、领悟它。"[1] 这也就是说，要想使社会主义核心价值观获得社会大众的广泛接受与情感认同，需要使社会主义核心价值观全方位、多维度地融入大众日常生活，并使之成为人们日常生活的价值引领和行动指导。一是开展富有仪式感的社会活动。情感主要是一种体验，这种体验并不局限于个人的主观感受，还来自于与他人的交流互动。富有仪式感的社会活动是人们之间交流互动的一种重要方式，它可以使理论化的价值观进一步具体化和形象化，它以某种共同的目的把人们联合起来，表达的是一种团体的团结和情感，人们能够在活动中感受到集体的力量，从而产生相应的情感共鸣和认同感。这是接受集体教育的一种方式，因为不论是活动的形式、内容抑或是氛围都能产生极富感染力的教育意义。对于社会主义核心价值观而言，重要节庆日的纪念活动以及爱国主义教育基地的参观游览就是非常重要的富有仪式感的社会活动方式。二是有机融入大众文化。所谓大众文化，是以大众传媒（影视、网络）为载体，以文化消费、娱乐为目标的世俗文化形态，体现了文化的商业逻辑和消费逻辑。[2] 大众文化所具有的商业性、娱乐性、世俗性和流行性等基本特征决定了它关注的是世俗生活的平凡叙事而并非道德价值的宏大叙事，它与大众的日常生活更为贴近，关注社会普通群体的喜怒哀乐，诠释着大众的世俗幸福和当下意义，因而更易引起大众的情感共鸣。[3] 因此，将社会主义核心价值观融入大众文化，可以使社会主义核心价

---

[1] 习近平：《把培育和弘扬社会主义核心价值观作为凝魂聚气强基固本的基础工程》，《人民日报》2014 年 2 月 26 日。

[2] 竺恒：《用社会主义核心价值观引领大众文化发展研究》，硕士学位论文，西北大学，2014 年。

[3] 胡春阳：《转型时期社会主义核心价值观认同建构》，《中国特色社会主义研究》2015 年第 1 期。

值观"所承载的情感关怀、心灵净化和审美体验内化到大众的心理世界,使大众在无意识中实现对社会主义核心价值观的情感认同和审美共鸣"[①]。三是注重榜样的引领作用。2013年底,中共中央出台的《关于培育和践行社会主义核心价值观的意见》提出要紧紧围绕"三个倡导"这一基本内容,注重宣传教育、示范引领、实践养成相统一。其中的示范引领即是强调通过先进典型的激励和楷模示范,以促动社会大众的情感共鸣,进而推动学习和积极效仿,提升对社会主义核心价值观的情感认同。要充分发挥榜样的示范引领作用,榜样的选择很重要,一方面要具体,另一方面则要好学。换言之,来自于人民群众的榜样因为贴近人民群众的日常生活而最能引起社会大众的情感共鸣。为了充分发挥榜样示范机制的作用,我们需要做到:一是发挥党员干部的带头作用;二是鼓励发掘各行各业的先进典型人物和事迹;三是大力发挥新闻媒体的舆论宣传作用。

最后,践行社会主义核心价值观以增强实践认同。社会大众只有在行为上能够自觉践行社会主义核心价值观,才真正实现了对社会主义核心价值观的实践认同。"应该坚守什么样的核心价值观,既是一个理论问题,也是一个实践问题"[②]。因此,为了达到社会主义核心价值观认同的最终目的和归宿,我们需要构建社会主义核心价值观的实践平台,进一步建立和拓展相应的实践活动渠道,通过志愿实践活动,将社会主义核心价值观的理想信念和行为准则落实到社会大众的日常行为中。一是弘扬志愿精神,促进志愿主体多元化。"奉献、友爱、互助、进步"是对当前中国志愿精神的总体概括,其作为一种高尚的、先进的价值观念,与社会主义核心价值观这种有优秀底蕴的主流意识观念有诸多契合点,相得益彰。弘扬志愿精神,需要扩展参与志愿活动的主体力量。一方面,我们需要号召社会各界人士,不论性别、民族、学历、年龄、职业、宗教信仰及社会地位,都有义务参与到社会志愿活动中来,努力形成一支人员众多、结构合理、覆盖面广

---

① 邓伯军:《大众文化对马克思主义意识形态话语权的影响及对策研究》,《宁夏党校学报》2012年第4期。
② 《把核心价值观化为全民行为准则:学习贯彻习近平总书记五四重要讲话精神之三》,《北京日报》2014年5月9日。

的志愿活动团队。另一方面，我们还需要鼓励志愿活动的服务对象也可以跳出受助者的框框，借助自己在受助活动中汲取的力量，将平等互助的爱心理念散播出去，形成积极向上的舆论优势，让更多的人了解、认识到践行社会主义核心价值观的益处。二是推进形式多样的志愿活动持久深入开展。就目前而言，志愿活动内容涵盖了政治、经济、社会、民生等多个方面，但以社会志愿活动为实践渠道提升社会主义核心价值观的实践认同，不仅需要注重社会志愿活动形式上的创新，还要关注志愿活动的持续开展。坚持志愿活动长期有序地持续性实施是一项系统性工程，我们不仅要坚持持续性、系统性、组织性、创新性等原则，最重要的是要构建志愿活动的长效性机制。

综而观之，提升社会主义核心价值观认同所要遵循的内在机制及实施路径与微公益时代公民慈善的良性发展路向有殊途同归之妙：针对当前我国社会地区间发展的差异性、税收制度不健全、社会保障制度不完善等现实情况，公益慈善作为调节贫富差距的第三次收入分配领域，可以基于社会道德和公平原则而对社会资源和财富实行有针对性的、弹性的分配，在很大程度完善了我国社会主义市场经济条件下的分配制度和政策，是社会主义按劳分配制度的重要补充，因而肩负着通过整合社会资源关注弱势群体、改善民生的重要使命，这是利益机制的生动体现；人民大众对公民慈善的认可和践行同样需要遵循认知—情感—实践的过程机制，微公益可通过全开放式的信息平台为公民个体的积极参与奠定坚实的思想基础，同时通过促进公民个体自我道德素养的完善和自我价值的实现所产生的积极的道德情感体验去激励公民个体持续产生公益慈善的参与意愿，更重要的是通过建构保障公民权利的"微"平台、提供公民关注公共事务的"微"渠道以及形成提升公民参与有效性的"微"场域来推动政府和民间的良性互动。因此，通过培育和践行社会主义核心价值观，提升对社会主义核心价值观的认同，进而从价值上引领微公益时代公民慈善的良性发展不仅必要，而且可行。

第五章

微公益时代公民慈善的社会支撑

近年来,依托于互联网技术的迅疾扩张,公民慈善获得了诸多发展良机,小型化、非正式、虚拟性、模糊性、流动性、扁平型、平台型等是其鲜明特色。但正是因为这些特征,使得公民慈善的发展也面临着巨大的风险和挑战,其中公民慈善的公信力危机和可持续发展的专业性问题首当其冲。有鉴于此,为了营造及架构起有益于公民慈善发展的良性社会支撑,我们不仅需要提升公民慈善本身的透明度和公信力,而且也需要在助力公民慈善持续发展的专业性方面深耕细作、下足功夫。

第一节 公民慈善的透明度与公信力提升

公信力不仅是传统慈善,更是现代公益慈善发展的生命力所在。公信力的心理基础就是信任。在心理学中,信任是个人对他人言语、承诺和声明可信赖的整体期望,维持着社会稳定和共享价值,是一种相对稳定的信念。而在社会科学中,信任被认为是一种依赖关系。值得信任的个人或团体意味着他们寻求实践政策、道德守则、法律和其先前的承诺。相互依赖表示双方之间存在着交换关系,无论交换内容为何,都表示双方至少有某种程度的利害相关,己方利益必须靠对方才能实现。依据不同的语境,有关信任的讨论所意指的含义是不一样的,比如制度的、个人的、情感的、认知的、权力的、人格的、了解的、计算的、认同的、策略的、关系的等。① 在我国，信任还涉及诚实、真诚、忠义、善意、信誉、信赖、信用等伦理道德品质。② 显而易见，以信任为发展根基的公益慈善活动不仅有赖于信任心理，也关涉包括捐赠者、被捐赠者、政府、慈善团体、慈善机构、募捐平台等多个主体在内的信任关系。这对于微公益时代的公民慈善而言尤其如此。

一 网络公益慈善的公信力危机

随着互联网技术的飞速普及，网络社会作为现实人际关系在虚拟网络中的一种重现与拓宽，是人们在网络中基于共同话题、共同感情交流或其他共同归属性因素而形成的一种人际关系网络。③ 这种关系网络的建立不仅要靠面对面的熟人信任，更为重要的是依赖于能促发陌生人之间进行交流互动的陌生人信任。在微公益时代的公民慈善中，当面对数字化背景和诸多不确定性，只有出于这种反映人与人、人与技术平台、系统之间、互动过程中产生的倾向性信念或行为选择即网络信任才能真正推动网络信息的良性流动。而如果人与人之间意念和意识连接与交互的信任基础一旦被滥用，其后果必将是深重的信任重建代价。

2011年，对于中国公益慈善事业的发展无疑是负重前行的一年，从年初上海市卢湾区红十字会"万元餐"事件开始，到6月的"郭美美事件"，紧接着发生的中华慈善总会"假发票事件"、中国青少年发展基金会"中非希望工程事件"以及河南宋庆龄基金会公益医保和投资放贷相继被媒体和公众提出质疑，引发了官办公益慈善组织和机构有史以来最大的公信力危机。④ 主要表现就是社会捐款数以及慈善组织捐赠数额均出现锐减。据民政部的统计数据显示，2011年全国7

---

① ［美］埃里克·尤斯拉纳：《信任的道德基础》，张敦敏译，中国社会科学出版社2006年版，第70—71页。
② 翟学伟：《诚信、信任与信用：概念的澄清与历史的演进》，《江海学刊》2010年第5期。
③ 李迎生：《慈善公益事业的公信力建设论析》，《中共中央党校学报》2015年第6期。
④ 朱健刚、赖伟军：《2011年民间公益发展报告》，杨团主编：《中国慈善发展报告（2012）》，社会科学文献出版社2012年版，第45页。

月份社会捐款数为5亿元,和6月相比降幅超过50%;慈善组织6—8月接收的捐赠数额降幅更是达到86.6%。而据北京市红十字会披露的数据显示:2012年7月,北京市红十字会共接受社会捐款28笔,总计15.44万元。其中个人捐款8笔共7495元,较往年大为减少。而北京市红十字会在2008年的月平均捐赠额为124万元、2009年的月平均捐赠额为220万元、2010年的月平均捐赠额为756万元,两相比较,差距巨大。遭遇"落差"的并非只有北京市红十字会,深圳市红十字会在事件后的所收捐款几乎为零。上述两家红十字会有关人士此前均曾表示,捐赠额锐减和"郭美美事件"不无关系。当官办公益慈善组织因公信力问题不断被推向风口浪尖之时,网络公益慈善的崛起也使得其公开透明问题开始受到更大的社会关注与拷问,如"罗尔"事件、"亿加爱心互助平台"集资诈骗案、微信"轻松筹"骗捐事件、"冰花男孩"事件、黑土麦田事件等网络公益慈善危机频发,让人们很容易把骗捐、诈捐、套捐等网络骗局与网络公益慈善联系在一起。据一项网上调查显示,29.58%的网友表示遇到"微公益"会捐款,"虽然数额不大,积少成多可以帮助更多人";近半数网友则表示"不会捐",认为"无法知晓捐款最终去向";还有网友则表示观望,"看捐给谁"。而在"你最关注这种形式的公益项目哪方面"的问题上,超四成网友选择了"能否对网友有一个公开账目,实现透明捐赠";其次是"捐款额的用途是否明确";然后是"怎样监督是否真实如数捐赠"。[①]

二 网络公益慈善公信力不足的表现

网络公益慈善的公信力不足首先表现在互联网慈善信息的真实性不足。网络公益慈善因其准入门槛低,公民个体均可根据自己的需要发布求助信息或自愿对网络平台发布的求助信息实施捐助,因而呈现出极大的个人随意性和随机性。这种随意性和随机性也同时滋生着信息的良莠不齐,从而导致网络平台的虚假信息无孔不入。如"水滴筹"是2016年上线的社交筹款平台,也是目前国内免费大病筹款的

[①] 《小善筑大爱——网络"微公益"时代来临?》,http://edu.zjol.com.cn/system/2011/05/23/017541677_02.shtml.

开创者，截至 2018 年 9 月，水滴筹累计筹款金额超过 100 亿元，服务 80 多万名经济困难的大病患者，汇聚了 3.4 亿次爱心捐赠人士指尖的温暖，其创始人兼 CEO 沈鹏入选 2020 年 5 月《财富》中文版发布的"中国 40 位 40 岁以下的商界精英"榜单，成为我国互联网大病救助领域的领军代表人物。但就是这样一个荣誉等身、社会信誉良好的网络互助平台有时也因富有争议的筹款事件而一度深陷公众信任危机：

  据《南国早报》报道，来自广西南宁的四川传媒学院的一名大二学生黄某某病重，于 2018 年 7 月 3 日被下达病危通知书，初期治疗费预计需要 30 万元，其母亲便想到通过水滴筹这个网络筹款平台为女儿筹款。经过网友 2210 次转发和 9253 次捐款，最终筹到的 252621 元被其母亲于 7 月 11 日成功提现。7 月 19 日，黄某某出院。然而，事情随后就发生了变化。有网友发帖爆料称黄某某家有房有车，质疑她家人这样筹款的合理性。对此，黄某某则在 QQ 空间发帖回骂，称：我妈能挣钱关你什么事？老子家里住的房就算几百万关你什么事？最后，迫于事情曝光后强大的舆论压力，黄某某选择在 QQ 空间上向网友道歉，水滴筹官方也于 7 月 25 日到当地与当事人协商退款事宜，并于 7 月 20 日通过微博发表声明称，今后将要求筹款人提交房、车等证明其经济情况的信息。[①]

  2019 年 5 月 7 日，德云社相声演员吴帅（艺名吴鹤臣）突发脑出血而住院救治，其家人为其在众筹平台"水滴筹"上发起金额为 100 万元的众筹。然而网友发现，吴家经济状况较好，在北京有两套房产、一辆车，却在众筹时还勾选了"贫困户"标签。但据记者了解，目前大病众筹平台的筹款上限均为 50 万元，但对于材料审核把关都比较宽松，只需简单填写姓名、疾病名称、医院、费用等内容就可以发起筹款。平台客服人员表示，因为每期筹款期限只有 30 天，可以一边筹款一边补充其他相关材料。

  近日，水滴筹"扫楼筹款"事件再次令大病众筹平台陷入公

[①]《筹款 25 万救女被曝有房有车，患者怒怼网友后道歉。水滴筹回应：已安排退款！》，https://www.sohu.com/a/243655366_671778.

众信任危机。根据相关视频,水滴筹在很多城市招募"筹款顾问"。他们中很多人以医院为驻地,"扫楼"引导患者发起筹款,却不审核筹款涉及的疾病及治疗费用、筹款人经济状况等信息。患者完成筹款申请后,"筹款顾问"按单获得提成。一项本应为低收入家庭提供救命稻草的公益事业,却变成了部分人中饱私囊的"提款机"。但如果不创造商业价值,大病众筹平台又如何运营下去?左手慈善、右手生意的互联网公益平台该何去何从?[①]

根据水滴筹的操作流程,求助者需要在水滴筹 APP 或公众号中点击"发起筹款",在弹出的界面中按照引导填写目标金额、筹款标题、求助说明等信息,包括图文展示,以帮助赠予人加强对这个求助项目的了解。其中,说明信息包括:你是谁,家住哪里,患了什么病,预计要花多少医疗费,还差多少钱;等等。信息描述时需要添加能够证明求助人及患者身份、患者患病情况、治疗花费情况等相关照片,并且需要在求助说明里填写详细描述,便于爱心人士全面了解项目并实施赠与行为。完成填写后点击"提交"按钮就可以了。筹款完成后,接着点击左下角"管理我的筹款",选择提现并填写提现申请后提交。需要注意的是,一旦提现申请通过审核,系统会进行 24 小时的公示期,公示期间无异议,水滴筹会在 1—2 个工作日内将资金打款至求助人或患者账户。这一套流程从理论上而言合情合理,但不断频发的危机事件也表明筹款信息的真实性审核问题是互联网公益慈善平台当前难以逾越的障碍。虽然水滴筹平台方对此表示"限于目前个人家庭资产情况普遍缺乏合法有效的权威核实途径,平台采取覆盖筹款发起、传播、提现等环节的全流程动态审核,借助社交网络传播验证、第三方数据验证、大数据、舆情监控等技术和手段对筹款项目进行层层验证",但显而易见,将互联网慈善信息的真实性落到实处还有很长的一段路要走,"诈捐""虚假信息"始终是互联网公益平台挥之不去的阴影。

网络公益慈善的公信力不足还表现在"善款"具体使用的透明度不足。除了慈善信息的真实性问题,"善款"具体使用的透明度问题

---

① 张品秋:《互联网公益深陷信任危机》,《北京晚报》2019 年 12 月 5 日。

也是网络公益慈善的诟病之一,主要包括:一是善款后续处理的说明不足。某个募捐项目如果达到了募捐目标已完成,但有些平台并未给出善款的具体使用说明;而如果未完成募捐目标,也没有对已募集到的善款作何处理(转给求助者,还是退还给捐款者?)的信息反馈说明。二是善款的具体使用数据不详。有些募捐项目有捐款明细,也有进展记录,但当捐款金额超过受益人求助的数额导致二者不一致时,对后续资金的处理情况却没有相应的明确说明;有些募捐项目虽然可以按照《慈善法》的要求定期公开信息,但具体的资金使用情况并没有说明,也没有票据。如"冰花男孩"事件中善款被有关部门"统筹使用"的消息就曾引发了广大网友的质疑:

事件回顾:

2018年1月9日,云南省昭通市鲁甸县转山包小学三年级学生王福满的照片在社交媒体上获得大量关注。照片中,王福满衣着单薄,手里拎着一个装着书的袋子,双颊冻得通红,头发、睫毛和眉毛结满冰霜,像顶着一丛雾凇,身后的同学们笑得前俯后仰。其时,是学校教师用手机拍下当时的场景,发给当地校长,后者又将其传到网上。一夜之间,王福满成了全国关注的网络红人,网友将他称为"冰花男孩"。

一天之内,微博上关于"鲁甸冰花男孩"的话题阅读量近1700万,并持续发酵。据荆楚网消息,截至1月16日14时,公开网络平台涉及"冰花男孩"的信息共3.3万多条,相关微博近1.5万条,新闻4300多条。此外,新闻客户端、微信文章、论坛、博客、报刊、政务和视频渠道纷纷跟进。国外权威媒体也进行了报道。

1月9日,共青团云南省委、省青联、省少工委、云南省青少年发展基金会、云南省志愿者协会联合发出"青春暖冬行动"倡议书,号召社会帮助家庭经济困难青少年、留守儿童温暖过冬,快乐过年。据云南省青少年发展基金会披露,在发出倡议的第二天(1月10日)"青春暖冬行动"所募集的首批10万元善款便被送到转山包小学及附近高寒山区学校。在转山包小学,王福满和其他的80名学生一起,每人领到500元的第一批"暖冬补助"。

通报发出后，一则题为《云南官方收 30 万善款，"冰花男孩"仅得 500》的帖子引发了公众对中国公益的信任危机。文章引述多人发言，质疑捐款由云南青基会统一接收是垄断捐赠渠道，称此举可能导致善款被截留，难以悉数用于受助者身上。该文还称，社会各界捐赠到云南省青基会的 30 万元善款中，"冰花男孩"只领到 500 元。当地政府和云南青基会随即被推上风口浪尖。

对此，鲁甸官方进行了回应："青春暖冬行动"面向的是鲁甸全县的"冰花男孩"，并非是为王福满个人设置的捐助活动；所接收的善款属于不特定用途捐赠，如果捐款有明确指定信息，将根据捐助人意愿发放；对于善款的使用，也将接受外界监督，项目进展和筹款来源明细会保持日常更新。[①]

"冰花男孩"事件伴随着事态的进展出现了众多质疑的声音，质疑的焦点就在于这笔善款的具体使用情况。虽然这一事件最终有了一个较好的结局，但这也表明网络公益慈善在筹集善款、使用善款方面但凡出现透明度方面的瑕疵，都能触动公众的神经，进而引发公信力危机。

除了互联网慈善信息的真实性和善款使用情况的透明度不足以外，慈善募捐的目的性不纯也极易打击网络公益慈善的公信力。近年来随着网络捐赠成为"慈善金矿"受到社会追捧，一些看中"事件营销"背后商业利益的人开始利用个人求助的灰色地带，事件曝光后，参与捐款的民众却被与"慈善"宗旨不相符合的现实给予了沉重一击，"罗尔事件"就属于这类募捐的典型案例。

罗尔事件回顾：

2016 年 11 月 29 日晚，一名患白血病 5 岁小女孩父亲罗尔卖文救女的事件刷爆了微信朋友圈。文章转发一次，小铜人公司就

[①] 参见章伟升《"冰花男孩"事件背后的乡村教育困境》，杨团主编：《中国慈善发展报告（2019）》，社会科学文献出版社 2019 年版，第 414—416 页。

第五章 微公益时代公民慈善的社会支撑

给女孩捐一块钱的"募捐"方式引起了网友的疯狂转发,微信打赏也源源而来。在刷屏的文章《罗一笑,你给我站住》中可以看到这样一句话,"他没有选择公益捐款,而是选择卖文,每转发一次就可以获得小铜人公司一元的捐赠"。正是这句话让微信的打赏功能变成募捐功能。11月30日凌晨至上午,打赏超过200万。

11月30日下午,罗尔女儿所在医院深圳儿童医院做出回应,截至29日,罗一笑住院期间的医保报销比例为82.28%,其自身花费不到4万。

随后,网友开扒罗尔名下财产:其名下除了深、莞两地三套房产外,还有两辆汽车和一个广告公司。同时因为医疗费用的负担远不像罗尔所说那么重,网友纷纷质疑这是一场配合微信公众号的"带血的营销",致使罗尔迅速被卷入舆论漩涡。

面对舆论的失控,深圳市民政局于12月1日介入调查。最终对善款的处理办法为将由公众号所获资助及小铜人捐助共计260多万原路径退还给网友。[①]

轰轰烈烈的罗尔"卖文救女"事件以捐款原路退给赞赏者而暂时告一段落。在这次事件中,罗尔是否真的存在骗捐,无论是从法律层面还是社会层面,都存在争议。但我们需要看到这次事件背后真正受到伤害的人,不是当事人罗尔和小铜人,甚至也不是捐款的广大群众,而是成千上万急切等待社会捐助的真正需要帮助的人。正如新华社在《猎取善良透支社会信用 必须被叫停》一文中所评论的那样,"如果放任善良被肆意窃取变卖,博名、博利、涨粉儿,让大众一次次经历狼来了式的愚弄,最终恶果便是整个社会的信任被透支。这种社会信任的透支将导致真正需要帮助的孩子在怀疑中失去求生的最后机会……互联网捐助必须追求更多'程序正义',因为善心不应该成为营销套路猎取的目标,'猎取善良'透支社会信用必须被叫停。"

[①] 部分内容参见 https://wenku.baidu.com/view/c25fac9c81eb6294dd88d0d233d4b14e85243ecc.html。

三 提升网络公益慈善的透明度和公信力

网络公益慈善的公信力不足直接导致公众对网络公益慈善的信任度下降，极大地破坏了微公益时代公民慈善发展的社会土壤并扼杀了其未来的发展可能和空间。因此，提高网络公益慈善的透明度并进而提升其公信力，是网络公益慈善获取社会支撑的重要突破口。

据民政部中民慈善信息中心于 2011 年发布的《中国慈善透明报告（2011）》显示：如果按照慈善信息披露的完整性、及时性、准确性、公众获取便利性四个方面设置监测的多项指标，每项指标满分为 100 分，则接受调查的 1000 家慈善组织的平均分为 33 分。如果以 33 分为及格分，达到 33 分的有 483 家；而若以 60 分为及格分，达到及格线的则只有 82 家。其中，中国红十字会、中华慈善总会、中国红十字基金会、中国青少年发展基金会这些大型公益慈善组织的透明指数排名都很靠前，中国红十字基金会、中国青少年发展基金会分别在公募基金会中排名第二和第三，中国红十字会总会和中华慈善总会分别在红十字会系统和慈善会系统中排名第一，但这些组织也因为信息不透明都曾经在 2011 年遭受过空前的质疑。报告还显示，在接受网络调查的公众中，选择"很关注慈善组织信息"的人占 64%，与 2010 年相比，这一比例提高了 10%；表示不关注的人占 14%，与 2010 年相比，这一比例降低了 13%。可见，2011 年公众对慈善信息公开的关注度有了进一步提高。2011 年公众希望获得信息的热情尽管比 2010 年有了较大提升，但还是只有 24% 的公众表示曾经获得过公益慈善组织的信息。从满意度来看，仅有 8% 的受调查公众对公益慈善组织的信息公开状况表示满意，这一比例与 2010 年的 9% 相比，略有下降。造成这种结果的原因，一是与 2011 年持续的慈善"问责风暴"和网民对整个社会诚信的质疑情绪蔓延有关，另外也说明包括捐赠人和受益人在内的社会公众的权利意识、问责意识提高较快，微博等新媒体技术使信息获取方式改善较大，而慈善组织的透明度建设速度缓慢。① 其实早在 1999 年出台的《公益事业捐赠法》就对公益慈

---

① https://baike.baidu.com/item/2011 年度中国慈善透明度报告/5632862？fr = aladdin.

善组织的信息披露作出了规定，但因条文粗疏、覆盖面窄而成为"花瓶规定"。2011年《公益慈善捐助信息公开指引》公布，作为中国公益慈善领域首个有关信息公开的指导性文件，明确了公益慈善机构公布捐助信息的时限和内容，但也因约束力低而收效甚微。据《中国慈善透明度报告（2011—2014）》数据显示，2011年我国慈善信息披露透明度得分仅为33分，此后几年虽有所提高，但平均得分一直低于50分。而慈善信息透明度及格率也非常低，2014年仅23.3%，从而导致社会公众对信息披露的满意度一直较低。2014年，虽然满意度有所提高，但也仅仅达到28%。另外，《中国公益慈善组织透明度观察报告2013—2014年度》也显示，我国公益慈善组织的信息透明度平均得分仅为35.49分，及格率仅为8.6%。而从各项信息透明度的得分情况看，业务信息得分率最高，为45.0%，监督信息得分率最低，为21.6%，其中财务信息在所有信息中透明度最低，得分率仅为20.28%。此外，中基透明指数FTI2018显示，2018年全国纳入指数的4960家基金会的FTI均值仅为33.55分（满分为100分），且有182家基金会FTI得分低于1分（较之2016年增长了3倍多）。[1]

2016年9月《中华人民共和国慈善法》颁布实施，2018年9月《慈善组织信息公开办法》也发布实施，慈善信息披露主体模糊、信息公开内容流于形式、信息公开统一平台缺乏等诸多问题在某种程度上也得到了一定的解决。2019年7月29日，民政部举行2019年第三季度例行新闻发布会，这是民政部组建慈善事业促进和社会工作司后首次向媒体集中介绍工作开展情况，其中媒体的关注点之一就是"网络募捐监管"。会后，中国新闻社发布《中国进一步规范慈善组织网络募捐行为》《如何加强网络募捐监管？民政部：网上备案 一网可查》，央广网发布《民政部：网络募捐监管网上备案 推动实现慈善信息全国"一网可查"》，《光明日报》刊发《民政部：让网络募捐活动更透明、更规范》，人民网发布《民政部：慈善信息"一网可查"违法违规将进"黑名单"》，新京报网发布《慈善信息将实现全国"一网可查"》，国际在线发布《中国进一步加强网络募捐活动监管》，等

---

[1] 转引自姜丽美《慈善信息公开存在的问题与对策探析》，《华北水利水电大学学报》（社会科学版）2019年第4期。

等。这些报道对民政部进一步规范互联网慈善，让网络募捐活动更透明、更规范采取的措施进行了详细介绍。这不仅表明我国政府进一步提升慈善公信力的决策和决心，也反映了目前我国慈善信息透明度提升的向好趋势。但即便如此，影响慈善信息透明度的一些因素仍然值得我们关注。

其一，信息披露的问责方式主要是一种事后问责，事前预警的功能较弱。在《中华人民共和国慈善法》中，慈善问责集中在以下几方面：一是对慈善组织问责（第98条、99条、100条、101条、102条、103条、104条和106条），尤其是第101条和102条对慈善组织没有履行相应的信息披露义务进行问责；二是对假借或者冒充慈善名义骗取财产的自然人、法人或者其他社会组织问责（第107条）；三是对县级以上人民政府民政部门及其工作人员问责（第108条）；四是对慈善信托的受托人问责（第105条）；五是对未履行《慈善法》规定的验证义务的广播、电视、报刊以及网络服务提供商进行问责（第27条等）。而《慈善组织信息公开办法》第20、22、23、24、25条也均规定对慈善组织没有履行相应的慈善信息披露义务进行相关处罚。① 很显然，这种事后问责的单一方式只能起到亡羊补牢的作用，而违法行为所产生的负面社会影响势必仍会影响我国慈善事业，尤其是如今迅疾发展的网络公益慈善的健康发展。因而，如何强化信息披露问责的事前预警功能就显得格外重要和迫切。

其二，募捐伦理在实践层面的边界有待厘清。2017年"99公益日"期间，腾讯公益平台的6466个公益项目共获得来自1268万人次的8.299亿元捐款，加上腾讯公益慈善基金会的2.9999亿元配捐额和爱心企业配捐的1.77亿元，2017年"99公益日"总计募捐金额超过13亿元，再度刷新了国内互联网募捐纪录。② 巨额配捐诱发了公益行业的"套捐"现象，虽然腾讯表示对机器刷单持"零容忍"态度，并表示将启动第三方独立审计与核查，但目前尚无公益机构因此受到

---

① 姜丽美：《慈善信息公开存在的问题与对策探析》，《华北水利水电大学学报》（社会科学版）2019年第4期。
② 《腾讯汇报99公益日"战况"1268万人次捐款8.299亿元，加配捐超13亿元》，《公益时报》2017年9月12日，http://www.gongyishibao.com/html/yaowen/12462.html。

惩罚。而针对在2015年就出现过的"套捐"现象,腾讯公益运营团队改进了配捐规则,但更为严密的规则并没有遏止套捐行为,反而这一行为已成为公益行业内公开的秘密。公益筹款人联盟的《99套捐,支持还是反对》问卷调查结果显示,约七成受访者表示需要事后做假账平账的"套捐"是不应容忍的,而约三成受访者表示"为了公益,用点手段也正常"。而对于将捐款找志愿者分批捐,则有约28%的受访者表示"不应容忍",而有30%的受访者认为"完全没毛病"。有人提出各类套捐都违背了腾讯作为捐赠者的捐赠意图,而且损害了公众对公益慈善组织的信任与评价,公益组织必须严格自律反对套捐。而也有人认为这是"站着说话不腰疼"。剩下的人表示对双方都能理解。[1] 显然,在理论层面,就公益慈善事业而言,"套捐"这一做法不对是能达成共识的;而到了具体的实践层面,"为了机构的生存能否做不对的事"则存在着很大的争议。有鉴于此,随着网络募捐规模的不断扩大,募捐伦理在实践层面的边界如何厘清不仅会直接影响到网络公益慈善的公信力与社会评价,而且会在很大程度上影响其未来的健康良性发展。

其三,信息披露的优待政策或奖励机制。信息披露需要支付一定的成本,中小型慈善组织往往会因为资金方面的受限而没有能力也没有动力进行透明建设。以美国为例,美国是世界公认的第一慈善大国,其慈善事业的蓬勃发展,并不意味着美国人的慈善心超过其他国家,而是与其一套完善的法律法规,特别是其中一系列的优惠政策有着直接关系。如在联邦《国内税收法典》中对所有满足相关条款的慈善机构免除其慈善业务收入的公司所得税,不仅如此,给予向慈善机构捐赠的组织和个人税收抵扣(个人可享受的税收优惠最高可达当年税前收入的50%,公司则为税前收入的10%)。这无疑是其慈善组织进行信息披露最重要的动力。比较而言,我国慈善组织信息披露还未与其是否能享受税收优惠、获得政府购买服务支持以及表彰奖励等政策优惠直接挂钩,因而在某种程度上也抑制了慈善组织做到信息公开的主动性和积极性。

---

[1] 孙叶竹:《"一元购画"等刷爆朋友圈 网络募捐机遇挑战并存》,杨团主编:《中国慈善发展报告(2019)》,社会科学文献出版社2018年版,第321—322页。

其四，信息公开的内容与公众的需求之间可能存在一定差异。目前我国的《慈善法》和《慈善组织信息公开办法》等相关法律法规要求慈善组织公开其基本信息、财务信息和活动信息。如关于公开的内容，《慈善法》规定慈善组织的章程和决策、执行、监督机构成员信息以及国务院民政部门要求公开的其他信息，以及每年的年度工作报告和财务会计报告，以上信息的公开对象均为全社会范围，而非仅仅是组织向上负责的资助方、政府主管部门等对象，可见信息公开是非常彻底的。但是根据2015年透明监测结果和公众满意度调查结果显示，84.7%的组织未公开项目效果，而"公益项目效果"在"公众希望了解的公益慈善信息"中位列第三，说明项目效果是目前公众比较期待而未披露的信息。此外，慈善机构对于公益项目合作方的合作方式和内容、公益性项目评估以及总结等方面的信息披露仍是"短板"，而这也是公众极为关注的内容。① 因此，如何从关注捐赠和财务信息透明转向项目质量、效益的控制与评估，靠实实在在的服务效益赢得公信力，也是推动发展网络公益慈善需要思考的一个方面。

当然，网络公益慈善的公信力并不局限于其透明度，因为信息的透明并不必然意味着其拥有科学的决策和执行机制，也不必然意味着其策划的公益项目能带来良好的社会效益，但不可否认的是，网络公益慈善的透明度是体现其公信力的重要方面。只有采取相应策略及措施保障和维护网络公益慈善的透明度并进而提升其公信力，才是网络公益慈善良性发展的必然选择。正如有的学者所言，公益慈善组织没有公信力，就没有社会大众的认可，没有社会大众认可便没有慈善捐赠，没有慈善捐赠，慈善组织就没有办法也没有必要存续，这是一个非常清晰的内在逻辑。②

第二节 公民慈善的持续性与专业性发展

微公益因其草根性特征摆脱了传统公益活动组织范围的束缚，扩

---

① 高静华：《慈善透明的困境与治理策略》，《中国社会组织》2018年第15期。
② 周秋光、彭顺勇：《慈善公益组织治理能力现代化的思考：公信力建设的视角》，《湖南大学学报》（社会科学版）2014年第6期。

大了公益参与主体的广泛性,这种灵活性使得微公益项目的数量得以持续增加,但在一定程度上却可能导致微公益活动内部的松散性和非持久性,很多微公益项目最后仅表现为一种随手公益,从而极大地浪费了微公益理应发挥的效能。因此,为了提高其效率以及发挥其更大的效能,微公益要做的不仅仅是好人好事,而是需要逐步转化为组织化的公益慈善。但这并不意味着个人性的"随手公益"的消失,而是意味着即使是看起来的随手公益,也需要得到公益组织的有效推动和引导,以使其可持续。[1] 因此,苦练内功,优化内部治理结构,造就一支富有爱心、业务精湛的专业人才队伍就成为微公益实践的应有之义。

什么是公益的专业性？伴随着随手公益走向专业公益的大势所趋,这一问题引起了人们的关注和热烈讨论。朱健刚教授认为,专业性的公益指的并不是社工执照、各种证书的资格认证,专业性的公益包括很多方面,其中最重要的一点是对所需要解决的事情有深刻的了解,对自己机构所在社区存在的问题有所觉察。这种对社会问题的专业知识,可能来自于长期关注相关议题所搜集的信息和生活经验,可能来自于为了解决问题所做的行动研究。[2] 中国狮子联会的良性发展就很好地诠释了如何从随手公益向专业公益、从松散型团队向专业性团体转型,并进而发展成为一个专业性的公益组织的经验。

国际狮子会在中国的发展[3]

国际狮子会（International Association of Lions Clubs）于1917年在美国成立,迄今已经有100多年的历史,是一个典型的慈善服务团体。其会员遍布全世界206个国家和地区,超过135万

---

[1] 朱健刚：《公益慈善的十个趋势：从地方经验到法治慈善》,朱健刚主编：《中国公益慈善发展报告（2014）》,社会科学文献出版社2016年版,第4页。
[2] 朱健刚：《2012全民公益发展报告——跨界合作、策略联盟与专业转型》,朱健刚主编：《中国公益发展报告（2012）》,社会科学文献出版社2013年版,第41页。
[3] 夏循祥、景燕春、刘艺非：《志愿组织的专业转型：以中国狮子联会为例》,朱健刚主编：《中国公益慈善发展报告（2014）》,社会科学文献出版社2016年版,第317—328页。

人，是世界上最大的志愿者组织。狮子会以社区服务为宗旨，秉承"我们服务"的座右铭，以"赋予会员以能力服务于他们的社区，满足人道需求，鼓励和平并促进国家间的理解"为组织使命，希望最终达成"成为社区和人道服务的全球领导人"这一愿景。狮子会不涉及政治、宗教、种族和国别等问题，在全球范围内开展医疗卫生、公民教育、助残护老、减灾扶贫、环境保护等多个领域的服务项目。

早在20世纪40年代，在天津和青岛，外国商人们就已经将狮子会带到中国，并成立了青岛狮子会。中国是世界上第三个发展狮子会会员组织的国家。后因战事停止活动。1997—2002年，国际狮子会重新开始在中国活动，与中国卫生部、中国残联合作开展了为期5年的"视觉第一·中国行动"。至2015年1月，已在深圳、广东、大连、青岛、北京、浙江、沈阳、陕西、哈尔滨、四川、云南、海南12个地区设立了代表处和会员管理机构。一直以来，中国狮子联会遵循"自主建会、独立运作、坚持宗旨、依法办事"的办会原则，坚定不移地走中国特色的发展道路，摸索出符合中国国情的组织形式和运作模式，在弘扬人道主义思想、激发社会活力、推进公益慈善事业发展等方面发挥着积极的作用。

狮子会服务活动的"专业化"体现在如下几个方面：①服务项目程序化。一个项目从最初的提出、申报、实践、总结、报账、记录，各地已经有了比较顺畅的流程。如哈管会就出台了所有的"服务纲要"，服务计划精确到日期，非常有计划性。②服务活动经常化。地区之间的服务队基本形成常规的合作机制。比如浙江的少管所项目有20多支队伍参加，各地也有多个服务队对同一福利社区联合服务。但对于各种活动信息，服务队层面的交流还需要加强。③服务对象本土化。各地管委会尤其是新发展的区会都着力加大本土服务项目品牌的提升，减少外地项目。比如浙江狮子会有人对于浙江的服务队参与云南"狮爱井"项目提出过不同看法：搞那么多人去照相，来回的路费比打井还贵，导致钱没有花到最关键的地方，服务没有落到实处。因此，服务对象的本土化将随着狮子会在更多地方的设立而成为常态。④服务内容流程化。由于服务活动经常化、内容日常化，因此进行服务时，谁负责什么，前面做什么，后面做什么，都有了基本的流程。⑤服务焦点日常化。除了重大自然和社会灾难中的统一行动外，狮子会不主张进行重大疾病救助，越来越比较注重社区日常服务，更贴近实际，惠及面更广。比如哈管会为孤寡老人一个月理一次发、洗两次澡，让服务对象能够感受到日常生活中的关爱和帮助。如此，在服务队层面就能获得资金支持。⑥服务态度平等化。大多数"狮友"将狮子会定义为参与式的公益慈善组织，具有使会员成长的功能，是社会和谐的重要推进器，并日益强调尊重帮扶对象，通过服务来倡导平等理念，强调赋权。

显然，狮子会在推进志愿组织的专业性转型中主要通过服务行动的项目化和模式化来实现。虽然狮子会主要关注的是社区服务，但其服务模式化中的服务活动经常化、服务内容流程化还是非常值得网络公益慈善中随手公益的专业化转型借鉴的。除了公益慈善活动本身流程及内容的规范及专业外，造就一支富有爱心、业务精湛的专业人才队伍也是提升网络公益慈善持续性和专业性的必然趋势。上海真爱梦想公益基金会在这方面就积累了非常丰富的经验。

专业思维在公益中的应用[①]

上海真爱梦想公益基金会是一家由金融机构和上市公司的专业管理人员发起与运营的公益机构，2008年8月14日在上海民政局注册成为地方性非公募基金会，并于2014年转型为公募基金会。

"梦想中心"是真爱梦想基金会深入乡村孩子素养教育的切入点。基金会希望通过学校教室的改造，打造一个图书馆式的环境，来激发学生对学习的兴趣，培养学生阅读的习惯，提升学生综合的素养能力。但等硬件条件具备后，孩子们并未加以充分使用。受到华东师范大学课程与教学研究所所长崔允漷教授的启

---

① 陈一丹等：《中国互联网公益》，中国人民大学出版社2019年版，第97—104页。

发，要提升贫困地区孩子们素养，不仅仅需要一间好教室，更需要一个好的课程。于是，2008年底，真爱梦想基金会与崔教授的团队进行合作，设计了"梦想课程"。

"梦想课程"的专业性就体现其专业团队对课程的设计上，是崔教授的团队在吸收了大量国内外教育界先进研究成果后设计而成的。崔教授的团队也是基础教育课程标准的制定团队之一，这就保证了"梦想课程"的体系能够和国家基础教育课程完美衔接。同时，真爱梦想基金会也意识到这是一个快速发展的时代。一成不变的课程体系不能够跟上时代发展的步伐，也不能帮助学生培养最需要的知识和能力。因此，基金会的课程研发团队和崔教授的团队也在持续不断地对课程进行着迭代和升级。每年，基金会都会根据最新的理论和教学情况推出一些新的课程，并做小范围的试点和科学的评估。只有通过科学测评的新课程，才能在更大范围内推广。而所有的梦想课程在开展后，还要进行后续的评估，如果评估效果不好，则可能会被替换掉。课程的设计、试点、展开和后续的评估，这其中的每一步都体现着基金会对专业性的要求和坚持。

也正是因为上海真爱梦想基金会对专业性的要求和坚持，得到了社会公众的广泛认可。2014年，在真爱梦想基金会获得公募资质、能够直接向公众进行筹款后，基金会与互联网公益的结合也更为紧密，并在当年就作为公募基金会进驻腾讯公益平台。数据显示，2018年的"99公益日"，真爱梦想基金会共上线132个项目，有近41万人次用户参与真爱梦想基金会项目捐款，共筹集善款近2438万元。真爱梦想基金会的"梦想儿童素养教育"项目上线后共筹集善款5639万元，捐款总人数近100万，成为教育领域的明星项目。

上海真爱梦想基金会的"梦想课程"因为有一支专业的教师团队，从而能够提供专业化、连续性的服务。对于网络公益慈善而言，能否吸引专业人员的加入同样是最终影响其服务效率和质量的关键因素。因而，制定人才的认证制度和评价办法、加大人才的引进力度、完善专职工作人员的相应保障政策、建设合理的人才选拔、引进和流动机制等都是吸引专业人员加入时需要考量的重要环节。就目前国内的情况而言，在专业人员培养及引入存在大量缺口的情况下，加大志愿者服务培养的规模和力度是一条值得尝试的实践路径。

2017年是中国志愿服务制度化建设元年。习近平总书记在党的十九大报告中指出，要加强"志愿服务制度化建设"；2017年6月7日，《志愿服务条例》经国务院第175次常务会议通过，由国务院于2017年8月22日发布，自2017年12月1日起施行，全国志愿服务信息系统也于2017年6月23日正式上线。根据《2018年中国志愿服务发展指数报告》显示：2018年度的志愿者数量为19810.76万人，其中实名注册的达到14877.88万人，注册率达到10.66%，比上年增长25%，这也是自2013年开展全国志愿服务指数测量以来的新高；2018年度活跃志愿者合计总数为6230.02万人，占全国志愿者总数的31.45%，比去年增加了137万人，但是依然有68.45%的在册志愿者未参与2018年度的志愿服务；2018年度的志愿服务参与率为4.5%，比上年增长0.1个百分点；2018年贡献志愿服务时间总计为21.97亿小时，比上年增长22%；志愿者贡献价值为823.64亿元，比上年增长50%；志愿服务组织合计为143.30万家，比上年增长了9%。而通过2013—2018年五年的志愿服务发展指数可以看出，我国的志愿服务发展总体呈现快速增长势态：志愿者与活跃志愿者增长率超70%；志愿者服务时间及其贡献价值增长率翻番；志愿者组织数量翻番；注册志愿者出现较明显的增长态势，6年来增长了102%，但注册志愿者的活跃率维持在20%—30%，而非注册志愿者的人数虽然仅为注册志愿者人数的1/3，但其活跃率却为70%—80%，贡献也接近于注册志愿者贡献的2倍。由英国慈善救助基金会（Charities Aid Foundation）于2018年11月发布的《2018世界捐赠指数报告（WGI）》显示，中国在2018年度被调查的145个国家中，捐赠指数排名第142名（倒数第三），其中志愿者人数8400万名，志愿者捐赠时间率为7%，排名第133名（倒数第11名），比2017年上升五位。① 而与美国志愿服务时间比较，中国参与志愿服务的志愿者人数

---

① 翟雁、辛华、张杨：《2018年中国志愿服务发展指数报告》，杨团主编：《中国慈善发展报告（2019）》，社会科学文献出版社2019年版，第54—65页。

与美国接近，但是人均服务时间近 30 小时，年度贡献服务总时间为 18 亿小时，为美国的 55%。[1] 综而观之，从 2013—2018 年，中国志愿服务的发展呈明显的上升趋势，但若在国际范围内与其他国家进行横向比较，我国志愿服务发展的上升空间还是很大的。除了需要应对志愿服务的区域不平衡及行业规范不足等问题外，如何激发实名注册志愿者的活跃率也是值得我们关注的主要问题。

美国不仅是世界第一大经济体，也是世界上公益最为发达的国家，其公益文化一方面来源于基督教的行善传统，另一方面则是民众参与公共事务的志愿精神。如今，美国作为互联网公益慈善的开创者和引领者，其 20 余年来无论是筹款、倡导，还是线上线下联动公益模式的创新和经验，都值得我们认真研究和参考借鉴。

技术赋能 + 公益：GOOGLE[2]

在互联网公益领域，搜索巨头 Google 也没有缺席。然而与 Facebook 和 Amazon 更多关注用户有所区别，GOOGLE 的互联网公益模式更多聚焦于通过互联网平台和技术对公益机构和公益行业进行扶持。Google 绝大多数的公益活动都是通过其旗下的非营利组织 GOOGLE. ORG 进行的。通过 Google.org，Google 在种族平权、教育和数字化技能、残障人士关怀和支持，以及危机应对等多个领域开展了一系列的公益项目。

以帮助印度偏远地区的孩子阅读书籍为目标的"普拉松图书"（Pratham Books）是 Google.org 的重点项目之一。普拉松致力于将英语和印地语的图书翻译成印度地方语言文字，以便于偏远地区的孩子进行阅读。它推出了在线阅读平台 Storyweaver 来连接读者、作者和翻译者，然而由于翻译力量的缺乏，每年能够翻译为地方语种的书籍非常有限。

Google 与普拉松图书开始合作后，一方面对公益机构进行资

---

[1] 翟雁、辛华：《2017 年中国志愿服务发展指数报告》，杨团主编：《中国慈善发展报告（2018）》，社会科学文献出版社 2018 年版，第 59 页。

[2] 陈一丹等：《中国互联网公益》，中国人民大学出版社 2019 年版，第 252—253 页。

金上的赞助，另一方面将自身的技术能力开放给普拉松图书。Google 不仅提供了自身开发的基于机器学习的翻译 API 和音译工作，还通过 Google 的工程师志愿团队为普拉松图书提供技术指导。在 Google 的帮助下，翻译的效率大幅提升，有更多的书籍被翻译成了印度地方语言。截至 2018 年，在 Storyweaver 平台上已经有超过 20000 本被翻译的图书，平台的活跃用户数超过 50 万。

"普拉松图书"公益项目的成功在于将技术赋能和志愿者（志愿团队）的完美结合，这种更为开放和创新的策略使得互联网公益慈善不仅仅只局限于筹款或捐款，而是让人们看到了"科技＋公益"的更多可能。志愿者及其团队通过互联网科技的技术赋能，可以打通线上线下的联动模式，不仅可以让参与志愿服务更为便捷，也可以让志愿服务本身的效率和质量水平大力提升。

互联网公益节日：Giving Tuesday[①]

Giving Tuesday（星期二捐赠日）是近年来美国大型的公益慈善活动之一，举办时间为每年美国感恩节之后的第一个星期二，创办目的是鼓励个人、家庭、公益机构、企业和公司各界以捐献自己的时间、金钱、技能等多种形式，用独立的、有创意性的方式帮助社会弱势群体等所有需要帮助的人。从 2012 年开始举办以来，Giving Tuesday 的覆盖范围已经逐步拓展到多个国家和地区。该活动由比尔及梅琳达·盖茨基金会、Paypal 提供支持。

Giving Tuesday 活动通过线上与线下相结合的方式进行，鼓励机构和个人通过不同的渠道参与到 GIVING TUESDAY 中来。对于个人而言，有多样化的方式参与到 GIVING TUESDAY 活动中，例如捐款、志愿服务、分享公益慈善故事等。Giving Tuesday 鼓励个人参与到社区志愿服务中，在其官网上提供了链接，方便个人参与者搜索附近的公益慈善组织，并参与某一项志愿服务；个人参与者还可以直接通过社交平台或公益慈善组织官网进行捐赠；当

---

① 陈一丹等：《中国互联网公益》，中国人民大学出版社 2019 年版，第 261—264 页。

人们参与了公益慈善活动后，也可以通过社交平台分享自己的经历，如分享#Unselfie、#Mygivingstory 话题相关的内容。

Giving Tuesday 的公益成果显著，全球参与度比较高。2016 年的活动中，18% 的美国民众都对 Giving Tuesday 这个公益日有所了解，比例较高，凸显"全民公益"浪潮。活动当天，话题#Giving Tuesday 一直高居主流社交媒体的话题榜首。在 2017 年的 Giving Tuesday 中，5 个被提及最多的话题是：公众和社会利益、人性化服务、教育、健康、环境和动物保护。

Giving Tuesday 对美国的互联网公益产生了巨大的影响。其成功不仅仅在于充分利用了互联网技术的便捷性，更是在于对参与的形式上创新。如当人们参与了某项公益慈善活动和志愿服务后，鼓励大家通过社交平台分享自己的经历，这一举措对于提升参与者的参与感至关重要。这一点尤其值得我们参考和借鉴。因为当前随着我国公民自我意识的觉醒，与之相应的公益精神与一般做好事的利他主义不同，不是基于积德行善修下生下辈的交换思想，也不是为了体现自己的高尚品德而对他人予以帮助的情操思想，更不同于政府收税而行使公共事务权利的"为人民服务"。它是基于一种用自己的剩余财富和剩余时间去自主介入利他的社会公共事务，从而履行公民的社会责任，或曰通过这种利他的公共事务介入寻求自己的公民社会体验或者自我价值的实现，这属于人的高阶社会需求行为——自我实现或自我价值追求。[①] 这也是公民身份认同的价值目标。反观我们 2017 年上线的全国志愿服务信息系统，里面虽然有"志愿项目"和"志愿团体"栏目可以方便志愿者找到适合自己参与的志愿团体和志愿项目，充分发挥自己的主动性和积极性，但"志愿风采"一栏却不是志愿者说出自己的故事，反而是一种宣传式的报道，这实则堵塞了志愿者本人通过分享自己的志愿服务故事从而提升自己志愿服务体验的渠道，从长期来看，并不利于志愿服务的良性发展。

综上所述，致力于推进公益慈善项目本身的专业化（包括服务内

---

① 何道峰：《2011 年——中国公民意识之群体觉醒元年》，杨团主编：《中国慈善发展报告（2012）》，社会科学文献出版社 2012 年版，第 6 页。

容的项目化和模式、程序化等),建设和打造专业的公益慈善人才队伍,大力举措加快志愿者的队伍建设以及提升志愿服务的质量和水平等,都是推动互联网时代公民慈善专业化发展的重要参考路径。只有提升了网络公益慈善服务于大众的专业性,才能在获得大众认可和支持的同时,推动自身的持续性发展,并最终进入一个良性发展的运行轨道。

第六章

微公益时代公民慈善的法治保障

网络公益慈善的实质在于将承载着真善美的事物借助互联网技术传递到社会的各个角落，其主体扩大、途径增多、信息传播加速等不同于传统慈善的突出特点大大提升了现代公益慈善的效率，在缓解政府筹资负担、多途径保障患者生命健康权、优化教育、保护环境、弘扬社会主义核心价值观等多方面积极助力，并将继续发挥积极影响。但也正如前文所述，网络公益慈善迅疾发展过程中所产生的公信力危机极大阻碍了其积极影响的充分发挥。为了恢复互联网公益慈善的正面形象并继续发扬其积极力量，除了价值层面要坚持社会主义核心价值观的引领、通过推动互联网公益慈善自身的规范化和专业化发展以提升其社会信誉以外，完善公益慈善领域的法治建设进而从制度层面为公民慈善保驾护航也是微公益时代公民慈善良性发展亟须解决的关键环节。

第一节 慈善立法的历程及实施现状

伴随着我国慈善事业发展，慈善立法也经历了几起几落：从近代大规模移植西方立法的民国时期兴起，到中华人民共和国成立之后"消亡"了近四十年，再到今日又随着慈善事业的复兴而经历了从分散立法到集中制定《中华人民共和国慈善法》，发展历程十分曲折。[1]

---

[1] 吕鑫：《当代中国慈善法制研究：困境与反思》，中国社会科学出版社2018年版，第87页。

一 慈善立法的兴起及其发展

1912年1月，中华民国成立。此后，虽然历经南京临时政府、民国北京政府和南京国民政府等政权交替，但因这一时期的自然灾害频繁且危害严重，慈善事业在这一时期反而有了初步的法制化发展。1912年8月，北京政府通过制定《内务部官制》将包括"赈恤、救济、慈善"等事业的监管职责赋予内务部，并相应通过1914年7月颁布的《内务部厅司分科章程》等规章予以细化。1921年10月，北京政府颁布《赈务处暂行条例》，在内务部内设赈务处以负责监管涉及赈务的救济、慈善活动。此后又在1924年10月颁布了《督办赈务公署组织条例》和《附设赈务委员会》，对其监督赈务职责予以细化。[1] 南京国民政府成立后，也开始制定一些关于慈善事业的专门法律文件，这一时期的民间慈善事业在政府的统一指导和监督下，逐步走上有序发展之路。如由国民政府内政部于1928年5月颁布的《各地方救济院规则》（以下简称《规则》）就是这一阶段慈善事业在法制化建设方面的主要立法表现。《规则》共八章，涵括了其指导性纲要和具体实施细则，并对地方的慈善机构作了详细的规范。第一章总纲部分，即规定了救济院的基本原则，诸如救济院的设置及施济对象、院务管理、经费来源及名称变更等。救济院分为养老、孤儿、残废、育婴、施医、贷款六所，并要求各省、县因地制宜，根据本地实际情况，或分别缓急设立，或合并办理。第二章至第七章，则对救济院内设六所制订有详尽规定。如养老所应配置方便老年人生活起居的设施、场所，保持清洁，避免感染等。在第八章附则中还规定各救济院的款项及办理实况须按月上报或公布及奖励捐助者等事宜。[2] 南京国民政府不仅通过《规则》对社会救济事业进行了统一规划，之后还通过发布《管理各地私立慈善机关规则》《监督慈善团体法》《监督慈善团体法施行规则》《寺庙兴办公益慈善事业实施办法》《佛教寺庙兴办慈善公益事业规则》等一系列法规来加强对民间慈善团体、私

---

[1] 吕鑫：《当代中国慈善法制研究：困境与反思》，中国社会科学出版社2018年版，第89—90页。

[2] 周秋光、曾桂林：《中国慈善简史》，人民出版社2006年版，第263—264页。

立慈善组织（机关）、宗教性慈善组织及其活动的监督和管理，这对于当时的慈善事业的制度化发展产生了积极的促进作用。

> 各地方慈善事业由私人或私人团体集资办理者一律维持现状，但须受主管机关监督。
> ——《各地方救济院规则》第12条

> 慈善组织（机关）需将机关名称、所在地址、所办事业、财产状况以及现任职员姓名履历详细造册，呈报主管机关核查并转呈内务部备案。
> ——《管理各地私立慈善机关规则》第2条

> 慈善团体不得利用其事业为宗教之宣传或兼营为私人谋利之事业；发起人应具有一定的资格，如或为名望素著操守可信者，或曾办慈善事业成效卓著者，或为热心公益慷慨捐助者；主管部门应随时督查慈善团体办理情形及其财产状况；对于办理慈善事业卓有成绩者由主管部门呈请省政府或国民政府予以褒奖。
> ——《监督慈善团体法》

> 慈善团体设立时应先得主管官署之许可，再依民法社团或财团之规定，将应行规定之事项造具清册，呈报主管官署核定。其财产在五千元以下者当报内政部备案；在五千元以上者专报备案主管官署当报或专报内政部时，在省由省政府在特别市由特别市政府转报之。
> ——《监督慈善团体法施行规则》第3条

> 寺庙兴办公益慈善事业，应由主管官署组织"寺庙兴办公益慈善事业委员会"斟酌当地需要及经济情况统筹办理。
> ——《寺庙兴办公益慈善事业实施办法》

> 寺庙应在每年的年终，将慈善事业的办理状况及收支情形报主管官署和佛教会备案评定，并呈报内政部备查。
> ——《佛教寺庙兴办慈善公益事业规则》第8条

民国后期，中华民国立法院于1943年9月颁布了《社会救济法》。为了保障《社会救济法》的有效实施，一方面通过吸收民国前期颁布的《监督慈善团体法》的相关立法规定从而确立其慈善立法的核心地位，另一方面则通过颁布《社会救济法施行细则》《奖助社会福利事业暂时办法》《救济院规程》《管理私立救济设施规则》《私立救济设施减免赋税考核办法》《旧有基金管理委员会组织规程》等一系列政策法规来配合《社会救济法》的施行。至此，从某种意义上可以说，民国已经构建起了相对完整的慈善立法体系。①

1949年中华人民共和国成立之后，面对如何有效地维护社会稳定和治理国家的巨大困难，中央人民政府需要做出一个重大抉择，即如何处理民国时期制定的法律，是予以接受，还是废止后重新制定？这一选择会牵涉后续相关的一系列问题。针对旧有的法律法规，董必武的"砖瓦木石论"指出，唯有拆掉旧房的砖瓦和木石，才能在此基础上盖新房。② 根据这一观点，人民政府对民国时期的法律法规采取了不予接受的态度，这也意味着民国时期相关的慈善立法也失去了其相应的法律效力。而对于废止后是否需要重新慈善立法，时任中华人民共和国政务院副总理、中央政法委员会主任的董必武在1950年4月24日召开的中国人民救济代表会议上发表了题为《新中国的救济福利事业》的报告，集中阐述了人民政府对慈善事业的认识："救济福利事业不再是统治阶级欺骗与麻醉人民的装饰品，也不再是少数热心人士的孤军苦斗，而是政府和人民同心协力医治战争创伤并进行和平建设一系列工作中的一个组成部分。……我们肯定中国人民是能够自救自助的，而且已经获得自救自助之不可磨灭的成绩……（而）我们新民主主义国家的救济福利事业，应该是在人民政府领导之下，以人民自救自助为基础而进行的人民大众的救济福利事业。"这一认识不仅将过去的慈善事业定性为"伪慈善"，而且主张新中国应当构建以政府为主导的社会救济福利制度。此后，伴随着《中国人民救济总会章程》《社会团体登记暂行办法》《关于处理接受美国津贴的文化教育救济机关及宗教团体的方针的决定》《接受外国津贴及外资经营之文化教育救济机关及宗教团体登记条例》等一系列文件、政策、制度

---

① 吕鑫：《当代中国慈善法制研究：困境与反思》，中国社会科学出版社2018年版，第92页。

② 参见蒋燕玲、刘晶瑶《论董必武立法思想对当代中国法治建设的启示》，《社会科学家》2009年第5期。

的颁布，人民政府开始了对国内外慈善组织（机构）的大规模改造和建立政府主导的社会保障制度。这一举措的直接后果体现为旧的慈善组织逐渐消失，而新的慈善组织在政府主导的社会保障制度下也难以成立，从而导致慈善的重新立法显得毫无必要。至此，民国时期构建的相对完整的慈善立法体系全面瓦解，慈善立法开始进入令人非常遗憾的近四十年的消亡期。

二 慈善立法的再次复苏

随着改革开放以来的社会转型与变迁，当原有的以政府为主导的社会保障制度难以解决越来越凸显的社会救济难题时，人民政府开始从实际出发重新认识并思考慈善事业的价值与意义，这无疑为慈善事业的"复兴"及慈善立法的"复苏"创造了条件及机遇。

从1981年中国儿童少年基金会的成立至1994年中华慈善总会的创立，是慈善事业在大陆逐渐复兴的15年。[①] 1981年7月28日，中国儿童少年基金会在北京成立，这是慈善事业开始复兴的重要标志。作为一个非营利性的全国性社会团体，中国儿童少年基金会为我国儿童少年教育福利事业，尤其是贫困地区少数民族地区的儿童少年教育福利事业做了大量的工作。如旨在救助贫困地区失学女童重返校园的大型社会公益活动"春蕾计划"开办至今已超30年。截至2019年10月的数据显示，"春蕾计划"共接受社会爱心捐款21.18亿元，有2784万人次的捐赠，直接帮助女童超过369万人次，捐建春蕾学校1811所，为52.7万人次大龄女童进行职业教育培训，发放以女童保护为主要内容的护蕾手册217万套。"春蕾计划"覆盖了全国31个省区市及新疆生产建设兵团，其中，西南、西北地区支出额最高。按资助额、资助人数划分，排名前十的省份依次是四川、贵州、甘肃、新疆、云南、青海、江西、湖南、西藏、河北。除了中国儿童少年基金会，1982年成立的宋庆龄基金会、1984年成立的中国残疾人基金会、1994年成立的中华慈善总会等慈善组织虽然仍有浓厚的官办色彩，但因其由过去的政府全额拨款开始尝试着向社会民间募集，强调社会大众的广泛参与和积极互助，这与以政府为主导的社会保障制度已经有

[①] 周秋光、曾桂林：《中国慈善简史》，人民出版社2006年版，第383页。

了质的区别,为我国慈善事业的全面复兴注入了新的活力。

　　慈善组织的成立及慈善活动的开展必然会推动慈善立法的发展进程,因为这是慈善事业进一步健康发展必不可少的制度保障。1994年11月30日,民政部颁布《社会福利性募捐义演管理暂行办法》,旨在对社会福利性募捐义演进行管理,维护捐赠者和受捐赠者的合法权益,保证社会福利性募捐义演的健康发展。1998年10月25日,国务院颁布《社会团体登记管理条例》,旨在保障公民的结社自由,维护社会团体的合法权益,加强对社会团体的登记管理;同日《民办非企业单位登记管理暂行条例》也相应颁布,对于如何规范民办非企业单位的登记管理做了更为细致的规定。1999年6月28日,九届全国人大常委会十次会议审议通过了《中华人民共和国公益事业捐赠法》,旨在鼓励捐赠,规范捐赠和受赠行为,保护捐赠人、受赠人和受益人的合法权益,促进公益事业的发展。这是中华人民共和国成立以来通过的第一部慈善公益方面的法律,标志着当代中国的慈善事业开始正式步入法制化的轨道。

　　紧随其后,2000年5月12日,为了规范救灾捐赠活动,加强救灾捐赠款物的管理,保护捐赠人、救灾捐赠受赠人和灾区受益人的合法权益,民政部颁布了《救灾捐赠管理暂行办法》;2001年4月28日,为了调整信托关系,规范信托行为,保护信托当事人的合法权益,促进信托事业的健康发展,全国人大常会委颁布了《中华人民共和国信托法》;2004年3月8日,为了规范基金会的组织和活动,维护基金会、捐赠人和受益人的合法权益,促进社会力量参与公益事业,国务院颁布《基金会管理条例》;2006年1月12日,为了规范基金会、境外基金会代表机构信息公布活动,保护捐赠人及相关当事人的合法权益,促进公益事业发展,根据《基金会管理条例》的有关规定,民政部又颁布了《基金会信息公开办法》;2011年12月16日,为增强慈善捐助信息的透明度,提高公益慈善组织的社会公信力,引导公益慈善资源的有效使用,推动慈善事业持续健康发展,民政部颁布《公益慈善捐助信息公开指引》。以上这些法律、法规、管理条例及实施办法的相关解释和说明均可看作《慈善法》正式出台前的立法背景和执法依据。随着这些法律、法规、管理条例及实施办法的逐步实施,一系列现实问题也开始随之凸显出来,特别是这种分散立法的形式极易使得部分相关内容因散见于各部法律法规中而出现重叠、矛盾、模糊等问题，从而导致慈善立法在慈善主体、慈善组织和慈善监督三方面的困难[①]：慈善主体方面，根据《中华人民共和国公益事业捐赠法》的第九条"自然人、法人或者其他组织可以选择符合其捐赠意愿的公益性社会团体和公益性非营利的事业单位进行捐赠"，公民个人实则无权直接开展慈善募捐，此为公民个体慈善募捐的合法性困境；慈善组织方面，根据《社会团体登记管理条例》及《基金会管理条例》的"双重管理体制"[②] 相关规定，公民个人难以通过成立社会团体开展慈善募捐，但现实中的官办慈善组织却可以积极开展慈善募捐，这实为政府慈善的正当性困境；慈善监督方面，相关的法律法规及管理条例也因监督机制的缺失、监督范围的受限、监督内容及程序的尚未细化从而引发慈善监督的有效性困境。

三 《慈善法》的颁布及其实施现状

为了应对上述困境，慈善立法的工作其实一直在路上。2016年3月16日，《中华人民共和国慈善法》（以下简称《慈善法》）终于由中华人民共和国第十二届全国人民代表大会第四次会议通过，这距离民政部于2005年提出起草慈善事业方面的法律已近11年，真可谓"千呼万唤始出来"。这一曲折进程不仅说明了立法这一行为本身的不易，也反映出国家和政府对于慈善立法的慎重。《慈善法》的正式实施对于规范当前的慈善事业行为、推动慈善事业的健康发展具有重大的现实意义。

首先，集中立法的形式有效弥补了之前分散立法的不足。相较于之前分散立法容易导致的部分相关内容重叠、矛盾、模糊等问题，《慈善法》采取专章的形式分别对慈善组织、慈善募捐、慈善捐赠、

---

① 参见吕鑫《当代中国慈善法制研究：困境与反思》，中国社会科学出版社2018年版，第102—103页。

② 《社会团体登记管理条例》第九条：申请成立社会团体，应当经其业务主管单位审查同意，由发起人向登记管理机关申请筹备；《基金会管理条例》第九条：申请设立基金会，申请人应当向登记管理机关提交下列文件：（一）申请书；（二）章程草案；（三）验资证明和住所证明；（四）理事名单、身份证明以及拟任理事长、副理事长、秘书长简历；（五）业务主管单位同意设立的文件。即都要受"业务主管单位"和"登记管理机关"的"双重管理体制"，这使得公民难以成立慈善社会团体。

慈善信托、慈善财产、慈善服务、信息公开、促进措施、监督管理等与慈善活动相关的慈善行为全部做了具体规定，这种集中立法的形式使得慈善活动的全面实施与开展可以做到有法可依、有章可循，不可谓慈善立法的一大跃进。

其次，"大慈善"概念的设定，体现了社会共享的发展理念。《慈善法》在总则第一条明确规定"为了发展慈善事业，弘扬慈善文化，规范慈善活动，保护慈善组织、捐赠人、志愿者、受益人等慈善活动参与者的合法权益，促进社会进步，共享发展成果，制定本法"，这是《慈善法》的立法宗旨，也与传统慈善局限于扶危济贫的"小慈善"有所区别。《慈善法》第三条对慈善活动范围的规定[①]明确了公益性作为慈善的本质属性，不仅以立法的形式确认拓宽传统慈善的活动范围，而且也与中共十八届五中全会报告中所强调的"坚持共享发展，必须坚持发展为了人民、发展依靠人民、发展成果由人民共享，作出更有效的制度安排，使全体人民在共建共享发展中有更多获得感，增强发展动力，增进人民团结，朝着共同富裕方向稳步前进"[②]的"共享发展"理念完全契合，这对于提升整个社会的慈善意识大有裨益。

最后，促发推动配套规范性文件及制度的落地与实施，进一步完善了公益慈善活动的制度保障。自党的十八大以来，依法治国建设被提到了更为重要的地位，"推进法治中国建设""全面推进依法治国""建设社会主义法治国家"等话语反复在重要的政策及文件中被提及，而《慈善法》作为新时代立法体制改革的成果之一，一经出台自然受到万众瞩目。但《慈善法》的出台并不代表慈善领域的法治效果立竿见影，其落地与实施也需要其他相关配套制度的配合，因而在某种程度上形成了促发实施相关配套制度的契机。2017年，伴随着《慈善

[①] 《慈善法》第三条：本法所称慈善活动，是指自然人、法人和其他组织以捐赠财产或者提供服务等方式，自愿开展的下列公益活动：（一）扶贫、济困；（二）扶老、救孤、恤病、助残、优抚；（三）救助自然灾害、事故灾难和公共卫生事件等突发事件造成的损害；（四）促进教育、科学、文化、卫生、体育等事业的发展；（五）防治污染和其他公害，保护和改善生态环境；（六）符合本法规定的其他公益活动。

[②] 《中国共产党第十八届中央委员会第五次全体会议文件汇编》，人民出版社2015年版，第13页。

法》的施行，民政部等相关执法部门持续为配合《慈善法》实施制定了大量配套规范性文件，建构了一些配套制度，其中包括《慈善信托管理办法》的正式出台，《慈善组织保值增值投资活动管理暂行办法》《慈善组织信息公开办法》及《社会组织信用信息管理办法》的公开征求意见①，还有《关于公益性捐赠支出企业所得税税前结转扣除有关政策的通知》《慈善组织互联网公开募捐信息平台基本技术规范》《慈善组织互联网公开募捐信息平台基本管理规范》《关于红十字会开展公开募捐有关问题的通知》《关于对慈善捐赠领域相关主体实施守信联合激励和失信联合惩戒的合作备忘录》等一系列与慈善相关的配套性文件。不仅如此，地方层面有关慈善法的配套力度也非常大，如已于 2018 年 3 月 1 日正式施行的《江苏省慈善条例》、2019 年 1 月 1 日正式施行的《浙江省实施〈中华人民共和国慈善法〉办法》、2019 年 2 月 1 日正式施行的《安徽省实施〈中华人民共和国慈善法〉办法（草案征求意见稿）》等。

  据最高人民法院中国裁判文书网收录的裁判文书显示，涉及《慈善法》及相关配套法律法规的案件在逐年增多，这不仅从侧面验证了颁布与实施《慈善法》及相关配套法律法规的必要性，同时也说明慈善事业领域的有法可依正在逐步改善我国慈善事业的制度保障环境。但与此同时，我们也应清醒地认识到，有法可依只是完成了慈善领域法治建设的第一步，落地实施的《慈善法》的实际效果与我们理想中的期待尚存在一定的距离：其一，前文提及的慈善立法在慈善主体、慈善组织和慈善监督三个方面的困难在《慈善法》中依然没有得到很好的解决。《慈善法》虽然以集中立法的形式弥补了之前分散立法所导致的部分相关内容重叠、矛盾、模糊等问题，但这种集中是分散基础上继承式的集中，原先分散立法中未解决的问题并未得到有效的突破，因而困难依然存在。其二，虽然《慈善法》的配套规范性文件数量逐年持续增加，但最重要的两大配套制度，即有关慈善组织登记管理的社会组织三大条例和慈善税收优惠政策却迟迟未能完成修订和出台，这势必会影响《慈善法》的执法力度和效果。不仅如此，《慈善

---

① 马剑银：《2017 年中国慈善法治发展观察报告》，杨团主编：《中国慈善发展报告 (2018)》，社会科学文献出版社 2018 年版，第 96 页。

法》与相关立法之间的融通性也还有待观察，融通不好所产生的衔接缝隙也会让《慈善法》的施行效果大打折扣。总而言之，从出台到实施，完美实现慈善法治并非易事，这其中取得了很大的成绩也存在着不少问题，需要我们不断面对、反思、修正，并继续前行。

第二节　微公益时代公民慈善的法治困境

正如前文所述，《慈善法》的落地实施面临着不少问题与困惑，具体到互联网领域的公民慈善也不例外，如引发众多关注的"罗尔事件""同一天生日"就存在诸多争议，而《慈善法》实施中所面临的慈善主体、慈善组织和慈善监督这三个方面的困难在互联网公民慈善领域尤为突出，迫切需要相关慈善立法的权威解释，从而以更为明确、清晰的执法推动微公益时代公民慈善的健康发展。

一　公民慈善的主体资格受限

《慈善法》虽然允许"自然人、法人和其他组织以捐赠财产或者提供服务等方式"开展慈善公益活动，但也严格限定必须是公开取得募捐资格的慈善组织才可以开展公开募捐，并同时规定对"不具有公开募捐资格的组织或者个人开展公开募捐的"可以予以处罚。这实则变相禁止了公民个体直接开展募捐。换言之，没有取得公开募捐资格的个人在媒体及其他信息平台上发布的求助信息不在《慈善法》的规定范围内，反过来也可以说，没有取得公开募捐资格的个人经发布求助信息而产生的一系列公益慈善行为是不受《慈善法》保护的。2016年8月30日由民政部、工信部、国家新闻出版广电总局、国家网信办联合颁发的《公开募捐平台服务管理办法》的第十条规定：个人为了解决自己或者家庭的困难，通过广播、电视、报刊以及网络服务提供者、电信运营商发布求助信息时，广播、电视、报刊以及网络服务提供者、电信运营商应当在显著位置向公众进行风险防范提示，告知其信息不属于慈善公开募捐信息，真实性由信息发布个人负责。随后2017年8月1日，民政部明确提出，在平台上进行募捐的主体应是获得公开募捐资格的慈善组织，其他组织、个人包括平台本身没有公开募捐资格。平台应明确告知用户及社会公众，个人求助、网络互助不属于慈善募捐，真实性由信息提供方负责。然而，现实中却存在着大量公民个体实施募捐的现实案例，这也是为什么大量的网络慈善案例会引发争议的原因所在。因为，按照现行法律规定，个人求助、网络捐赠的相关问题及争端、纠纷需要依靠《民法》《刑法》《合同法》等其他法律法规来调节，但事实证明，这些相关的法律法规并不能恰当地处理好经由网络求助所引发的诸多问题。这实为公民慈善的合法性问题。

与中国不同，美国政府对于公募权没有严格管制，而是将公民慈善募捐视为一项重要的公民自由，并基于本国宪法最重要的基本权利予以保护。美国对公民慈善募捐保护的基本规则是：（1）慈善募捐行为本身即包含了各种反映社会问题的信息，这使其成为一种受言论自由保护的"表达行为"；（2）无论直接对慈善募捐行为采取"事先抑制"的许可制，还是间接采取"经济规制"的方式，乃至于对募捐者采取这两种限制均侵犯了公民的言论自由。[1] 基于保护公民的慈善募捐自由的核心理念，美国于1986年由"全美检察官协会"（NAAG）制定的《模范慈善募捐法》（A Model Act Concerning the Solicitation of Funds For Charitable Purposes）就对"诈骗"募捐列举了八种情形：（1）缺乏有效证件；（2）带有各种欺骗性或者不公平的手段；（3）假借他人名义募捐；（4）模仿他人名称、标志等手段误导捐赠者；（5）以不真实的慈善目的骗取捐赠；（6）冒称已获得其他赞助者捐赠，以骗取捐赠；（7）以登记注册的事实，误导捐赠者其募捐行为获得政府的支持或同意；（8）在慈善团体的募集资金使用上造假，误导捐赠者捐赠。[2] 目的也在于保护那些具有真正慈善意愿的公民慈善募捐行为。除此之外，美国的税务减免政策在保障和监管公民慈善捐赠行为方面也发挥了重要作用。1913年的《税收法案》（Revenue Act of 1913）第一次对于非营利机构的税收减免作出了明确的规

---

[1] 吕鑫：《慈善募捐的自由与限制——美国经验的启示》，《浙江学刊》2011年第4期。
[2] 吕鑫：《慈善募捐的自由与限制——美国经验的启示》，《浙江学刊》2011年第4期。

定,而1917年的税收法案则首次明确了个人的慈善捐赠可以进行税收的抵扣。[1] 随着税收政策在其后多达十数次的修订,美国不仅通过税务优惠的细化和完善进一步强化了公民个人和非营利机构的捐赠激励,而且为了避免全国性法律可能造成的差异化缺失的情况,各州政府担任起监管非营利组织的主要责任。据统计,在全美50个州中,有45个出台了监管本州公益机构的法律,有些还对筹款活动的登记注册作出了更加明确的要求。这样,经过上百年的沉淀,美国通过其独特的公益管理体系和制度在保证公民积极参与公益慈善事业的同时,辅之以更了解具体情况的地方政府的监管,减少了欺诈、造假等现象的发生,让公益慈善募捐成为美国公民个人的一种习惯和理念。这种公益习惯和公益理念的良好阐发,我们在美国一家众筹公益平台Mightycause 的运行管理中可见一斑。

众筹 + 公益:Mightycause[2]

Mightycause 是一家总部设在美国的众筹公益平台,其前身为网络筹款平台 Razoo。Mightycause 平台通过互联网连接潜在捐赠人、公益机构和需要帮助的个人,使得资金不足的非营利机构和急需金钱救助的个人能够通过互联网筹款来获得足够的资金支持。

在 Mightycause 平台,众筹项目分为机构和个人两种类型。机构项目发起者需提供机构的名称和由税务部门统一发放的 EIN(employer identification number) 号,并且在平台上进行实名的注册认证。而个人只需要提供基本的个人信息和银行账号即可发起筹款项目。在进行注册后,机构和个人即可发起筹款,由平台的用户进行募捐。

对于个人的公益众筹发起人,Mightycause 也推出了一些有趣的新型玩法。个人项目的发起人可以在 Mightycause 平台上成立募捐团队,来为同一个项目进行筹款。但用户在捐赠的时候,仍然

---

[1] 陈一丹等:《中国互联网公益》,中国人民大学出版社2019年版,第220页。
[2] 陈一丹等:《中国互联网公益》,中国人民大学出版社2019年版,第255—258页。

是为团队中的个人而不是团队本身进行捐赠，这就在筹款团队内创造了竞争的环境，也能够更好地激发众筹发起人筹款的积极性。同时，Mightycause也积极利用Facebook、Twitter提供的接口，积极帮助众筹发起人和捐赠人通过互联网进行互动，来促使他们建立更加深入的连接。

机构和个人在Mightycause上完成部分或全部筹款后，还可以通过平台提供的信息披露模块，定期向捐赠人披露项目进展情况。通过项目的更新和反馈，用户能够更好地了解资金的使用和项目的进展状况，促使众筹发起人与捐赠人建立长期的信任关系。

除此之外，Mightycause平台还为发起捐款的机构和个人提供了数据分析、捐赠人画像和社交互动等一系列服务，来帮助项目发起人更便捷地配对潜在捐赠者，更好地进行筹款。对于一些有特殊需求的机构和个人，Mightycause还会为这些机构和个人进行定制化的服务，更加有针对性地满足它们对于项目个性化的需求。

众筹的低门槛和精细化的服务使得Mightycause已经成为美国规模较大、公众认可度很高的一家众筹募捐平台。

美国作为公益事业最为发达、大众公益活动参与度最高的国家，其互联网公益的发展路径虽然和中国有许多不同，但理解和把握美国在互联网公益发展的特色和独到之处，也可以为我们反思自己的问题提供可资借鉴的思路。美国基于宪法对公民言论自由和表达自由等基本权利的认可对公民慈善予以保护，这点针对我国的实际情况还有待商榷，但其通过各项监管措施保护公民慈善募捐自由背后所指向的深层价值导向却值得我们反思：我们每个人作为社会的一员，都有责任和义务为了构建更加公平、和谐和幸福的社会而去帮助社会中的弱势群体，这同样也是我们的权利所在。因此，针对国内公民慈善的主体资格受限问题，我们所要思考的可能并不是为了围堵、防范"欺诈"而限制公民慈善的主体资格，而应该是如何通过加强管理以及实施科学监管来确认和保护公民慈善的主体资格。

二 慈善组织的网络募捐平台规范问题

高效、活跃的互联网公益慈善疾速发展的同时,诈捐、骗捐的事情却也层出不穷,某些所谓的慈善组织也公然打着"公益慈善"的旗号进行网络欺诈。对此,为了规范和管理网络募捐,《慈善法》第二十三条明确规定了慈善组织进行网络募捐的相关细则:慈善组织通过互联网开展公开募捐的,应当在国务院民政部门统一或者指定的慈善信息平台发布募捐信息,并可以同时在其网站发布募捐信息。与此相呼应,民政部2016年公开遴选并指定了13家网络募捐信息公开平台(后退出2家),2018年又公示水滴公益、美团公益、滴滴公益、苏宁公益、中国社会扶贫网等知名互联网平台、慈善组织共9家平台入选。至此,民政部指定的互联网募捐信息平台增至20家。互联网募捐信息平台设立的目的就在于方便公众行使慈善,但同时也会因为自身的规范性问题而使得这些平台成为网络诈骗的温床。如被民政部多次约谈的水滴筹就是典型案例。

水滴筹暴露漏洞,"避风港原则"不应是理由[①]

进入2018年,水滴筹在公益慈善领域风头甚劲,不仅入围了第二批由民政部指定的互联网公开募捐信息发布平台,更在5月31日拿下了由中国社企论坛新鲜出炉的"年度大奖""医疗大健康"奖。但是,尽管在慈善界大受欢迎,水滴筹、轻松筹等互联网平台的个人求助业务模块长期存在颇为低级的漏洞。

最近,《南方都市报》记者以自己的身份实测水滴筹、轻松筹、爱心筹三大网络筹款平台,发现用伪造的诊断证明及住院证明可轻松通过三家平台的审核,对公众发布筹款求助信息,并在小范围传播后成功"提现"。值得特别关注的是,记者是以非常轻松的姿态通过三家平台审核的。据媒体报道,几大平台在审核的过程中主要查验求助者的医疗诊断证明,但是,医疗诊断证明

---

① 资料来源:http://www.csrworld.cn/portal_mobile-p_mobile_view.html?aid=6898。

的造假产业链是很成熟的。

事实上,早在水滴筹崛起之前,轻松筹在对个人募捐市场的迅速占领中,就发生了多宗骗捐事件,轻松筹也不止一次被民政部约谈,要求其加强对相关信息的审核,但长久以来,骗捐,或改变善款用途的情况并未有明显的改善,关于这一点,在慈善行业内部是公开的秘密。这些漏洞应该引起更大的关注,因为这些漏洞背后的风险有可能危及整个慈善生态的基石——信任。

目前,不少平台用所谓的"避风港"原则来推卸自身的责任。"避风港"原则是指网络服务提供商在只提供空间服务、并不制作具体内容、又没有被告知哪些内容应该删除的情况下,平台不承担法律责任。避风港原则的关键是"通知—删除"两个环节,所以,应用到网络筹款事件中,就是有举报,平台就必须有反馈,但要是没有举报,出事了平台免责。比如,在王凤雅事件中,平台就是免责的,板子打不到他们屁股上。

募捐信息平台自身的规范化问题所导致的相关争议也是制约网络公益慈善发展的重要因素。按照《慈善法》的规定,"慈善募捐"与"个人求助"是有严格区分的,因而每当有"诈捐""骗捐"等风波出现时,总会有专家以"个人求助"不是募捐从而不属于《慈善法》管辖范围的理由给予解释;但在公众看来,给需要帮助的人进行捐款,就属于捐赠。而每一次风波的结果不论如何,都无一例外地会打击公众对公益慈善事业的信任。这对于公益慈善事业的发展从某种程度而言是致命的。

英国慈善事业和公益文化的历史也很悠久,而随着互联网在英国的发展,新兴的筹款方式——网络筹款也迅速兴起。越来越多的英国公益慈善组织顺应这一时势,开始积极搭建自己的网络捐赠平台,以确保自己与公众沟通的有效渠道。针对蓬勃生长的网络捐赠现象,英国政府也出台了自己相应的管理政策,并设置募捐标准委员会、募捐协会以及公开募捐监管协会,以对英国的网络公益慈善领域进行专业而全面的管理。其中,募捐标准委员会负责监测并评判公众投诉,同时协同慈善部门提高募捐行为标准;募捐协会由职业募捐人组成,负责编写并出版募捐行为准则,同时对募捐标准委员会作出的评判进行评估；公开募捐监管协会则主要是对公开募捐进行监管。与此同时，英国《慈善法》和慈善委员会也对网络募捐作出了相关规定，涉及私人捐赠账户的使用、网络平台如何确保捐赠款项的使用、捐赠退款、捐赠者和募捐者不满及捐赠网站收费规定等领域。这无疑为捐赠者和募捐者以及网络平台的权益提供了保障，并厘清了它们各自的权责归属。[①] 由此对比可见，我国募捐信息平台自身规范化问题的原因除了囿于行业自律的水平以外，指向清晰、权责分明的政策说明及法律规定缺失以及独立的第三方行业评估组织缺乏也是其容易出现漏洞的重要因素。因此，针对网络求助出现的网络募捐平台规范问题，加快出台涵盖更为全面的网络募捐法以及第三方行业评估组织的设立，通过对募捐平台的准入、退出、惩戒、责任追究等问题进一步的明确以加强对网络募捐平台的动态监管，才是现实所需。

三　对网络慈善行为的监管缺乏可操作化细则

2020年10月31日，中国社会保障学会在京举行《中国网络慈善发展报告》发布会，报告涉及整个网络慈善事业发展、20家指定募捐平台发展和"99公益日"、水滴筹案例，以及网络慈善法制问题、个人网络求助法制建设等。报告将"网络慈善"定义为借助网络平台开展的各类慈善活动的总称，其核心是通过网络募捐和捐赠等活动来实现慈善之目的，它是随着互联网技术的广泛应用和"互联网+"意识的普及而在传统慈善模式基础上发展起来的新事物，是信息技术在慈善领域的应用，并对慈善活动、慈善方式、慈善组织的形态和管理乃至民众的慈善理念等产生互动与反馈。与此同时，报告还将网络慈善分为狭义和广义：狭义的网络慈善主要指受《慈善法》规制的互联网募捐，广义的网络慈善是指一切通过互联网平台开展的以帮助他人为目的的慈善活动。广义的慈善募捐不仅包括法定的互联网平台募捐活动，也包括其他各种利用互联网平台进行的慈善募捐与慈善服务等行为。[②] 很明显，报告对于广义和狭义的网络慈善区分是符合社会现

---

① 陈一丹等：《中国互联网公益》，中国人民大学出版社2019年版，第278页。
② 徐辉：《网络慈善需待以宽容但仍需加强法制监管》，https：//mp.weixin.qq.com/s/B6IY7Wm_WkD-y2-x7Bloaw。

实的，因为除了国家指定的互联网公开募捐平台，现实中还存在着大量没有公开募捐资格的组织与个人借助互联网开展相关公益慈善救助活动的案例，对这些活动及其全过程我们可以实现多大范围、多大程度的及时有效监管？这都是在网络公益慈善飞速发展过程中我们不得不面对也不得不重视的问题。"格桑花事件"就是在《慈善法》颁布之前因网络公益慈善行为所引发的监管争议。

青海"格桑花"危机事件[①]

"格桑花"是一个纯民间的自发公益组织，始于2004年。

创始人洪波是一家合肥医院的高级审计师。她在甘南碌曲县郎木寺旅行的时候，遇到因家庭贫困上不起学的拉毛草、卓玛草小姐妹，开始了自己的助学行动。在自己行动的同时，她还发动周边的朋友，不到两个月时间，就有100个青海的失学孩子找到了一对一的捐助人。

2005年2月19日，大连的志愿者于锋专门建了一个网站：格桑花西部助学，用于发布需要救助孩子的需求信息，同时公布志愿者发放助学金的过程和反馈领款表、孩子们的照片以及实地调查报告。由于网站上对于受捐孩子情况的梳理清晰、真实，捐款发放过程全部可以在线查寻，越来越多的人成为了格桑花的资助者和志愿者，年底就有1000个青海的孩子得到了救助。

随着发展加速，格桑花也开始在政府部门登记注册，并于2009年7月进一步在青海省民政厅注册为"青海格桑花教育救助会"。迄今为止格桑花共结对帮助了2400多个西部的孩子，总计得到社会募款达到2800多万元，成为了民间公益的典范组织。

然而就是这样一个机构却在2011年遭遇一场"信任"危机。

2011年8月，一些捐助人开始在格桑花网上发帖向管理层质疑，提出格桑花财务"两本账"、会员名单造假、涉嫌签订秘密协议等问题，随后相关行业媒体进行了跟进报道，一时间中国最

[①] 《格桑花事件第三方评估出炉 谁为公益成本买单》，https://gongyi.qq.com/a/20111227/000012.htm。

大的草根公益组织格桑花陷入诚信漩涡。很多网民提出,民间自发的草根公益组织都要失信于民,中国公益还有谁人可信?

　　随后,独立第三方机构瑞森德公司开始对格桑花历年来的注册证件、财务报告、合同文件、合作方以及项目点等进行了深入走访。12月18日,评估报告最终出炉,评估结果显示:格桑花组织身份符合法律法规;"财务公开系统"接受全社会监督,获得了大多数捐助人的高度认可和信任,财务管理能力优秀。不过报告也指出,在管理方面,格桑花交易审议和决策机制仍有不足,沟通机制尚不健全。

　　格桑花的危机事件虽然最后得到了较为完美的收场,但这一事件本身却也暴露了网络公益慈善行为难以有效监管的难题。例如,"格桑花"最为突出的监管难题就在于其慈善组织成员分散,难以实现民主决策与有效监督。因为民主决策要求充分的交流与讨论,一旦组织规范不严谨、议事规则不明确,民主决策便难以得到保障,很可能落为几个网络实际操作者的决定,加之成员的青年化、网络的隐蔽性以及成员间权利与义务意识的淡薄,同样难以做到有效监督。[①] 而理应对此提供说法和依据的《慈善法》对于网络募捐的规定其实仅停留在一般性要求和相关部署上,缺乏可操作化的针对性的执法举措,不仅如此,整合《社会团体登记管理条例》《基金会登记管理条例》《民办非企业单位登记管理暂行条例》的《社会组织管理条例》等重要配套法律法规的修订制度也使得《慈善法》对网络募捐平台的规制明显滞后,严重影响了《慈善法》的执法实效。对此,当下急须解决的除了尽快完善立法,从规则制定、信息披露、平台管理等内容加强对网络公益慈善行为的有效规制外,还应通过相关配套法律法规的制定厘清各部门的监管职责,强化监管合力,从而让《慈善法》的实施真正落地。

[①] 柳翠:《互联网慈善立法研究》,硕士学位论文,西南交通大学,2018年。

第三节　改善微公益时代公民慈善的制度环境

"没有规矩，不成方圆。"邓小平也曾指出，"制度好可以使坏人无法任意横行，制度不好可以使好人无法充分做好事，甚至走向反面"，"制度问题带有根本性、全局性、稳定性和长期性"。中国的微公益作为一项新生事物，不论是在规模上还是在数量上与欧美发达国家相比都有一定的差距。因此，制度建设在微公益发展壮大的过程中是不容忽视且须重视的关键一环。在现有的社会大背景下改善微公益时代公民慈善的制度环境，我们不仅需要重视以社会主义核心价值观引导制度的顶层设计，而且需要加快完善《慈善法》的相应法律制度配套，同时还要加强包含政府、媒体、社会大众在内的监督体系建设。

一　以社会主义核心价值观引导制度的顶层设计

改善微公益时代公民慈善的制度环境，其现实指向即为建立一套行之有效的制度体系。而一套行之有效的制度体系的实施前提是社会成员对这一套制度的认同及认同程度，确切地说，是对制度能否蕴含、体现和实现社会的共同价值理念和价值追求的肯定及认可程度。[①]慈善作为实现分配正义的一条路径，其要解决的实为民生问题，即要满足各利益主体的利益需求，而这也是社会大众认可这样一套慈善制度的物质基础。换言之，如果我们的制度致使民生问题解决不好，无法体现对民生问题的关怀，就会弱化这一物质基础，从而阻碍社会大众对这样一套制度的认可与认同。而社会主义核心价值观是制度建设的基本价值遵循，因此，为了改善微公益时代公民慈善的制度环境，我们首先需要加强国家顶层设计，重视契合社会主义核心价值观的制度建设。

富强、民主、文明、和谐是公益慈善制度设计与完善的题中应有

[①] 乔春霞、张泽一：《加强社会主义核心价值观培育的制度建设问题探讨》，《理论导刊》2014年第12期。

之义。"搞社会主义，一定要使生产力发达，贫穷不是社会主义"[1]，可见经济发展、国家富强是中国特色社会主义的价值追求。因而在推进公益慈善领域制度设计和完善的过程中，也要坚持提高生产力水平、实现国家富强人民富裕这一价值取向，从而夯实公益慈善领域制度认同的物质基础。民主也是社会主义的本质体现，对全体人民负责是社会主义民主与资本主义民主的本质区别，通过民主制度的设计和完善可以进一步凸显中国特色社会主义的制度优势，这对树立社会大众的制度自信是非常必要的。社会主义的优越性不仅体现在经济发达，也体现在精神生活丰富，社会主义文化繁荣发展。所以公益慈善制度的设计和完善还应从人民群众的生活实际出发，以充分发挥人民群众的创造性和调动人民群众参与公益慈善的积极性为目标。和谐是公益慈善制度设计和完善的终极旨归，制度设计和完善的目标之一就是实现社会的良好秩序，促进社会和谐。因此承载着社会主义核心价值观的制度设计和完善需要协调好各利益主体的利益关系和人际关系，以促进人与人、人与社会以及人与自然的和谐发展。

自由、平等、公正、法治是公益慈善制度设计与完善的价值主题和衡量标准。人与制度是相辅相成的，创设制度不是为了约束公益人的自由，而是在规范公益人行为的同时促进公益人更大的自由，以社会主义核心价值观为价值导向的公益慈善制度设计与完善就是要去除阻碍公益人自由发展的不合理规则，为公益人更高层次的自由发展提供制度保障。平等要求做到制度面前人人平等，即公益慈善制度的设计与完善不为特权服务和开道，而是要保障每个人不分职务、等级、阶层都能平等地享有自由发展的条件。公平正义需要体现在公益慈善制度设计与完善及制度执行的全过程，这对人们关于公平正义、是非善恶等价值观念和行为规范的导向具有重要意义。党的十八大报告明确指出，要突出法治在国家治理和社会管理中的作用，维护法制的权威和尊严。可见，法治已成为我国治国理政的基本方略。以社会主义核心价值观为价值导向推进公益慈善制度的设计与完善，就是要不断健全和完善中国特色社会主义公益慈善法律体系，树立社会主义法治理念，让法治落到实处。

---

[1] 《邓小平文选》第3卷，人民出版社1993年版，第225页。

爱国、敬业、诚信、友善是公益慈善制度设计与完善的功能导向。爱国主义是民族精神的核心，是"千百年来巩固起来的对自己祖国的一种最深厚的感情"[①]，也是调节公民个人与国家之间关系的价值准则与法律规范，公益慈善制度的设计与完善也需要引导社会大众以国家、民族的核心利益为个人利益的出发点。作为推动中国特色社会主义事业发展、实现中国梦的动力之源。爱岗敬业、艰苦奋斗从来都没有过时，也不会过时，公益慈善制度的设计与完善更是要积极引导人们认识到"开创我们的美好未来，必须依靠辛勤劳动、诚实劳动、创造性劳动"，这也更符合现代公益慈善的理念。随着市场经济改革的深入发展，社会的诚信危机却日益严重。对此，公益慈善制度的设计与完善要积极引导三个层面的诚信：一要政务诚信，政府对群众要保持真诚，做到政务公开，透明行政；二要商务诚信，社会主义市场经济是一种信用经济，要加强经济行为的诚信建设；三要社会诚信，即人与人之间要做到诚实守信。[②] 相较于传统的"熟人社会"，置身于现今的"陌生人社会"，友善在维护社会秩序方面有着重要作用，因而公益慈善制度的设计与完善需要通过友善这一价值观的融入与强化来引导人们构建和谐的人际关系。

二 加快完善法律配套制度及法治文化建设

改善微公益时代公民慈善的制度环境，除了要坚持社会主义核心价值观引领的顶层设计，还需要注重设立能落到实处且行之有效的具体的法律法规。《慈善法》作为我国社会领域的重要法律和慈善制度建设的基础性综合性法律，其颁布和实施的里程碑意义不容小觑。但针对前文所述《慈善法》的实施现状所暴露的问题，特别是针对网络公益慈善的法治困境，加快完善《慈善法》及其相应的法律配套制度，扫清制约和影响微公益发育和成长的障碍，才能让《慈善法》为微公益提供法律保障的功能真正开花结果。

首先，完善针对网络公益慈善的法律规定及其配套法律文件。伴

---

① 《列宁全集》第 28 卷，人民出版社 1984 年版，第 168—169 页。
② 刘伟：《社会主义核心价值观视阈下的制度现代化》，《山西社会主义学院学报》2015 年第 2 期。

随着互联网技术的进步，我国的网络公益慈善迎来了较为广阔的发展空间。根据民政部公布的统计数据和测算数据显示：其指定的全国20家互联网募捐信息平台，在2018年募集善款共计31.7亿元，同比增长26.8%，网民点击、参与慈善超过84.6亿人次，一些基金会的网络募捐已占捐赠总收入的80%以上。[1] 很显然，与往年的数据比较而言，网络公益慈善不仅自身实现了快速发展，而且日益成为慈善事业发展的重要组成部分。但是，与这一发展势头相违背的是，《慈善法》中只用了很少的篇幅原则性地规定了如何通过互联网发展公益慈善。而且在有关互联网发展公益慈善的内容中，《慈善法》也只是规定了互联网公开募捐信息平台的发展，其他发生在网络上的公益慈善行为如个人求助则并没有具体的参照标准。虽然网络募捐平台是网络公益慈善行为发生的主战场，但诸如直播平台、社交平台等多种形式的其他平台也在运营的同时兼顾着公益慈善。因此，在网络公益慈善的完善过程中，网络公益慈善的定性是首要任务，非官方的网络慈善平台亟须解决合法身份问题。对此，法律应当首先明确网络公益慈善的内涵，进而决定网络公益慈善的性质、发展方向和具体内容等，出台相应政策为公益组织登记注册提供方便，明确其合法身份；并在配套文件里详细规定各种行为规范，明确法律尺度，加大违法成本，切实加强其规范性。[2]

其次，全面落实慈善税收优惠政策以激励促进公益慈善事业的发展。根据英美等发达国家的经验，税收优惠政策不仅可以极大地激励人们积极参与公益慈善事业，而且对于规范管理相关的公益慈善活动及行为也有其独特的功能。得益于英美等发达国家历经岁月的积累，他们已经形成较为成熟的税收优惠政策体系，并在促动公益慈善发展中发挥了重要作用。我国《慈善法》的第七十九条、八十条、八十一条及八十四条虽然分别规定了慈善组织、捐赠人、受益人及"开展扶贫济困的慈善活动"可以依法享受税收优惠和特殊的优惠政策，但是

---

[1] 《20家互联网募捐信息平台2018年募集31.7亿元》，http://paper.people.com.cn/rmrb/html/2019-04/11/nw.D110000renmrb_20190411_3-07.htm，2019-04-11。

[2] 宋衍涛、崔希悦：《网络公益慈善的发展困境及其解决路径研究》，《理论与现代化》2020年第4期。

因为"赋予了行政部门管控的权力却限制不足,赋予慈善事业参与者税收优惠的权利却保障不足是《慈善法》在税收优惠方面最大的问题"[1],税收优惠政策本应激发出的公益慈善参与热情并未得到充分展现。比如,对于慈善组织而言,由于其与税法的对接仍存在认知或政策方面的障碍,登记认定为慈善组织本身并不能自动享受免税或减税待遇,慈善组织的免税资格适用非营利组织免税资格认定管理的规定,需要财政、税务部门按照管理权限联合进行审核确认;[2] 对于受益人可享受的税收优惠政策和"对扶贫济困的特殊的优惠政策"也未明确会采用什么样的具体政策。不仅如此,对于作为公益慈善事业新载体的慈善信托,《慈善法》虽然以专章规定的形式鼓励其发展,并在第四十五条"未按照前款规定将相关文件报民政部门备案的,不享受税收优惠"也提及了税收优惠,但也未明确具体的政策和制度,极不利于推动慈善依托发展的动力机制的有效形成。因此,如何就慈善税制达成社会共识,并对落实具体的税收优惠政策及制度进一步明确,也是改善网络公益慈善制度环境的重要组成部分。

最后,全面推进慈善法治文化建设,提升慈善法治文化的社会氛围。慈善立法是慈善公益的发展方向,因为只有将慈善活动以法律的形式进行约束,才能让慈善事业更加规范有序,从而保护慈善主体(公益慈善的主动参与者)的慈善行为以及确保善款能够及时地用于慈善客体(社会弱势群体及需要帮助的人),并最终保障公益慈善事业的发展呈现良性循环。但这一愿景的实现还有赖于优良的慈善法治文化的社会氛围。换言之,《慈善法》及其配套法律制度不会自行发挥作用和功效,而在于实施及运用《慈善法》及其配套法律制度的人。只有越来越多的人对《慈善法》及其配套法律制度知晓、认同并运用,才会营造出优良的慈善法治文化氛围,进而提升《慈善法》及其配套法律制度的实施实效。但目前人们对《慈善法》及其配套法律制度的知晓度、认同度并不高,而且关于《慈善法》的解释也是五花

---

[1] 高西庆、杨海璐:《权利导向立法中的权力导向风险——〈慈善法〉的新视角》,《清华法学》2016年第6期。

[2] 杨思斌:《慈善法治建设:基础、成效与完善建议》,《社会科学战线》2019年第10期。

八门，缺少统一性、规范性、专业性和权威性。不仅如此，《慈善法》在法学教育教学体系中也一直处于边缘地位，国内高校法学专业的 16 门核心课程之一的劳动法与社会保障法基本上没有涉及《慈善法》的内容，更不要说把慈善法作为法学教育的专门课程了。对此，需要在全社会加大宣传普及慈善法的力度，提升慈善法治传播的专业性和科学性，尤其要注意准确理解慈善法的立法宗旨和立法精神，营造依法行善的社会氛围，弘扬慈善法治文化，夯实慈善法治的社会基础，这也是提升《慈善法》实效不容忽视的重要方面。

三　加强制度有效性的监督体系建设

制度的健全和完善不仅包括制度的设计、安排与规范，还包括制度的执行和制度的监督，三者是制度建设不可或缺的组成部分。其中，制度监督保障制度的有效执行，促使制度真正起到管人、管权、管事的功能和作用。因为再好的制度规范，如果没有被尽可能多的人严格遵守，就违背了当初健全和完善制度的初衷，致使制度处于形同虚设的低效甚至无效状态。对此，以社会主义核心价值观为导向的公益慈善制度监督体系的建设，就是要确保建立一套落实制度执行的监督机制，明确责任到人，实行奖惩分明，激发制度执行者的积极性，同时避免执行不力、执行走样的无序状况发生。

一方面，需要充分发挥舆论媒体的监督作用。在现代文明国家，新闻媒介被视为社会公器，所谓监督，是指媒体从公众的根本利益出发，准确、尖锐地曝光社会腐败、阴暗现象，唤醒公众的警醒与正视，达到净化社会政治、经济和文化环境的功能，从而得以维系社会机制的正常运行。[①] 随着网络媒体的普及和应用，公益慈善事业的组织形式及信息披露方式也一再创新，尤其网络媒体的传播速度快、传播范围广使得其在加强慈善组织与公众之间的沟通互动、宣传公益慈善活动、报道公益慈善人物、传播公益慈善知识、弘扬公益慈善文化等方面展现了强大的威力。比如"免费午餐"项目就是因为各种媒体平台大量新闻、评论等跟踪报道，从而引起了社会各界的关注，并最

[①] 蒲清平、张伟莉等：《互联网＋微公益发展研究》，中国民主法制出版社 2016 年版，第 78 页。

终促动了政府相关公共政策的出台。但与此同时也不能过于放大网络媒体的监督功能及作用，因为网络媒体通过信息爆炸所产生的社会舆论效应也有着巨大的破坏作用。对此，我们需要坚持正确导向，运用网络媒体加强对传播源的审核力度，客观报道帮老爱幼、扶贫济困的典型事例，大力弘扬公益慈善精神，营造浓厚的公益慈善社会氛围，引导人们积极主动地参与公益慈善事业，倡导社会大众树立乐于奉献、回馈社会的慈善美德；而对于网络欺诈、钻法律漏洞、以慈善谋私利的投机行为和不法行为则予以警示和曝光，从维护社会公平正义出发，发挥社会公器的功能，坚决遏制一切有损于弱势群体和社会公众利益的行为，以保障公益慈善事业的规范发展。

另一方面，则需要为落实社会大众的监督搭建平台、申通渠道。相较于传统公益慈善的渠道，依托于互联网技术的网络公益慈善为关心公共事务、积极参与公益慈善活动的广大网民提供了一个各显身手的大舞台，他们或者自发组织网络公益慈善活动，或者是积极参与各种网络公益慈善活动，或者直接监督网络公益慈善活动的财务及管理漏洞。草根网民单个的影响力虽然微忽其微，影响的范围极其有限，但当无数个草根网民汇集起来，则能起到巨大的动员中转和延续作用。比如，2011年在网络掀起狂风巨浪的"郭美美事件"就是一场发源于网络、发展于网络、并结束于网络的公众问责公益慈善公信力的风暴。在此次公益慈善公信危机的回应中，中国红十字会仅发布了"北京警方称：郭美美与中国红十字会总会无直接关联"等较为平实、规范的官方信息，从而进一步激发了广大网民的怒火。也正是因为广大网民发布或转载的相关信息所带有的强烈情感和醒目措辞将这起突发公共事件得以在较短时间内在网络上迅速蔓延和扩散，从而引发了社会的广泛关注。有鉴于此，建立和开放网上监督举报平台，方便社会大众随时在线查询善款的使用情况，不仅可以帮助提升公益慈善活动的透明度，也有助于借助社会大众的舆论压力来对公益慈善组织及其相关行为实行监管，以支持和鼓励公益慈善事业的健康良性发展。

综而观之，监督体系的建设是一个系统性的工程，不同社会领域的具体制度要避免成为"一纸空文"，都需要健全和完善相应的监督机制来推进执行。一般而言，可以从以下三个方面努力：首先，监督要准。要准确把握公益慈善制度的出发点和落脚点，着重于重点部位、关键环节和执行成效,瞄准重点,采取"打靶式"监督方式,防止制度执行"走岔路"。其次,监督要广。仔细梳理公益慈善制度执行的每一个环节,注重分层设计,强调一级带一级、一级抓一级,实行"地毯式"监督模式,防止制度执行不均衡。最后,监督要严。严格监督结果运用,不搞模糊监督、特殊监督,坚决做到处理问题有原则、有力度,不断增强监督机制生命力,防止制度执行出现"缓冲区"。① 比如,公益慈善领域出现的网络欺诈问题。公益慈善活动的基本宗旨是关爱他人、奉献爱心,这彰显着对他人、社会和国家的责任和义务,但部分人却打着"公益慈善"的幌子,为谋私利实施网络欺诈,这不仅违背了公益慈善行为所指向的责任和义务,也使得公益慈善的公信力遭受危机,同时由于其影响的广泛性,这一欺诈行为也会像瘟疫一样广泛传播,并侵蚀到社会的各个方面,是阻碍整个公益慈善事业良性发展的根源所在。针对这一问题,我们如果有一套准、广、严的监督机制,对任何违背公益慈善制度的行为进行严厉的制裁,这必将增强人们遵守制度规范的信心和信念,并使人们切实感受到公益慈善的精神和理念在社会生活和实践中的实现和彰显,从而提升人们对公益慈善事业的认可和认同。

---

① 汪圆:《完善制度执行的监督机制》,《中国组织人事报》2014年9月29日。

第七章

微公益时代公民慈善的文化培育

微公益时代公民慈善的良性发展不可能一蹴而就，而良好的公民慈善生态应是公益慈善精神及其理念融入并落实到公民的日常生活，这实为一个社会成员不断体悟和内化慈善文化，并将慈善文化外化于行的柔性过程。因此，培育优良的慈善文化在构建微公益时代公民慈善方面发挥着举足轻重的作用。慈善文化的内涵与外延非常丰富，与此相应的构建和弘扬慈善文化的路径也不止一条。但其中最基本也最重要的当数慈善教育。当前，随着互联网公益慈善的发展，构建和弘扬公民慈善文化适逢时代机遇的同时也面临着严峻的挑战。有鉴于此，我们不仅需要基于时代背景分析和把握微公益时代公民慈善文化和慈善教育的价值和特点，也有必要在此背景下探索以慈善教育原植微公益时代公民慈善文化的路径和方法。

第一节 微公益时代的慈善文化与慈善教育

我国有着悠久的慈善文化传统，其中所蕴含的慈善理念及精神也随着历史的变迁而发生了相应的变化，这些都是我们构建和弘扬公民慈善文化的理论资源。在当前微公益快速发展的时代背景下，需要什么样的慈善文化？慈善文化与慈善教育的关系如何？这是我们需要探讨的重要内容。

一 微公益时代的慈善文化

如前所述，"慈善"的内涵及外延十分宽泛，它既是一种发端于慈爱善心和社会责任的道德实践活动，也是一项包括慈善组织、慈善资源募集、慈善志愿者招募与管理以及慈善项目运作等在内的庞大的社会系统工程，进而通过造福于人和社会的价值追求彰显着慈善精神和慈善文化。从某种意义上可以说，中西方慈善事业的差异主要表现为慈善文化的差异。基于此，探究需要什么样的慈善文化，我们需要先从分析它的内涵开始。

何谓慈善文化？根据学者们已有的理论观点，慈善文化有广义和狭义之分。狭义的慈善文化是指在早期慈善思想的基础上，通过一定的慈善活动而形成的指引人们践行慈善的一整套价值体系，其目的是弘扬慈善理念，促进社会和谐和文明进步。[①] 而广义的慈善文化则是文化的一个组成部分，如邹庆华、邱洪斌就把慈善文化划分为四个层面：一是精神层面，主要指在慈善行为中需要遵循的慈善目标和慈善意识等，即对待个人财富的态度，对待社会弱势群体的关心程度，以及对慈善行为的客观评价和认可度。它是基于人文关怀，在尊重人、关心人、帮助人的基础上，形成自愿、自觉回报社会的道德观念和价值体系，是慈善文化的核心和软实力。二是制度层面，指在慈善文化建设中应遵循的规章制度和政策法规。包括慈善组织机构、慈善管理体制和慈善法规。慈善制度是慈善文化建设的重要保障，保证慈善事业向着健康、和谐的方向发展。三是行为层面，指社会成员基于爱心和奉献精神，本着自愿原则，通过合法的社会中介组织，把财物无偿地捐献给需要帮扶的弱势人群的救助行为。这是慈善精神和慈善价值观的具体体现。四是物质层面，主要指慈善文化的外显部分，包括慈善组织的名称、口号，慈善广告、慈善纪念性建筑，以及慈善家雕像等。通过慈善物质文化的展现，广泛宣传慈善文化的利他主义价值观，由此将深厚的慈善文化渗透其中，激发更多人参与到慈善事业中来。[②] 很显然，不论是狭义的慈善文化，还是广义的慈善文化，都体现了人们在长期的慈善活动中所形成的慈善价值观念和慈善行为准则，这一套价值观念和行为准则不仅可以激发人们积极参与慈善事

[①] 陈东利：《中国公民慈善意识培育》，上海大学出版社2014年版，第42页。
[②] 邹庆华、邱洪斌：《论当代慈善文化的价值认同》，《黑龙江社会科学》2017年第4期。

业，也可以通过规范、导向等作用来推动慈善事业的良性发展。

微公益时代的慈善文化相较于一般意义上的慈善文化，更强调借助于互联网技术以载体之微、主体之微以及主题之微为特色的慈善价值观念和慈善行为准则，这种慈善"微"文化随着微公益的迅疾发展，开始逐步呈现出自己的特有属性：其一，高效便捷的传播速率。互联网的发展使得我们进入一个信息"无处不在、无时不有"的时代，"社会化媒体拓展了人们与其他节点连接的可能性，使人们有可能与身自世界任何角落、从未见过或从不认识的人进行互动"[1]，"新闻在媒介和用户之间多向流动而非单向传递，具有交流对话的特点，而且，网络媒体中的社会化软件还能通过链接与其他软件相融合，聚合广泛的新闻事实"。[2] 因此，当网络没有版面空间及时间跨度等方面的限制时，网络用户可以在任何时间、任何地点利用任何可能的各种移动终端连接网络平台发布信息和接收信息，其传播速度远超传统媒介，这也正是微公益有着全民参与、反馈及时等鲜明特色的原因所在。其二，以人为本的人文关怀。微公益的简单易行、入门容易使得众多草根网络用户拥有了更多的话语权，每一个网民不仅可以自由发表带有明显个性特征的公益内容，也可以根据自己的兴趣和爱好来自主选择所需要的公益内容，这就是慈善"微"文化的吸引力和生命力。慈善"微"文化可以通过赋予众多草根网络用户更多平等的信息知晓权、利益诉求权和文化共享权，尊重和彰显每一个微小个体的生命价值，并通过提升其存在感和归属感来加强人与人之间的密切互动，从而在细微渗透中关心人、帮助人甚至影响人。其三，"微小"与"巨大"的辩证统一。微公益的精髓就在于积少成多，"勿以善小而不为"，因此一粒米、一块钱、一篇微博、一张提供信息的照片、一个转帖、一个关注等都是参与公益的有效方式，但微公益的内容则涉及到社会生活的各个方面，如灾难救助、扶贫助学、绿色环保等，目标旨向是整个社会的和谐有序，是为大善。由是观之，个人的力量虽然微小，但通过网络的积聚，就可以体现出群体力量的巨大。可

---

[1] 谢湖伟：《"互联网+"时代：传播融合的嵌入性反思》，红旗出版社2016年版，第119页。

[2] 宋硕：《网络环境下的新闻传播要素及特点分析》，《新闻传播》2012年第12期。

见,慈善"微"文化可以积聚个人微力量,激发社会正能量:面对灾难,面对不幸,点滴之善汇成爱心的长河,给受助者带来希望和生机;面对恶行,面对嚣张,正义的声音由弱到强,逐渐成为大家共同的呼声;面对小善,面对义举,点赞数和转发量不断攀升,在社会大家庭中扩大了真善美的传播。[1]

总之,现代意义上的慈善文化作为社会文化的重要组成部分,是基于对和谐社会、美好生活的追求和向往,通过在全社会形成浓郁的人文关怀的氛围,使社会呈现一种稳定和谐的状态。而微公益时代的慈善文化则是依托于网络技术而呈现出"微"属性的一种特色文化,借助于互联网,慈善"微"文化不仅在传播上更为便捷,而且更能够凸显出以人为本的人文关怀,最重要的是通过"微小"与"巨大"的辩证统一将微公益的内核表达得淋漓尽致。

二 慈善教育的使命和价值

何谓慈善教育?最早的慈善教育是一种慈善行为,比如我国宋代就出现了为宗族子弟提供教育的义学。[2] 近代以来,相较于以"养济"为主的传统慈善理念,近代慈善开始践行"教养并重""教养兼施"的积极慈善理念。如道光年间,裕谦设立的恤孤局,对孤儿因材施教;清末,教授贫民习艺的教养院、工艺局和习艺所纷纷设立;等等。至此,通过教育来行善,即兴办教育成为中国近代慈善事业的一项重要内容。但彼时的慈善教育只是一种慈善行为,即慈善教育的对象主要是弱势群体,特别针对提高贫困儿童、孤儿、残疾人、因伤病或社会变故而陷入生活困难等社会成员的生存生活技能所提供的教育救助。伴随着慈善的现代转型,"人人慈善、全民慈善"的理念逐渐深入人心,慈善事业的专业化发展的要求也随之凸显出来。慈善事业的专业化发展不仅在于全民慈善理念的广泛传播,更在于如何培养推动慈善事业职业化运作的专业人才,这就离不开慈善教育。这里的慈善教育是作为一门教育学科的教育,是一种大众性的教育行为,其对象是全体社会成员。主要包括三种类型:慈善专业教育、慈善职业教

---

[1] 骆郁廷、马丽华:《论微文化育人》,《思想教育研究》2018 年第 1 期。
[2] 王善军:《宋代族塾义学的兴盛及其社会作用》,《中国史研究》1999 年第 2 期。

育、慈善普及教育。现代慈善的组织化运作和专业化发展都决定了慈善的发展离不开专业人才，必须通过慈善专业教育和慈善职业教育来培养专业人才，建设慈善工作人才队伍，促进慈善的专业化发展和职业化发展。然而，慈善要实现持续健康发展，必须依靠全体社会成员的普遍参与，慈善的现代转型要实现的是人人参与的公民慈善，慈善普及教育的开展就是要促进公民慈善意识的增强、促进公民将慈善意识转换为慈善行为，从而实现慈善事业的可持续发展。[①]

不论是慈善专业教育，还是慈善职业教育，抑或慈善普及教育，三者的侧重点虽各有不同，但其共同目标都是服务于现代慈善的可持续良性发展。换言之，现代慈善可持续发展的良性生态便是在人人慈善即慈善普及教育的基础上实现慈善事业的专业化和职业化发展。而要达成这一良性生态，慈善教育的使命和价值就在于：其一，培养公民慈善意识。慈善意识是"出自对人类的普遍的爱，而产生的捐款捐物给需要的人的自觉心理反应"[②]，这种"自觉心理反应"表明慈善意识不是一种被动反应，而是一种基于同情心的自觉反应。中西方思想家都曾把同情心作为人最基本的道德情感，如孟子的"恻隐之心，人皆有之"；亚当·斯密认为同情是指"一个人作为旁观者，看到他人产生某种激情，会进而观察产生激情的当事人所身处的情境，并通过想象设身处地于当事人的情境中，而产生出某种与当事人类似的激情或情感的过程"[③]，这种道德情感源于人对于实现自我和完善自我的一种道德责任和社会责任，而这也是慈善行为得以发生的必要前提。根据"人人慈善"的现代慈善理念，与此相适应的现代慈善意识应是"人人有困难时人人帮、人人有能力时帮助人"，因此培养公民基于道德责任和社会责任的慈善意识，是慈善教育的首要使命。其二，增进公民知晓慈善运作机制。依托于互联网技术的微公益让慈善可以随时随地可为，但若仅限于此，慈善事业是无法保证长此发展的。对此，我们需要培养公民掌握一定的技术和技巧，这其中包括人们需要了解

---

① 石国亮：《崇德向善：慈善教育的使命和价值》，《中国青年社会科学》2016年第5期。
② 奚洁人主编：《科学发展观百科辞典》，上海辞书出版社2007年版，第146页。
③ 王楠：《亚当·斯密的社会观：源于人性的自然秩序》，《社会学研究》2006年第6期。

慈善的发展趋势，知晓现代慈善、现代慈善组织、现代慈善项目是如何运作的，慈善组织或慈善机构与其他部门的关系如何，等等。这不仅是针对慈善专业人才的培养，也是针对普通公民的慈善教育的重要内容。[①] 因此，在互联网等科学技术日新月异的当代中国，随着慈善事业的发展，特别是伴随着网络公益慈善的突飞猛进，我们不仅需要帮助人们建立起对于慈善及网络公益慈善发展和运转的正确认知，还需要引导他们按照慈善及网络公益慈善的运作方式来正确参与，从而推进现代慈善的专业化、科学化发展。因为从某种程度上而言，慈善的知识储备比爱心更重要。[②] 其三，养成公民慈善行为自觉。基于道德责任和社会责任的同情心并不必然产生慈善行为，知晓慈善发展和运作的方式也不必然产生慈善行为，而慈善事业的推进最终需要落实到慈善行为，因此，慈善教育就是要合理引导人们在将同情心转化为慈善意识的基础上，辅之以慈善发展及慈善机构运作等方面的专业知识，正确参与慈善实践，并在此过程中通过感受慈善的意义和价值，进一步提升人们的慈善意识、树立正确的慈善观念。

如果说培养公民慈善意识是一种道德层面的慈善教育，增进公民知晓慈善运作机制是一种知识层面的慈善教育，那么养成公民慈善行为自觉则一种实践层面的慈善教育。三者的关系相互依存，不可分割：道德层面的慈善教育侧重于慈善动机的培养，是慈善行为的源起；知识层面的慈善教育更注重慈善的理性储备，规范和导向着慈善行为的正确发生；实践层面的慈善教育强调慈善行为的最终呈现，这也是慈善教育的最终目标。

三 以慈善教育培植公民慈善文化的必要性及可行性

微公益时代的慈善文化因搭乘着互联网的春风而呈现出其"微"特色，但这种"微"特色却因为网络公益慈善的公信力危机等问题遭受质疑而未能充分发挥其应有的功能。现代慈善教育作为一种有组织、有计划、有目的的教育活动，通过对公民实施道德层面、知识层

[①] 石国亮：《崇德向善：慈善教育的使命和价值》，《中国青年社会科学》2016年第5期。

[②] 毛凌云：《刘小钢：慈善不仅是爱心》，《南风窗》2011年第11期。

面以及实践层面的多维培植，将会对培植微公益时代的公民慈善文化助上一臂之力。

　　首先，慈善教育是提升慈善"微"文化传播效度的有力保障。慈善教育与慈善文化其实是一个包含与呈现的关系。其一，慈善教育实质是慈善文化的一个组成部分。如前所述，不论是狭义的慈善文化，还是广义的慈善文化，都体现了人们在长期的慈善活动中所形成的慈善价值观念和慈善行为准则，而慈善教育就其内容而言，正是对于慈善文化内涵的宣传与实践，即不仅要帮助社会成员树立正确的慈善意识，还要以凝炼的社会价值共识引导社会成员理性践履合乎规范的慈善行为。其二，慈善教育也是慈善文化的一种传播载体。慈善教育要传达给社会成员的就是有关于慈善的文化，不论是慈善专业教育，还是慈善职业教育，抑或是慈善普及教育，都是慈善教育工作者通过开展有组织、有计划、有目的的慈善教学活动，都是以一种科学化、专业化的教育实践路径给教育对象带来系统化的知识内容，帮助教育对象对慈善文化形成更全面的理解，这为慈善文化的有效传播奠定了扎实的基础。其三，慈善教育过程的双向互动形式有利于有针对性地进行慈善文化传播。慈善文化传播有多种形式，比如广告、展板、海报、影视宣传等，但这些形式的共性在于都是单向度的，即不管接受对象的具体情况如何，这些文化传播手段均以同样的形式和内容呈现在社会大众面前，这种不问反馈和效果的传播方式只会让慈善文化传播呈现出单向辐射的散沙样态。而在慈善教育的活动过程中，教育者和教育对象是双方共同在场，教育者可以根据教育对象的实际情况及时调整教学策略、教学内容以及教学手段，这种从教育对象立场出发的教育宣传工作对于有效提升慈善文化传播的效度是一个强有力的保障。

　　其次，面向普通公民的慈善教育与凸显以人为本的慈善"微"文化完美契合。按照传统慈善观，一般认为慈善只与富人有关，与普通公民的关系不大。这实则将慈善文化禁锢在一个有限的小范围内，极不利于慈善文化的向外传播和自身发展。但自微公益迅猛发展以来，人人慈善、全民慈善的理念逐渐深入人心，慈善文化的传播和发展也亟须打破原先的局限，不仅要覆盖到全社会，而且要力争影响到社会中的每一个成员，让社会大众正确地认识到慈善不仅与公民的生活息

第七章　微公益时代公民慈善的文化培育

息相关,而且是每个人不可回避和推卸的责任与义务。而现代社会的慈善教育正是一种面向全体社会成员,并可以对社会各个不同阶层的成员进行针对性慈善引导的教育活动。由此观之,慈善教育不仅可以打破人们传统意义上将慈善文化等同于精英文化的狭隘认知,而且能够在各个领域中宣告慈善在场,使全体社会成员感受全方位的慈善洗礼。这与注重人文关怀的慈善"微"文化理念不谋而合。当慈善教育打破传统界限将慈善文化辐射到全体社会成员时,实则营造了一种从人人"学"善到人人"向"善再到人人"行"善的慈善氛围,这对于最终培育一种全民共建、共有、共享的慈善文化至关重要。

最后,以践行慈善行为为最终归宿的慈善教育可以有效聚合微力量。所谓做慈善,意即慈善不是一句口号,只有做出来才有真正的意义和价值。微公益倡导的即是人人行动的全民慈善。行动可以是多种方式,如一次转发、一个关注、捐赠步数等都是参与微公益的有效方式。而慈善教育是一种养成教育,更是一种实践教育,只有最终体现在慈善行动上,才算真正实现了慈善教育的目的。比如在英国就有在政府部门之间、政府部门和慈善组织、学校、企业、社区等机构之间形成的慈善教育的沟通协调机制,来共同促进慈善教育的开展。教育部门制订了相关的项目计划后,慈善组织会积极地寻求参与计划,通过慈善组织的力量将政府的计划具体化为可以执行的慈善项目,然后通过与教育部门和学校的沟通、协调,在学校推动慈善教育的开展。[①]这种沟通协调机制充分说明了只有秉持实践性的根本宗旨,所实施的慈善教育才是一种真正的慈善教育。因为只有在慈善的行动过程中,人们才能更为真切地认识慈善、理解慈善,增进对慈善价值及文化的认同,并推动产生新的慈善行为。这是一个良性循环的过程。

由此观之,慈善教育与慈善文化是你中有我、我中有你的相互映照、相辅相成的关系。好的慈善文化表明慈善教育的良好实施,而好的慈善教育也预示着会帮助塑造优良的慈善文化。因此,基于慈善教育与慈善文化的相互促进,同时又鉴于目前慈善"微"文化构建的诸多困境,如何切实有效提升慈善教育的实效性是解决诸多现实问题的当务之急。

---

① 石国亮:《慈善教育的发展战略》,《中国社会组织》2017年第3期。

第二节　我国慈善教育的现状及国际经验

不论是作为一种慈善行为的慈善教育，还是作为一种教育行为的慈善教育，都是塑造优良慈善文化的构成因素，两者的区别在于：作为一种慈善行为的慈善教育主要通过教育的方式来扶贫济困，这本身就是慈善文化传播和塑造的一种呈现方式，是一种慈善文化传播样态；而作为一种教育行为的慈善教育则侧重通过教育的方式来广泛传播适应于所处时代的慈善理念和慈善精神，一方面帮助促发公民的慈善意识，并引导公民将慈善意识最终转化为慈善行为；另一方面则通过培养大量的慈善专业人才，以此推动慈善事业的专业化、规范化发展，这无疑是塑造优良慈善文化的基础和前提条件，也是一种慈善文化构建样态。因本书的论述主要是围绕微公益时代的公民慈善，故这里主要侧重关注旨在构建和塑造慈善文化的慈善教育，即主要探讨如何通过作为一种教育行为的慈善教育，不仅可以有效促发社会大众的公民慈善意识并引导其转化为相应的慈善行为，而且能够助力慈善事业的专业化和规范化发展。

一　面向普通公民的慈善教育现状

慈善教育的教育对象之一就是普通公民，这是普及慈善观念和慈善理念以及构建公民慈善文化的重要人群基础。而在互联网时代，普通公民所接受的慈善教育主要来自大众传媒对慈善及其行为的舆论宣传和评价。所谓大众传媒，就是传递新闻信息的载体，如我们日常所见的报纸、电视、网络等。尤其是随着互联网技术的飞速发展，大众传媒传播不仅在方式、速度、范围等方面有了质的飞跃，而且因其日益凸显的沟通、共享等强大功能而已然成为现在文化传播的重要手段，并不断彰显其慈善教育的社会效应。比如，2008年汶川大地震后，之所以能在短时间内社会捐赠款物达近800亿，就得益于大众传媒通过信息通报、号召募捐、开展网友祝福等活动所营造出的爱心传递和接力的慈善文化氛围；2011年"免费午餐"计划最终能促成中央政府相关公共政策的出台也是受益于各大媒体的跟进在社会上所引发的舆论效果,即微公益项目的民间探索之路可以撬动政府相关公共政策的制度供给;近年来,在相关法律法规的日益规范下,网络募捐平台公民个人捐款数额屡创历史新高也在于网络捐赠的简单易行及信息有效反馈使得慈善捐赠开始进入普通公众的生活,并成为他们的一种生活方式;等等。不论是塑造一种爱心传递和接力的慈善文化氛围,还是创造引发社会关注的舆论效果,抑或是以一种易于接受的方式进入到普通公民的日常生活,都是通过大众传媒产生慈善教育效应的表现方式,在这一教育过程中,普通公民以自己的亲身实践参与而不断深化自己对慈善的认知、认可以及认同。因此,从某种程度上可以这样说,公民慈善意识的培育离不开大众传媒对慈善文化的宣传与导向。换言之,大众传媒对于传播慈善精神和宣传慈善文化有着义不容辞的责任和义务。但我们也能从社会现实中看到,本应起着舆论宣传与价值引导功能的媒体报道有些却有失公允,比如为了博取眼球或造成一时的社会轰动效应而进行片面报道甚至是失实报道,这不仅损害了慈善事业发展所必需的社会文化土壤,还直接影响到社会弱势群体的利益,从而最终伤害的是公民的慈善热情,这对于慈善事业的发展可谓"釜底抽薪"。因为"社会化间接影响理论表明:新闻媒体在社会行为规范和思想规划方面,对个人意见和群体舆论影响是长期的、缓慢的和潜移默化的"。[1]

除了当前社会中的各种各样的慈善教育形式,学校中的慈善教育也值得我们关注。作为一种有组织、有计划、有目的的教育方式,学校中的慈善教育理应发挥更为明显的作用,但遗憾的是目前我国学校教育体系中尚无系统的慈善教育课程。以高校课程的设置为例,除了社会工作专业设有与慈善事业相关的社会保障学、社会学等课程外,其他专业很少设置与慈善有关的课程。[2]慈善相关课程的缺乏产生的直接后果就是学生对慈善知识的缺乏,慈善知识的缺乏会直接影响人们对慈善全面且正确的认识、理解和判断,这必然会制约慈善意识的形成,就更别提做出相应的慈善行为了。目前学校中与慈善相关的教育可能当属道德教育了,因为道德教育的宗旨就是帮助学生学会做负

---

[1] 佟明:《浅谈媒体对慈善事业的促进作用》,《新闻传播》2011年第6期。
[2] 陈东利:《中国公民慈善意识培育》,上海大学出版社2014年版,第205页。

责任的公民。其实迄今为止，学校进行了一系列的教育课程改革，包括教育目标从三维目标到学科核心素养的转变，都是为了通过推行素质教育来提升学生的综合素养。但在当前考试指挥棒的影响下，学校道德教育的范式依然是思维型而非行动型，教学评价方式的单一化也难以测评出学生道德素养的真实水平。不仅如此，应试教育的主流趋势也导致学校活动课程时间的不足，这在一定程度上也弱化了对学生实践能力的培养。在这种大背景下，即使鼓励学生参与捐助和志愿者服务，也会因为缺乏专项的慈善教育而难以形成全民参与公益慈善的浓厚氛围。

　　检验慈善教育效果的指标之一就是看教育对象的慈善行为如何，即有没有参与公益慈善活动。据2016年的一次调研数据显示：样本中有62.5%的公民过去一年参与过慈善捐赠活动，但仍有37.5%的公民过去一年没有参加过任何形式的慈善活动。就公民是不是慈善组织或志愿机构的成员而言，样本中有31.5%的公民是公益慈善组织的成员，而剩下的68.5%公民不是公益慈善组织的成员。样本中有53.68%的公民过去一年参与公益慈善活动的次数为1—2次，26.32%的公民参与的次数为3—5次，少部分公民参与的次数超过6次。样本中公民最关注的公益慈善领域为扶贫、助困、救灾类公益活动，其次为医疗类、社区服务类以及环保与动物保护类，而对文化及教育等其他领域的关注较少。随着"互联网+"时代的到来，公民了解公益慈善事业的途径也日益丰富，其中网络、电视媒体以及QQ群、微信群等自媒体是主要途径，当然，报纸、杂志和单位、社区宣传也是不可或缺的公益慈善信息获取渠道。此外，60%的公民参与公益慈善活动是完全自发、自愿捐赠，政府或单位发起的自愿性捐赠占16.84%，而由民间草根慈善组织发起并自愿参加的占16.84%，还有一部分公民认为自己参与的是政府或单位的强制性捐赠。[①] 这份调查结果显示出了这样几个信息：其一，面向普通公民的慈善教育发挥了一定功效，但还有很大的提升空间；其二，要充分发挥大众传媒的宣传、沟通及共享功能，进一步拓宽普通公民关于慈善的关注领域；其三，还

[①] 卓高生：《当代中国公益精神及培育研究》，社会科学文献出版社2018年版，第143页。

须通过加强专门的慈善教育以完善公民对慈善的正确认知、促发公民的慈善行为。

二 面向专业人才培养的慈善教育现状

自2016年《中华人民共和国慈善法》施行以来，我国公益慈善进入快速发展期。据中国社会组织网数据，截至2020年12月，全国社会组织数量近90万个。随着社会组织规模不断扩大，缺乏专业人才的困境也日益凸显，严重制约着我国公益慈善事业的进步。有鉴于专业人才对于促进我国公益慈善事业专业化发展的重要意义，人才培养体系的建构开始成为我国现阶段公益慈善发展的工作重点。

其实自2015年开始，国内各类公益学院、公益人才培训以及相关认证课程发展迅速。如在公益学院方面，民政部与清华大学合办的清华大学公益慈善研究院于2015年4月26日成立，由中美慈善家创建的国内首家国际性公益学院——深圳国际公益学院也于2015年11月12日正式成立。在公益人才培训方面，一批专业人才培训与支持机构应运而生，比如南都基金会发起的"银杏伙伴计划"、中民慈善捐助信息中心和老牛基金会共同发起的"慈善千人计划"、中国青少年发展基金会举办的"基金会秘书长培训班"以及敦和基金会启动的"敦和公益优才计划"等继续活跃，提供的课程内容涵盖公益常识、机构管理、志愿者管理、项目设计、筹款与传播、财务等；培训对象则包括基层志愿者、从业人员及中高级管理人员等；培训形式有工作坊、研修班、网络教学、游学参访等。此外，2015年国内各大高校也积极参与建立专门的公益人才培养体系。例如，北京大学与中国银泰投资有限公司于2015年6月共同发起了中国首个社会公益管理硕士项目，清华大学、中国人民大学、北京师范大学等高校的公益慈善领域硕士项目也持续招生。广东省何享健慈善基金会联合中山大学中国公益慈善研究院于2015年10月共同启动"顺德区公益慈善人才项目"，并计划在未来三年内开办两届顺德地区公益慈善人才研修班，以此推动本土公益慈善专业人才培养体系建设。2015年12月12日，中山大学中国公益慈善研究院、广东省中山大学教育发展基金会与美国印第安纳大学礼来家族慈善学院联合主办了为期三天的公益筹款认证课程。① 这些都有力地助推了国内各类公益专门人才的培育。

即便如此，就目前而言，我国公益慈善专业人才的培养仍难以满足公益慈善事业的现实需求，公益慈善专业人才的供给仍然严重匮乏，正如《中国社会组织发展战略》所显示的，2020年我国公益从业者预计达到850—1300万，但实际需求人数则高达2224万，公益人才缺口达1375万。因此，当前我国的公益慈善事业发展处于一个比较尴尬的境地：一方面是公益慈善事业的飞速发展，另一方面则是能真正推动公益慈善事业健康可持续发展的专业人才培养却没有跟上。造成这一现状的原因是多方面的：其一，对公益慈善专业人才的相关界定尚未达成共识。比如，公益慈善领域包括哪些范畴？公益慈善领域人才的专业核心能力有哪些？公益慈善领域的"职业"人才与社会组织领域的"专业"人才有什么区别？与公益慈善相关的专业课程的学科归属是什么？对这些专业问题的模糊化或多元化处理容易导致人才培养模式与办学模式上的较大差异，从而导致公益慈善专业人才缺乏一种系统化培养机制。其二，专业师资力量的缺乏。受专业师资的影响，很多学校开设公益慈善领域专业人才培养多为借力发展，即依托传统的方式拓展办学资源，例如以公共事务管理专业为依托开设社会组织管理专业方向，以公共事业管理专业为依托开设公益慈善管理方向，以民政管理专业为依托开设社会组织服务与管理专业方向，以企业管理专业为依托开设社会组织管理专业方向，以社会工作专业为依托开设社会组织管理专业方向，以行政管理专业为依托通过辅修、双学位、双专业的方式开设公益创新专才班，② 等等。这种借力发展会导致跨系师资力量与教学力量的整合力量较弱，在一定程度上抑制了各学校创办公益慈善领域相关专业的积极性，从而影响培养公益慈善专业人才的合力。其三，公益慈善行业与高等院校联合培养专业人才的局面尚未完全打开。目前有少数高校依托专业方向开始培养非营利组织管理或慈善管理的硕士与博士等高层次公益慈善专业人

---

① 朱健刚、严国威：《从法治化到行业化：2015年中国公益慈善的十大发展态势》，朱健刚、胡小军主编：《中国公益慈善发展报告（2015）》，社会科学文献出版社2017年版，第4页。

② 杨志伟：《公益慈善领域专业人才培养的模式及展望》，《中国社会组织》2017年第6期。

才，如清华大学、中国人民大学、北京师范大学、中山大学、上海交通大学、南京大学等，但慈善教育终归是一种实践教育，而且是一种跨界、跨学科的实践教育，因此虽然专业理论研究作为基础和前提固然很重要，但如若不能按照市场导向思维来设计课程，缺乏与行业组织及大型慈善机构合作实践的平台，这种专业理论型的高层次专业人才培养模式也很难扭转目前公益慈善领域专业人才的"稀缺"局面。

三 可资借鉴的国际经验

当前，我国公益慈善教育不论是面向社会大众的教育普及，还是面向专业人才的特殊培养，均还处于起步发展阶段。因此，学习和借鉴他国的经验就非常有必要了。西方有着悠久的慈善传统，与此相应的慈善教育也已形成了较为成熟的机制，尤其是在西方发达国家的学校教育体系中，不仅慈善知识教育是其中很重要的一个组成部分，而且很多学校会将学生参加慈善公益志愿者实践服务活动作为考核学生综合素质的重要指标。如在美国，大学里开设有专门的关于义工培训、慈善组织及个人的财产管理等方面的慈善课程，学生必须拥有作为志愿者在社区进行服务性工作的经历才能顺利升学和毕业，与此同时，政府与学校还会合力共同采取措施鼓励青少年参加慈善志愿者活动，考察和敦促学生不断提高品行。[1]

印第安纳大学—礼来家族慈善学院[2]

2012年成立的印第安纳大学礼来家族慈善学院在2019年US News美国非营利管理硕士项目排名中占据第一，是迄今为止，美国及至世界唯一一所集本科、硕士、博士培养项目为一体的高校，也是美国在慈善领域中最负盛名的学术研究与教育机构。从1987年在学校成立慈善中心，1988年有第一个课程，1993年有

---

[1] 陈东利：《中国公民慈善意识培育》，上海大学出版社2014年版，第206页。
[2] 叶珍珍、孙春苗：《美国高校慈善教育的前沿发展及对中国的现实借鉴》，《中国社会组织》2019年第24期。

第一个硕士课程，2003年有第一个博士班，2012年合并起来有了慈善学院。其宗旨是增加对慈善公益的了解，通过批判性的调查、跨学科的研究培养公益慈善人才。

与其他学校公益慈善教育的关注重点不同，礼来慈善学院不会将"如何做慈善、如何管理机构和项目"等经济及管理视角作为主要出发点，而是从人文教育和博雅教育的视角，更关注"为什么需要慈善？为什么做慈善？"以跨学科的研究背景给予学生多元化的支持。比如：在青少年慈善服务项目中，学院的重点不是在管理，而是关注在"如何将青少年培养成为有责任的公民，青少年如何在过程中体会和理解社会，从而找到对工作和生活的热爱，并获得自我认同与价值感"。

礼来慈善学院接收来自世界各地的学生，以教、学、研三者相结合的模式，向世界各地输送人才。学院旗下的筹款学院是一大特色，侧重于培养专业筹款人员，在行业内颇具影响力和知名度。筹款学院针对公益慈善组织的不同筹款需求，开设了16门核心课程，并提供量身订制的专业化培训。

礼来慈善学院的课程不仅具有跨学科性质，同时注重慈善史、慈善价值和理念的培养，开设了包括宗教与慈善、跨文化慈善、慈善史等课程。相较而言，国内高校的慈善教育多数以管理和运营为主，项目管理、筹款及传播是核心必修课，历史、文化以及伦理价值层面的课程相对较少，而此类课程讲授难度大、投入大，需要更为深刻的理论功底、跨学科视野以及历史文化观。

从上述材料中可以明显看出，经过三十多年的发展，印第安纳大学礼来慈善学院已形成了慈善教育的成熟实施机制，其不仅关注以传播慈善理念和慈善精神为核心的普及慈善教育，而且依托教、学、研模式很好地满足了公益慈善领域专业人才培养的需求，并逐步形成了自己专业人才的培养特色。美国学校的"学生慈善学"项目则在通过寻求学校和企业、慈善组织或机构的合作致力于对参与慈善专业能力的锻炼上提供了优秀示范。

"学生慈善学"项目[①]

"学生慈善学"项目的缘起

"学生慈善学"项目是一种将慈善捐赠的真实情形移植到现有课程体系，由学生自主完成并最终确定受赠对象（慈善组织或慈善项目）实现真实捐赠（捐赠资金由慈善组织、企业或个人等资助）的教学形式。作为一种体验式的教学方法，它一方面要求学生分析所在社区存在的问题（学生确定的问题必须与课程内容相关），另一方面需要根据确定的问题来选择符合条件的慈善组织进行捐赠，因而能够将理论学习与课外实践有机结合。

"学生慈善学"项目的运作方式

（一）课程设置的主要模式

直接捐赠模式是一种较为传统的课程设置方式，即企业或基金会资助班级一定的资金，由学生决定如何将这些钱捐赠给慈善组织。在这种模式下，企业或基金会提供资金，学生可自主做出捐赠决策、确定受赠对象。

间接捐赠模式，是指班级与企业或基金会合作，参与课程的学生只负责评估慈善组织的资助申请，最终受赠对象的决定权仍在后者手中。企业或基金会既是资金的提供者又是捐赠的决策者，学生只负责提供捐赠与否的评估意见。

此外，还有一种不涉及资金捐赠的模式，即"学生慈善学"课堂与慈善组织合作，选课的学生通过奉献时间和智力支持来为慈善组织提供帮助。比如学生前往慈善组织从事志愿活动（奉献时间），也可以帮助慈善组织设计网站、提供市场战略指导等等（智力支持）。这种模式一方面有利于学生将理论与实践相结合，另一方面也能够促进慈善组织的发展完善，实现双赢。

（二）资金来源与使用方式

"学生慈善学"课程的资金主要来源于基金会、企业、大学与个人捐赠等渠道。除了这些筹款渠道外，许多参与课程的学生

[①] 陈斌：《美国式慈善教育：让学生成为"捐赠者"》，《中国社会报》2017年3月20日。

还会通过发送电子邮件、举办音乐会等方式进行筹款。对于外部捐赠的资金，一般由学校财务部门或基金会代为保管，待学生们选出希望资助的慈善组织后，由资金管理部门向慈善组织开具支票，即课程授课老师和学生并不直接接触现金。

课程获得的资助资金使用方式主要包括两个方面：一是捐赠给慈善组织，资金额度因资助计划不同而存在差异，比如，迈尔森"学生慈善学"计划的资助标准是每门课程1000美元到4500美元；"让爱传出去"计划的资助标准为每门课5000美元；"慈善实验室"计划的标准更高，只要选课人数达到15人，即可获得最低50000美元的资助。二是日常行政支出（包括资料复印费、学生往返慈善组织的交通费以及期末举办颁奖典礼的费用等），这部分费用一般由学校或捐赠方支付，如"让爱传出去"计划明确提出其捐赠的5000美元中，可拿出500美元用于行政开支；北肯塔基大学每年会提供15000美元的资助，用于聘请一位项目协调员和一名实习生，以及其他方面的费用支出。

"学生慈善学"课程并非开设一门新的课程，而是嵌入现有的课程体系。所有学科均可以提出申请。创始者的初衷就是让所有学科的学生意识到，任何学科均可以发现相应的社会问题，并能够找到解决方案。

"学生慈善学"项目兴起于2000年，至今发展已有二十多年时间，从项目发展之初没有任何教科书、任何课程案例作为参考，到如今"学生慈善学"在肯塔基州、密歇根州以及俄亥俄州的33所大学一年开设一百多门课程，这些都为美国社会培养未来的慈善家及慈善专业人才创造了良好条件。"学生慈善学"课程设计的巧妙之处就在于：学生既能够学习到有关公益慈善的理论知识，又可以通过关注社会需求并寻求解决方案来提升自己参与公益慈善的实践能力。同时，这种课程设计的效果也是双赢的：一方面是学生受益，即通过该课程的学习，学生不仅深化了自己对课程内容的理解，而且提升了自己参与公益慈善活动的积极性和社会责任感；另一方面是慈善组织受益，即在获得捐赠的同时，相关的慈善组织也扩大了自己的社会影响力。

第三节　以慈善教育厚植公民慈善文化的实施途径

当前，尚处于起步发展阶段的我国慈善教育虽然在传播慈善理念、培养慈善人才方面取得了一定的进展，但是距离真正塑造"人人慈善"的慈善文化氛围和向慈善强国迈进的目标还有很长的路要走。有鉴于此，为了充分发挥和提升以慈善教育来厚植公民慈善文化的功能和实效，我们必须从我国的慈善教育现状以及慈善事业发展的实际出发，在借鉴发达国家慈善教育经验的基础上，认真贯彻落实《慈善法》，不仅要根据《关于促进慈善事业健康发展指导意见》中的"五进"战略积极推动普及慈善教育，而且要积极搭建合作平台来实现慈善教育知行合一的价值旨归，进而促进慈善专业人才的实践能力提升。

一　推进慈善教育的普及性

普及慈善教育是厚植公民慈善文化的前提和基础。2014年11月，国务院就颁布了《关于促进慈善事业健康发展的指导意见》，并明确提出："要着力推动慈善文化进机关、进企业、进学校、进社区、进乡村，弘扬中华民族团结友爱、互助共济的传统美德，为慈善事业发展营造良好社会氛围。"这是以中央政府名义第一次提出的推动慈善文化建设的"五进"战略。2016年实施的《中华人民共和国慈善法》，也以立法的形式对"弘扬慈善文化"提出了具体要求和措施："国家采取措施弘扬慈善文化，培育公民慈善意识。学校等教育机构应当将慈善文化纳入教育教学内容。国家鼓励高等学校培养慈善专业人才，支持高等学校和科研机构开展慈善理论研究。广播、电视、报刊、互联网等媒体应当积极开展慈善公益宣传活动，普及慈善知识，传播慈善文化。"因此，真正落实慈善文化进机关、进企业、进学校、进社区、进乡村的"五进"战略对于推动慈善文化的弘扬、促进以慈善教育培育慈善文化的体系构建具有重要的意义和价值。慈善文化进机关、进企业、进学校、进社区、进乡村的"五进"战略实际上是对慈善可能发生的场所的全覆盖：机关和企业是公民工作的基本场所，学校是公民学习的基本场所，社区和乡村是公民生活的基本场所。这实际上也意味着慈善教育发生场所的全覆盖：慈善文化进机关和企业，意即慈善教育要融入公民的工作之中，通过培养公民的社会责任感来传播慈善文化和慈善理念；慈善文化进学校，意即慈善教育需要成为课程内容中的重要组成部分，为公民正确认识慈善、树立正确的慈善观并践行慈善奠定基础；慈善文化进社区和乡村，意即慈善教育要培养公民日常生活中的慈善习惯，并将践行慈善作为公民的一种生活方式。

首先，慈善教育融入公民的工作范畴。其实自 2008 年"公益元年"以来，越来越多的企业开始参与公益慈善事业，而且参与的广度和深度也在逐渐提高。据《2018—2019 年度中国慈善捐赠报告》显示：2018 年，在 589.56 亿元捐赠额样本采集数据中，企业捐赠比重为 61.89%，自 2015 年开始下降，从 70% 左右降至 60% 左右；国有及国有控股企业、民营企业、港澳台资和侨资企业、外资（合资）企业四种企业类型分别占企业总体捐赠的比例为 34.9%、50.55%、5.71%、8.84%；其中，国有企业和民营企业依然是捐赠主力军，国有企业捐赠占比比上年增长了 10 个百分点，而民营企业占比略有下降，但依然保持在 50% 以上，港澳台及侨资企业的捐赠保持增长，占比增长近 0.3 个百分点，下降最大的是合资企业，降幅近 5 个百分点。[①] 从这组数据可以看出：虽因个人捐赠有所增长导致企业捐赠的整体比重有所下降，但其超过 50% 的比重依然显示了企业捐赠在整个社会捐赠中的分量和地位；在国有企业和民营企业保持捐赠增长势头的情况下，合资企业的占比下降值得我们关注和重视。基于此，以慈善教育融入机关和企业等工作领域，大力传播慈善文化和慈善精神就显得尤为重要。公益慈善与企业社会责任的关系一直是行业内探讨的重要话题。卡罗尔就曾以四层次金字塔模型对公益慈善与企业责任的关系做过阐释：企业的社会责任可以划分为底层的经济责任、高一层

[①] 宋宗合：《2018—2019 年度中国慈善捐赠报告》，杨团主编：《中国慈善发展报告（2020）》，社会科学文献出版社 2020 年版，第 34—35 页。

的法律责任、再高一层的伦理责任以及最顶端的慈善责任。① 企业社会责任在中国社会的发展之初曾以公益慈善作为自己的全部内容，但随着企业参与公益慈善的专业化水平逐步提升，有关企业责任内涵的探讨也将会更加丰富，包括如何通过做更专业的公益慈善来明确其与广义企业社会责任之间的关系。但不管这一关系如何明确，毋庸置疑的是：履行社会责任（其中很大一部分指向的正是公益慈善）是企业经营过程中不可避免、不可逃脱的应有之义，这也是慈善教育融入公民工作范畴的主要目标指向。

其次，慈善教育成为学校课程内容的重要组成部分。2011 年 11 月，中华慈善总会向社会发布了"实施以《慈善读本》为载体的慈善文化进校园项目"，目标即为向全国中小学生普及慈善知识，这一举措可谓在校园中普及慈善教育的开端。但从近几年的发展情况来看，在中小学校园中普及慈善教育的情况并不太理想，主要表现在于我国目前的中小学校教育体系中并没有对慈善课程的专门设计。其中争论的核心在于课程设计，即是将慈善文化的内容融入到目前的德育课程之中，还是专门设计一门有关慈善的课程？就目前实际情况而言，专门设计一门有关慈善的课程（目前部分高校有服务于专业慈善人才培养的课程设计，与此处的普及慈善教育的课程设计有所区别）可能还存在着一定的难度，因为正如前所述，由于存在着关于慈善内涵科学界定方面的争议，这会导致慈善教材设计的难题，与此同时还存在相应的师资力量配比等，因而专门设计一门有关慈善的课程还有待时日。也正基于此，将慈善文化融入目前的德育课程更具有现实性和可操作性。慈善作为一种美德，归根结底属于道德范畴；而目前大中小学实施德育的主要课程是思想政治教育课程，其目标之一也是致力于提高人的道德水平。可见，慈善教育与思想政治教育具有天然的契合度。因此，如何针对不同年龄段学生的发展规律修订现有的德育教材，并将慈善文化融入其中，用以培育学生学会爱人、学会尊重、学会关心、同情他人、感恩他人的慈善品质，是目前普及慈善教育急须解决的难题。除了课程设计以外，我们还需要同时关注校园内非正

---

① 段德峰：《2013 企业社会责任发展报告》，杨团主编：《中国慈善发展报告（2014）》，社会科学文献出版社 2014 年版，第 86 页。

式的慈善教育途径,即校园慈善文化的建设。比如开展与慈善相关的学生社团、志愿服务,开展慈善教育征文比赛、慈善讲演,举办公益慈善创投项目大赛等,都是比较有效的非正式的慈善教育途径,这些活动可以帮助学生更为全面地了解慈善,激发学生更为深入地参与慈善。

最后,慈善教育渗透公民的日常生活。社区是公民的日常生活之地,基于人与人之间息息相关的生活关系,生活在一个社区里的人们更容易从陌生人变成熟人,从而形成相互志愿服务的慈善文化氛围。因此,以社区为本的慈善教育需要强调慈善行为从公民自己的日常生活出发,引导其基于社区自身的多样化需求,以参与各种小型且多样化的志愿服务的方式来回应社区需求,解决社区问题,从而实现社区公益。如以"社区为本、公益生态、法治慈善、多元共治"的"广州经验"就很值得我们借鉴和推广。

以社区为本的"广州经验"[①]

广州的社区如同广州的点心一样,每一样都很独立,又很精致,人们在社区中或者由于共同利益,或者由于情感纽带,或者因为童年记忆,又或者因为共同的移民经历,形成各自不同的社区生活感,无论是在老城厢的南华西街,还是城郊外来人口聚居的丽江花园,这种生活感使得居民容易有动力形成社区志愿参与的气氛和传统。

在广州,社区中的志愿公益可以表现为由居民发起建立社区基金或者社区基金会。著名的广东省千禾社区公益基金会就出现在广州,它资助各种社区公益组织,帮助社区中有困难的群体或完善社区各种设施;它也可以表现为某位居民建立起一个社区咖啡馆,根据社区需求发起各种公共活动;它还可以是社区志愿者以开展社区教育为目的而建立的社区学院或图书馆,比如广州三元里的社区大学;它还可以是以推动社区支持农业和居民社区参

---

① 朱健刚:《走向公民慈善:广州经验与挑战》,朱健刚主编:《中国公益慈善发展报告(2014)》,社会科学文献出版社 2016 年版,第 131—132 页。

与为目的而自发组织的社区公益墟日或社区农夫市集等，比如广州祈福新村的沃土工坊。这些都出现在广州的普通社区里，表现为类型多样的社区公益慈善组织。

从职业公益慈善的角度来看，社区公益貌似显得有点初级，不仅缺乏规模化效益，也未必很专业，但它真正的教育价值和意义即在于其通过不断培养充满活力的社区志愿者来鼓励更多社区居民对公共事务的参与，同时搭建平台让那些在家庭中形成的美德也可以在社区中展现开来，这一外现又可以反过来重塑家庭价值观。这样经过日积月累，社区公民的互惠行为便会慢慢转换成社区无形的社会资本。对于农村公民而言，乡村是其学习、劳动和生活的地方，现如今的慈善教育进乡村可能谈得更多的是作为一种慈善行为的慈善教育，比如关爱留守儿童的乡村教育等。但若基于一种教育行为的慈善教育，慈善教育进乡村则意味着引导农村居民养成慈善习惯并落实为日常生活中的慈善行为。虽然这一愿景的实现在目前乡村来说还有一段距离，但我们相信，伴随着改革开放的进程以及乡村振兴战略的不断深入，我国的城乡流动以及"以城市反哺农村"的力度会不断加大，起源于城市的现代慈善观念也会慢慢渗透至乡村，届时，慈善文化及慈善教育真正进入公民日常生活各个角落，从而真正实现公民慈善的愿景也将逐步成为现实。

二 提升慈善教育的专业性

在普及慈善教育的基础上提升慈善教育的专业性是延续公民慈善文化的重要保障。正如前所述，目前我国慈善专业人才的培养面临对公益慈善专业人才的相关界定尚未达成共识、专业师资力量的缺乏、公益慈善行业与高等院校联合培养专业人才的局面尚未完全打开等现实困境，同时鉴于西方发达国家慈善办学的成功经验，我们认为，在以国内部分高校招收慈善专业或方向的硕博学生作为理论研究奠基的基础上，适时推进高校与公益慈善行业的双赢合作是当前扭转公益慈善专业人才"稀缺"局面的首推之举。

根据目前高校开设的专业及专业发展趋势来看，社会工作教育不仅发展迅速，而且其培养模式在满足公益慈善专业人才需求上也具有很高的契合度。根据《2018年度中国社会工作发展报告》，截至2018年年底，全国现有82所高职院校开设了社会工作专科专业，348所高校设立社会工作本科专业，150所高校和研究机构开展了社会工作硕士专业教育，全国范围内共有17个社会工作方向的博士点，每年培养社会工作专业毕业生近4万名；全国有助理社会工作师和社会工作师共439266人；2018年全国共有135.2万人参加各领域、各类型社会工作专业培训，较上年增长98%。[①] 这就在专业人才供给上提供了数量保障。与此同时，2018年，"社会工作"再次被写入《政府工作报告》"促进社会组织、专业社会工作、志愿服务健康发展"，民政部也先后发布《社会工作方法个案工作》《社会工作方法小组工作》《青少年社会工作服务指南》，为社会工作者开展个案工作、小组工作和青少年社会工作服务提供了依据。这为专业人才需求上提供了政策支持。其实在一系列相关利好制度及政策的指导下，搭建高校与公益慈善行业的双赢合作平台已经实现了以下几种尝试性的突破：

1. 高校在乡村建立社会工作基础服务乡村发展。云南大学在香港理工大学的支持下建立的云南平寨基地是这方面的突出代表。平寨基地由社会工作专业师生直接经营和推动，秉持社会工作理念、运用社会工作专业方法，从乡村文化挖掘传承和村民生计发展入手，动员当地农民发展团结经验，参与社区发展。平寨的做法后来被推广到广东从化、四川映秀等地。

2. 高校师生通过社会工作实习为农村居民服务。即社会工作院校利用学生社会工作专业实习的制度，安排学生到农村进行社会服务。比如华中农业大学，要求高年级社会工作专业的学生（包括研究生）到固定的农村服务点去，实行接力式服务。这种做法解决了服务人员的来源问题，也使学生获得了实践经验和进行研究的素材。

3. 高校教师通过领办社会工作机构，带动农村社会工作的发展。2008年汶川地震后，中国青年政治学院教师与当地合作创办

---

① 中国社会工作联合会：《2018年度中国社会工作发展报告》，《公益时报》2019年3月21日。

了以服务残疾人为主的社会工作机构——四川绵竹青红社工服务中心。该机构联合北京和四川当地高校的社会工作教师，并组织社会工作研究生和高年级社会工作本科生，协助因地震致残的当地人士恢复正常生活，并用发展性社会工作的方法，促进当地农村残疾人社会工作的发展，10年来一直坚持，取得了多方认可的成绩。

4. 高校和社会工作机构培育贫困农村的社会工作人才。为了落实《中共中央国务院关于打赢脱贫攻坚战的决定》，民政部等部门出台了《民政部 财政部 国务院扶贫办关于支持社会工作专业力量参与脱贫攻坚的指导意见》，其中包括社会工作教育扶贫和社会工作机构扶贫。目前这两个方面的工作都取得了明显进展。根据《2018年度中国社会工作发展报告》，通过相关扶贫对口计划，为贫困地区选派了6000名、培养了3000名社会工作专业骨干，协调东部地区和发达城市的332家社会工作服务机构结对帮扶贫困地区的社会工作服务机构和民政事业单位，支持202所社会工作高等院校在118个贫困县建立151个社会工作实习实训基地，有力地推动了贫困地区社会工作的发展。

5. 广东双百计划。为了全面推动广东社会工作事业的发展，特别是解决粤东西北地区社会工作缺人才、缺资金、缺路径等方面的问题，广东省民政厅于2017年开始实施推动社会工作发展的"双百计划"，即在粤东西北地区的200个镇（街）各建立一个社会工作服务站，设立约1000个专业社会工作岗位，开展面对当地民政救助对象、贫弱群体和广大居民的社会服务。2019年将建立社会工作服务站的街道乡镇增加到407个，实现社会工作服务站在镇街级全覆盖。为了保障服务的专业性，整个项目由以中山大学社会工作专业教师为主的不同学校和机构的资深社会工作者做督导。[1]

上述乡村和高校的一些合作形式是社会工作专业人才培养在实践

---

[1] 王思斌：《社会工作人才培养与乡村振兴发展报告》，杨团主编：《中国慈善发展报告（2020）》，社会科学文献出版社2020年版，第239—242页。

层面的突破性尝试，对于我们探索培养公益慈善领域专业人才的实践路径有着重要的借鉴意义。因此，这些合作形式在实践中存在的问题也不容我们回避。其一，上述乡村和高校的合作虽然客观上培养了一大批社会工作人才，但因政府的政策引导、市场化用人制度以及某些社会工作人才的价值观和职业理想等因素，社会工作专业毕业生真正流向农村并扎根农村的依然很少，而我国最需要社会工作的地方就是农村，这就造成了培养与使用之间的悖论与脱节。公益慈善领域的专业人才培养同样也有类似情况，即最需要公益慈善专业人才的地方反而会因各种现实因素而供给不足。因此，如何在培养公益慈善专业人才的过程中培育其真正的关爱他人、同情他人、感恩他人等慈善意识和品质，是促进高校和公益慈善行业合作的前提。其二，上述乡村和高校的合作是在政府政策指导下，以落实政府政策为工具性目标的体制内行动，属于国家政策行为；而我国目前的公益慈善事业正在逐步摆脱行政色彩并凸显民间特色，尤其微公益更加强调的是参与者的自主性和积极性。因此，如何在政府项目制以外依然能够激发高校与公益慈善行业的积极合作，是在实践层面提升公益慈善领域专业人才综合素养的关键。其三，上述乡村和高校的合作主要通过政府购买服务即项目而"被嵌入"农村，但项目的特点之一就是时间较短，这就意味着社会工作者在农村的工作是暂时的，项目一旦结束就有可能撤离，从而导致这种社会工作在服务时间上的持续性以及处理问题的深入性等问题。因此，在寻求和搭建高校与公益慈善行业合作的实践平台时，也需要考虑到合作的持续性问题，因为只有持续性才能真正地有助于传播慈善理念、构建慈善文化。

  不论是面向社会大众的慈善普及教育，还是致力于培养专业人才的专业慈善教育，都需要善于运用多元化的"互联网＋"战略。"互联网＋"战略不仅意味着可以更方便地实现有关慈善的知识性学习，以帮助人们奠定正确理解慈善的基础，更重要的在于需要发挥互联网的便捷性特征开展各式各样的慈善活动，以提升人们对慈善的认同并积极参与慈善活动的能力。新冠疫情期间推动了网络教学的发展，慈善教育也须适时充分利用这些网络教学平台发布相关课程或推出相关活动，致力于开发多种形式的慈善教育课程吸引人们能够接受并参与网络慈善课程教学。

结　　语

毋庸置疑，慈善对于一个自由、开放和民主的现代社会是非常重要的。慈善所秉持的"倡导角色"及"公民角色"直接关系着一个社会的未来。因而，在 21 世纪步入第二个十年的当今世界，任何一个希冀有所作为、以走向繁荣昌盛为目标的国家，都离不开一个健全的慈善部门。在这个不可或缺的慈善部门中，公民无疑是其中最为靓丽的底色，也是其最好的守护者。伴随着移动互联网的迅猛发展和数字支付技术的日臻完善，互联网时代微公益所倡导的"人人慈善、全民慈善""随时、随地、随手"等现代慈善理念因符合当下社会发展的规律与趋势而引发广泛关注，在政府相关部门高度重视、行业协会持续推动和互联网平台技术赋能的合力作用下，已然进入发展的快车道。然而，作为一个迅猛发展的新生事物，如何把控微公益发展的正确轨道并推动其向着更高更好的方向前进仍然是当前慈善事业持续健康发展的关键议题之一。

本书应该看作是这方面的一种理论观照和学术尝试。我们在梳理慈善历史嬗变的基础上，通过对比传统慈善与现代慈善的异同，分析了制约微公益时代公民慈善发展的影响因素，并以此为前提，就如何推进微公益时代公民慈善的发展，尝试着建构一种实践模式：首先，传播微公益时代公民慈善的价值理念和慈善精神需要以作为一种社会共识的核心价值观为价值引领，以之为基础来匡正微公益时代公民慈善发展的价值导向；其次，微公益时代公民慈善的核心要旨就在于践行"人人慈善、全民慈善"，因而离不开普通公民的支持和认同，但这种支持和认同的基础是来源于微公益自身的公信力，一方面是事关信任基础的规范性问题即透明度，另一方面则是事关自身实力的专业性问题即可持续性；再次，微公益时代公民慈善的持续健康发展，除了提升自身的公信力，外部制度环境尤其是法治环境的保驾护航就显得至关重要，《慈善法》的颁布虽然为当前我国慈善事业的发展提供了最高级别的法律支持，但其中针对微公益时代公民慈善的有效性依据还比较欠缺，因而根据微公益的发展现状及时出台配套的法律法规就显得尤为重要；最后，微公益的良性发展最终要落实到具有主体性的公民个体身上，需要每个公民个体自觉自愿对公益慈善的身体力行，这在更深层次上体现为一种良好的公民慈善文化，因而自然离不开以培养公民慈善意识、引导公民慈善行为为宗旨的慈善教育的形塑。

  坦率地讲，这一实践模式的理论建构看似不难，但要每一处均落到实处则有着不小的难度。比如，价值引领方面，要真正切实发挥社会主义核心价值观的导向作用，则首先需要解决社会主义核心价值观的认同问题。虽然目前关于这一问题的论述可谓汗牛充栋，但由于对社会主义核心价值观的认同关涉对内的心理机制以及对外的利益机制等诸多因素，因而采取相关措施提升社会主义核心价值观认同的实际效果还有待时间的证明。微公益自身的公信力方面，不论是规范性问题，抑或是专业性问题，在短时间得到解决也有很大的难度：有关数据透明的标准目前尚未达成共识，建设一支专业的公益人才队伍也尚需时日，等等。在法治保障方面，《慈善法》的出台可谓"千呼万唤始出来"，而且其最重要的配套政策即三大修订条例至今仍未完成，这一方面说明了法律出台的慎重，另一方面也意味着法律出台的艰难。有鉴于此，针对微公益的法治环境保障的改善同样也是需要我们保持耐心。再者，在公民慈善文化方面，我们虽然针对不同的受众和对象较为全面地设计了一套慈善教育模式，但无须讳言，从完善的公民慈善认知到培养公民慈善意识、再到最后落实到公民的慈善行为这一整套教育的实施过程也必将是异常艰难的。每当我们看到那些钻法律漏洞、打着慈善的幌子牟取个人私利的网络新闻时，就无时无刻不在提醒我们，微公益的良性发展、公民慈善的光明前景，仍旧充满荆棘，任重而道远。

附录一

中华人民共和国公益事业捐赠法

第一章 总则

第一条

为了鼓励捐赠,规范捐赠和受赠行为,保护捐赠人、受赠人和受益人的合法权益,促进公益事业的发展,制定本法。

第二条

自然人、法人或者其他组织自愿无偿向依法成立的公益性社会团体和公益性非营利的事业单位捐赠财产,用于公益事业的,适用本法。

第三条

本法所称公益事业是指非营利的下列事项:(一)救助灾害、救济贫困、扶助残疾人等困难的社会群体和个人的活动;(二)教育、科学、文化、卫生、体育事业;(三)环境保护、社会公共设施建设;(四)促进社会发展和进步的其他社会公共和福利事业。

第四条

捐赠应当是自愿和无偿的,禁止强行摊派或者变相摊派,不得以捐赠为名从事营利活动。

第五条

捐赠财产的使用应当尊重捐赠人的意愿,符合公益目的,不得将捐赠财产挪作他用。

第六条

捐赠应当遵守法律、法规，不得违背社会公德，不得损害公共利益和其他公民的合法权益。

第七条

公益性社会团体受赠的财产及其增值为社会公共财产，受国家法律保护，任何单位和个人不得侵占、挪用和损毁。

第八条

国家鼓励公益事业的发展，对公益性社会团体和公益性非营利的事业单位给予扶持和优待。国家鼓励自然人、法人或者其他组织对公益事业进行捐赠。对公益事业捐赠有突出贡献的自然人、法人或者其他组织，由人民政府或者有关部门予以表彰。对捐赠人进行公开表彰，应当事先征求捐赠人的意见。

第二章 捐赠和受赠

第九条

自然人、法人或者其他组织可以选择符合其捐赠意愿的公益性社会团体和公益性非营利的事业单位进行捐赠。捐赠的财产应当是其有权处分的合法财产。

第十条

公益性社会团体和公益性非营利的事业单位可以依照本法接受捐赠。本法所称公益性社会团体是指依法成立的，以发展公益事业为宗旨的基金会、慈善组织等社会团体。本法所称公益性非营利的事业单位是指依法成立的，从事公益事业的不以营利为目的的教育机构、科学研究机构、医疗卫生机构、社会公共文化机构、社会公共体育机构和社会福利机构等。

第十一条

在发生自然灾害时或者境外捐赠人要求县级以上人民政府及其部门作为受赠人时，县级以上人民政府及其部门可以接受捐赠，并依照本法的有关规定对捐赠财产进行管理。县级以上人民政府及其部门可以将受赠财产转交公益性社会团体或者公益性非营利的事业单位；也可以按照捐赠人的意愿分发或者兴办公益事业,但是不得以本机关为受益对象。

第十二条

捐赠人可以与受赠人就捐赠财产的种类、质量、数量和用途等内容订立捐赠协议。捐赠人有权决定捐赠的数量、用途和方式。捐赠人应当依法履行捐赠协议,按照捐赠协议约定的期限和方式将捐赠财产转移给受赠人。

第十三条

捐赠人捐赠财产兴建公益事业工程项目,应当与受赠人订立捐赠协议,对工程项目的资金、建设、管理和使用作出约定。捐赠的公益事业工程项目由受赠单位按照国家有关规定办理项目审批手续,并组织施工或者由受赠人和捐赠人共同组织施工。工程质量应当符合国家质量标准。捐赠的公益事业工程项目竣工后,受赠单位应当将工程建设、建设资金的使用和工程质量验收情况向捐赠人通报。

第十四条

捐赠人对于捐赠的公益事业工程项目可以留名纪念;捐赠人单独捐赠的工程项目或者主要由捐赠人出资兴建的工程项目,可以由捐赠人提出工程项目的名称,报县级以上人民政府批准。

第十五条

境外捐赠人捐赠的财产,由受赠人按照国家有关规定办理入境手续;捐赠实行许可证管理的物品,由受赠人按照国家有关规定办理许可证申领手续,海关凭许可证验放、监管。华侨向境内捐赠的,县级以上人民政府侨务部门可以协助办理有关入境手续,为捐赠人实施捐赠项目提供帮助。

第三章 捐赠财产的使用和管理

第十六条

受赠人接受捐赠后,应当向捐赠人出具合法、有效的收据,将受赠财产登记造册,妥善保管。

第十七条

公益性社会团体应当将受赠财产用于资助符合其宗旨的活动和事业。对于接受的救助灾害的捐赠财产，应当及时用于救助活动。基金会每年用于资助公益事业的资金数额，不得低于国家规定的比例。公益性社会团体应当严格遵守国家的有关规定，按照合法、安全、有效的原则，积极实现捐赠财产的保值增值。公益性非营利的事业单位应当将受赠财产用于发展本单位的公益事业，不得挪作他用。对于不易储存、运输和超过实际需要的受赠财产，受赠人可以变卖，所取得的全部收入，应当用于捐赠目的。

第十八条

受赠人与捐赠人订立了捐赠协议的，应当按照协议约定的用途使用捐赠财产，不得擅自改变捐赠财产的用途。如果确需改变用途的，应当征得捐赠人的同意。

第十九条

受赠人应当依照国家有关规定，建立健全财务会计制度和受赠财产的使用制度，加强对受赠财产的管理。

第二十条

受赠人每年度应当向政府有关部门报告受赠财产的使用、管理情况，接受监督。必要时，政府有关部门可以对其财务进行审计。海关对减免关税的捐赠物品依法实施监督和管理。县级以上人民政府侨务部门可以参与对华侨向境内捐赠财产使用与管理的监督。

第二十一条

捐赠人有权向受赠人查询捐赠财产的使用、管理情况，并提出意见和建议。对于捐赠人的查询，受赠人应当如实答复。

第二十二条

受赠人应当公开接受捐赠的情况和受赠财产的使用、管理情况，接受社会监督。

第二十三条

公益性社会团体应当厉行节约，降低管理成本，工作人员的工资和办公费用从利息等收入中按照国家规定的标准开支。

第四章　优惠措施

第二十四条

公司和其他企业依照本法的规定捐赠财产用于公益事业，依照法律、行政法规的规定享受企业所得税方面的优惠。

第二十五条

自然人和个体工商户依照本法的规定捐赠财产用于公益事业，依照法律、行政法规的规定享受个人所得税方面的优惠。

第二十六条

境外向公益性社会团体和公益性非营利的事业单位捐赠的用于公益事业的物资，依照法律、行政法规的规定减征或者免征进口关税和进口环节的增值税。

第二十七条

对于捐赠的工程项目，当地人民政府应当给予支持和优惠。

第五章　法律责任

第二十八条

受赠人未征得捐赠人的许可，擅自改变捐赠财产的性质、用途的，由县级以上人民政府有关部门责令改正，给予警告。拒不改正的，经征求捐赠人的意见，由县级以上人民政府将捐赠财产交由与其宗旨相同或者相似的公益性社会团体或者公益性非营利的事业单位管理。

第二十九条

挪用、侵占或者贪污捐赠款物的，由县级以上人民政府有关部门责令退还所用、所得款物，并处以罚款；对直接责任人员，由所在单位依照有关规定予以处理；构成犯罪的，依法追究刑事责任。依照前款追回、追缴的捐赠款物，应当用于原捐赠目的和用途。

第三十条

在捐赠活动中，有下列行为之一的，依照法律、法规的有关规定予以处罚；构成犯罪的，依法追究刑事责任：（一）逃汇、骗购外汇的；（二）偷税、逃税的；（三）进行走私活动的；（四）未经海关许可并且未补缴应缴税额，擅自将减税、免税进口的捐赠物资在境内销售、转让或者移作他用的。

第三十一条

受赠单位的工作人员，滥用职权，玩忽职守，徇私舞弊，致使捐赠财产造成重大损失的，由所在单位依照有关规定予以处理；构成犯罪的，依法追究刑事责任。

第六章　附则

第三十二条

本法自 1999 年 9 月 1 日起施行。

附录二

关于促进慈善事业健康发展的指导意见

各省、自治区、直辖市人民政府，国务院各部委、各直属机构：

改革开放以来，我国慈善事业蓬勃兴起，以慈善组织为代表的各类慈善力量迅速发展壮大，社会慈善意识明显增强，各类慈善活动积极踊跃，在灾害救助、贫困救济、医疗救助、教育救助、扶老助残和其他公益事业领域发挥了积极作用。但是，我国慈善事业依然存在政策法规体系不够健全、监督管理措施不够完善、慈善活动不够规范、社会氛围不够浓厚、与社会救助工作衔接不够紧密等问题，影响了慈善事业的健康发展。根据党的十八大、十八届三中、四中全会精神和国务院决策部署，为进一步加强和改进慈善工作，统筹慈善和社会救助两方面资源，更好地保障和改善困难群众民生，现提出以下意见。

一 总体要求

（一）指导思想。以邓小平理论、"三个代表"重要思想、科学发展观为指导，坚持政府推动、社会实施、公众参与、专业运作，鼓励支持与强化监管并重，推动慈善事业健康发展，努力形成与社会救助工作紧密衔接，在扶贫济困、改善民生、弘扬中华民族传统美德和社会主义核心价值观等方面充分发挥作用的慈善事业发展新格局。

（二）基本原则。

突出扶贫济困。鼓励、支持和引导慈善组织和其他社会力量从帮助困难群众解决最直接、最现实、最紧迫的问题入手，在扶贫济困、为困难群众救急解难等领域广泛开展慈善帮扶，与政府的社会救助形成合力，有效发挥重要补充作用。

坚持改革创新。在慈善事业体制机制、运行方式、慈善事业与社会救助对接等方面大胆探索，畅通社会各方面参与慈善和社会救助的渠道，大力优化慈善事业发展环境，使各类慈善资源、社会救助资源充分发挥作用。

确保公开透明。慈善组织以及其他社会力量开展慈善活动，要充分尊重捐赠人意愿，依据有关规定及时充分公开慈善资源的募集、管理和使用情况。慈善组织要切实履行信息公开责任，接受行政监督、社会监督和舆论监督。

强化规范管理。加快完善相关法规政策，规范和引导慈善事业健康发展。依法依规对自然人、法人和其他组织开展的慈善活动进行监管，及时查处和纠正违法违规活动，确保慈善事业在法制化轨道上运行。

（三）发展目标。到 2020 年，慈善监管体系健全有效，扶持政策基本完善，体制机制协调顺畅，慈善行为规范有序，慈善活动公开透明，社会捐赠积极踊跃，志愿服务广泛开展，全社会支持慈善、参与慈善的氛围更加浓厚，慈善事业对社会救助体系形成有力补充，成为全面建成小康社会的重要力量。

二 鼓励和支持以扶贫济困为重点开展慈善活动

扶贫济困是慈善事业的重要领域，在政府保障困难群众基本生活的同时，鼓励和支持社会力量以扶贫济困为重点开展慈善活动，有利于更好地满足困难群众多样化、多层次的需求，帮助他们摆脱困境、改善生活，形成慈善事业与社会救助的有效衔接和功能互补，共同编密织牢社会生活安全网。

（一）鼓励社会各界开展慈善活动。鼓励社会各界以各类社会救助对象为重点，广泛开展扶贫济困、赈灾救孤、扶老助残、助学助医等慈善活动。党政机关、事业单位要广泛动员干部职工积极参与各类慈善活动，发挥带头示范作用。工会、共青团、妇联等人民团体要充分发挥密切联系群众的优势，动员社会公众为慈善事业捐赠资金、物资和提供志愿服务等。各全国性社会团体在发挥自身优势、开展慈善活动时，要主动接受社会监督，在公开透明、规范管理、服务困难群众等方面作出表率。各类慈善组织要进一步面向困难群体开展符合其宗旨的慈善活动。倡导各类企业将慈善精神融入企业文化建设，把参与慈善作为履行社会责任的重要方面，通过捐赠、支持志愿服务、设立基金会等方式，开展形式多样的慈善活动，在更广泛的领域为社会作出贡献。鼓励有条件的宗教团体和宗教活动场所依法依规开展各类慈善活动。提倡在单位内部、城乡社区开展群众性互助互济活动。充分发挥家庭、个人、志愿者在慈善活动中的积极作用。

（二）鼓励开展形式多样的社会捐赠和志愿服务。鼓励和支持社会公众通过捐款捐物、慈善消费和慈善义演、义拍、义卖、义展、义诊、义赛等方式为困难群众奉献爱心。探索捐赠知识产权收益、技术、股权、有价证券等新型捐赠方式，鼓励设立慈善信托，抓紧制定政策措施，积极推进有条件的地方开展试点。动员社会公众积极参与志愿服务，构建形式多样、内容丰富、机制健全、覆盖城乡的志愿服务体系。倡导社会力量兴办公益性医疗、教育、养老、残障康复、文化体育等方面的机构和设施，为慈善事业提供更多的资金支持和服务载体。加快出台有效措施，引导社会公众积极捐赠家庭闲置物品。广泛设立社会捐助站点，创新发展慈善超市，发挥网络捐赠技术优势，方便群众就近就便开展捐赠。

（三）健全社会救助和慈善资源信息对接机制。要建立民政部门与其他社会救助管理部门之间的信息共享机制，同时建立和完善民政部门与慈善组织、社会服务机构之间的衔接机制，形成社会救助和慈善资源的信息有效对接。对于经过社会救助后仍需要帮扶的救助对象，民政部门要及时与慈善组织、社会服务机构协商，实现政府救助与社会帮扶有机结合，做到因情施救、各有侧重、互相补充。社会救助信息和慈善资源信息应同时向审计等政府有关部门开放。

（四）落实和完善减免税政策。落实企业和个人公益性捐赠所得税税前扣除政策，企业发生的公益性捐赠支出，在年度利润总额12%以内的部分，准予在计算应纳税所得额时扣除；个人公益性捐赠额未超过纳税义务人申报的应纳税所得额30%的部分，可以从其应纳税所得额中扣除。研究完善慈善组织企业所得税优惠政策，切实惠及符合条件的慈善组织。对境外向我国境内依法设立的慈善组织无偿捐赠的直接用于慈善事业的物资，在有关法律及政策规定的范围内享受进口税收优惠。有关部门要大力宣传慈善捐赠减免税的资格和条件。

（五）加大社会支持力度。鼓励企事业单位为慈善活动提供场所和便利条件、按规定给予优惠。倡导金融机构根据慈善事业的特点和需求创新金融产品和服务方式，积极探索金融资本支持慈善事业发展的政策渠道。支持慈善组织为慈善对象购买保险产品，鼓励商业保险公司捐助慈善事业。完善公益广告等平台的管理办法，鼓励新闻媒体为慈善组织的信息公开提供帮助支持和费用优惠。

三　培育和规范各类慈善组织

慈善组织是现代慈善事业的重要主体，大力发展各类慈善组织，规范慈善组织行为、确保慈善活动公开透明，是促进慈善事业健康发展的有效保证。

（一）鼓励兴办慈善组织。优先发展具有扶贫济困功能的各类慈善组织。积极探索培育网络慈善等新的慈善形态，引导和规范其健康发展。稳妥推进慈善组织直接登记，逐步下放符合条件的慈善组织登记管理权限。地方政府和社会力量可通过实施公益创投等多种方式，为初创期慈善组织提供资金支持和能力建设服务。要加快出台有关措施，以扶贫济困类项目为重点，加大政府财政资金向社会组织购买服务力度。

（二）切实加强慈善组织自我管理。慈善组织要建立健全内部治理结构，完善决策、执行、监督制度和决策机构议事规则，加强内部控制和内部审计，确保人员、财产、慈善活动按照组织章程有序运作。基金会工作人员工资福利和行政办公支出等管理成本不得超过当年总支出的10%，其他慈善组织的管理成本可参照基金会执行。列入管理成本的支出类别按民政部规定执行。捐赠协议约定从捐赠财产中列支管理成本的，可按照约定执行。

（三）依法依规开展募捐活动。引导慈善组织重点围绕扶贫济困开展募捐活动。具有公募资格的慈善组织，面向社会开展的募捐活动应与其宗旨、业务范围相一致；新闻媒体、企事业单位等和不具有公募资格的慈善组织，以慈善名义开展募捐活动的，必须联合具有公募资格的组织进行；广播、电视、报刊及互联网信息服务提供者、电信运营商，应当对利用其平台发起募捐活动的慈善组织的合法性进行验证，包括查验登记证书、募捐主体资格证明材料。慈善组织要加强对募捐活动的管理，向捐赠者开具捐赠票据，开展项目所需成本要按规定列支并向捐赠人说明。任何组织和个人不得以慈善名义敛财。

（四）严格规范使用捐赠款物。慈善组织应将募得款物按照协议或承诺，及时用于相关慈善项目，除不可抗力或捐赠人同意外，不得以任何理由延误。未经捐赠人同意，不得擅自更改款物用途。倡导募用分离，制定有关激励扶持政策，支持在款物募集方面有优势的慈善组织将募得款物用于资助有服务专长的慈善组织运作项目。慈善组织要科学设计慈善项目，优化实施流程，努力降低运行成本，提高慈善资源使用效益。

（五）强化慈善组织信息公开责任。

公开内容。慈善组织应向社会公开组织章程、组织机构代码、登记证书号码、负责人信息、年度工作报告、经审计的财务会计报告和开展募捐、接受捐赠、捐赠款物使用、慈善项目实施、资产保值增值等情况以及依法应当公开的其他信息。信息公开应当真实、准确、完整、及时，不得有虚假记载、误导性陈述或者重大遗漏。对于涉及国家安全、个人隐私等依法不予公开的信息和捐赠人或受益人与慈善组织协议约定不得公开的信息，不得公开。慈善组织不予公开的信息，应当接受政府有关部门的监督检查。

公开时限。慈善组织应及时公开款物募集情况，募捐周期大于6个月的，应当每3个月向社会公开一次，募捐活动结束后3个月内应全面公开；应及时公开慈善项目运作、受赠款物的使用情况，项目运行周期大于6个月的，应当每3个月向社会公开一次，项目结束后3个月内应全面公开。

公开途径。慈善组织应通过自身官方网站或批准其登记的民政部门认可的信息网站进行信息发布；应向社会公开联系方式，及时回应捐赠人及利益相关方的询问。慈善组织应对其公开信息和答复信息的真实性负责。

四　加强对慈善组织和慈善活动的监督管理

（一）加强政府有关部门的监督管理。民政部门要严格执行慈善组织年检制度和评估制度。要围绕慈善组织募捐活动、财产管理和使用、信息公开等内容，建立健全并落实日常监督检查制度、重大慈项目专项检查制度、慈善组织及其负责人信用记录制度,并依法对违法违规行为进行处罚。财政、税务部门要依法对慈善组织的财务会计、享受税收优惠和使用公益事业捐赠统一票据等情况进行监督管理。其他政府部门要在各自职责范围内对慈善组织和慈善活动进行监督管理。

(二)公开监督管理信息。民政部门要通过信息网站等途径向社会公开慈善事业发展和慈善组织、慈善活动相关信息,具体包括各类慈善组织名单及其设立、变更、评估、年检、注销、撤销登记信息和政府扶持鼓励政策措施、购买社会组织服务信息、受奖励及处罚信息、本行政区域慈善事业发展年度统计信息以及依法应当公开的其他信息。

(三)强化慈善行业自律。要推动建立慈善领域联合型、行业性组织,建立健全行业标准和行为准则,增强行业自我约束、自我管理、自我监督能力。鼓励第三方专业机构根据民政部门委托,按照民政部门制定的评估规程和评估指标,对慈善组织开展评估。相关政府部门要将评估结果作为政府购买服务、评选表彰的参考依据。

(四)加强社会监督。畅通社会公众对慈善活动中不良行为的投诉举报渠道,任何单位或个人发现任何组织或个人在慈善活动中有违法违规行为的,可以向该组织或个人所属的慈善领域联合型、行业性组织投诉,或向民政部门及其他政府部门举报。相关行业性组织要依据行业自律规则,在职责范围内及时协调处理投诉事宜。相关政府部门要在各自职责范围内及时调查核实,情况属实的要依法查处。切实保障捐赠人对捐赠财产使用情况的监督权利,捐赠人对慈善组织、其他受赠主体和受益人使用捐赠财产持有异议的,除向有关方面投诉举报外,还可以依法向人民法院提起诉讼。支持新闻媒体对慈善组织、慈善活动进行监督,对违法违规及不良现象和行为进行曝光,充分发挥舆论监督作用。

(五)建立健全责任追究制度。民政部门作为慈善事业主管部门,要会同有关部门建立健全责任追究制度。对慈善组织按照"谁登记、谁管理"的原则,由批准登记的民政部门会同有关部门对其违规开展募捐活动、违反约定使用捐赠款物、拒不履行信息公开责任、资助或从事危害国家安全和公共利益活动等违法违规行为依法进行查处;对于慈善组织或其负责人的负面信用记录，要予以曝光。对其他社会组织和个人按照属地管辖的原则，由所在地的民政部门会同有关部门对其以慈善为名组织实施的违反法律法规、违背公序良俗的行为和无正当理由拒不兑现或不完全兑现捐赠承诺、以诽谤造谣等方式损害慈善组织及其从业人员声誉等其他违法违规行为依法及时查处。对政府有关部门及其工作人员滥用职权、徇私舞弊或者玩忽职守、敷衍塞责造成严重后果的，要依法追究责任。

五 加强对慈善工作的组织领导

（一）建立健全组织协调机制。各级政府要将发展慈善事业作为社会建设的重要内容，纳入国民经济和社会发展总体规划和相关专项规划，加强慈善与社会救助、社会福利、社会保险等社会保障制度的衔接。各有关部门要建立健全慈善工作组织协调机制，及时解决慈善事业发展中遇到的突出困难和问题。

（二）完善慈善表彰奖励制度。国家对为慈善事业发展作出突出贡献、社会影响较大的个人、法人或者组织予以表彰。民政部要根据慈善事业发展的实际情况，及时修订完善"中华慈善奖"评选表彰办法，组织实施好评选表彰工作，在全社会营造良好的慈善氛围。各省（区、市）人民政府可按国家有关规定建立慈善表彰奖励制度。要抓紧出台有关措施，完善公民志愿服务记录制度，按照国家有关规定建立完善志愿者嘉许和回馈制度，鼓励更多的人参加志愿服务活动。

（三）完善慈善人才培养政策。要加快培养慈善事业发展急需的理论研究、高级管理、项目实施、专业服务和宣传推广等人才。加强慈善从业人员劳动权益保护和职业教育培训，逐步建立健全以慈善从业人员职称评定、信用记录、社会保险等为主要内容的人力资源管理体系，合理确定慈善行业工作人员工资待遇水平。

（四）加大对慈善工作的宣传力度。要充分利用报刊、广播、电视等媒体和互联网，以群众喜闻乐见的方式，大力宣传各类慈行善举和正面典型，以及慈善事业在服务困难群众、促进社会文明进步等方面的积极贡献，引导社会公众关心慈善、支持慈善、参与慈善。要着力推动慈善文化进机关、进企业、进学校、进社区、进乡村，弘扬中华民族团结友爱、互助共济的传统美德，为慈善事业发展营造良好社会氛围。

  各省（区、市）人民政府要根据本意见要求，结合实际，研究制定配套落实政策。国务院相关部门要根据本部门职责研究制定具体政策措施。民政部要会同有关部门加强对本意见执行情况的监督检查，及时向国务院报告。

国务院

2014 年 11 月 24 日

附录三

中华人民共和国慈善法

第一章 总则

第一条

为了发展慈善事业，弘扬慈善文化，规范慈善活动，保护慈善组织、捐赠人、志愿者、受益人等慈善活动参与者的合法权益，促进社会进步，共享发展成果，制定本法。

第二条

自然人、法人和其他组织开展慈善活动以及与慈善有关的活动，适用本法。其他法律有特别规定的，依照其规定。

第三条

本法所称慈善活动，是指自然人、法人和其他组织以捐赠财产或者提供服务等方式，自愿开展的下列公益活动：（一）扶贫、济困；（二）扶老、救孤、恤病、助残、优抚；（三）救助自然灾害、事故灾难和公共卫生事件等突发事件造成的损害；（四）促进教育、科学、文化、卫生、体育等事业的发展；（五）防治污染和其他公害，保护和改善生态环境；（六）符合本法规定的其他公益活动。

第四条

开展慈善活动，应当遵循合法、自愿、诚信、非营利的原则，不得违背社会公德，不得危害国家安全、损害社会公共利益和他人合法权益。

第五条

国家鼓励和支持自然人、法人和其他组织践行社会主义核心价值观,弘扬中华民族传统美德,依法开展慈善活动。

第六条

国务院民政部门主管全国慈善工作,县级以上地方各级人民政府民政部门主管本行政区域内的慈善工作;县级以上人民政府有关部门依照本法和其他有关法律法规,在各自的职责范围内做好相关工作。

第七条

每年9月5日为"中华慈善日"。

第二章 慈善组织

第八条

本法所称慈善组织,是指依法成立、符合本法规定,以面向社会开展慈善活动为宗旨的非营利性组织。慈善组织可以采取基金会、社会团体、社会服务机构等组织形式。

第九条

慈善组织应当符合下列条件:(一)以开展慈善活动为宗旨;(二)不以营利为目的;(三)有自己的名称和住所;(四)有组织章程;(五)有必要的财产;(六)有符合条件的组织机构和负责人;(七)法律、行政法规规定的其他条件。

第十条

设立慈善组织,应当向县级以上人民政府民政部门申请登记,民政部门应当自受理申请之日起三十日内作出决定。符合本法规定条件的,准予登记并向社会公告;不符合本法规定条件的,不予登记并书面说明理由。本法公布前已经设立的基金会、社会团体、社会服务机构等非营利性组织,可以向其登记的民政部门申请认定为慈善组织,民政部门应当自受理申请之日起二十日内作出决定。符合慈善组织条件的,予以认定并向社会公告;不符合慈善组织条件的,不予认定并书面说明理由。有特殊情况需要延长登记或者认定期限的,报经国务院民政部门批准,可以适当延长,但延长的期限不得超过六十日。

第十一条

慈善组织的章程，应当符合法律法规的规定，并载明下列事项：（一）名称和住所；（二）组织形式；（三）宗旨和活动范围；（四）财产来源及构成；（五）决策、执行机构的组成及职责；（六）内部监督机制；（七）财产管理使用制度；（八）项目管理制度；（九）终止情形及终止后的清算办法；（十）其他重要事项。

第十二条

慈善组织应当根据法律法规以及章程的规定，建立健全内部治理结构，明确决策、执行、监督等方面的职责权限，开展慈善活动。慈善组织应当执行国家统一的会计制度，依法进行会计核算，建立健全会计监督制度，并接受政府有关部门的监督管理。

第十三条

慈善组织应当每年向其登记的民政部门报送年度工作报告和财务会计报告。报告应当包括年度开展募捐和接受捐赠情况、慈善财产的管理使用情况、慈善项目实施情况以及慈善组织工作人员的工资福利情况。

第十四条

慈善组织的发起人、主要捐赠人以及管理人员，不得利用其关联关系损害慈善组织、受益人的利益和社会公共利益。慈善组织的发起人、主要捐赠人以及管理人员与慈善组织发生交易行为的，不得参与慈善组织有关该交易行为的决策，有关交易情况应当向社会公开。

第十五条

慈善组织不得从事、资助危害国家安全和社会公共利益的活动，不得接受附加违反法律法规和违背社会公德条件的捐赠，不得对受益人附加违反法律法规和违背社会公德的条件。

第十六条

有下列情形之一的，不得担任慈善组织的负责人：（一）无民事行为能力或者限制民事行为能力的；（二）因故意犯罪被判处刑罚，自刑罚执行完毕之日起未逾五年的；（三）在被吊销登记证书或者被取缔的组织担任负责人，自该组织被吊销登记证书或者被取缔之日起未逾五年的；（四）法律、行政法规规定的其他情形。

第十七条

慈善组织有下列情形之一的，应当终止：（一）出现章程规定的终止情形的；（二）因分立、合并需要终止的；（三）连续二年未从事慈善活动的；（四）依法被撤销登记或者吊销登记证书的；（五）法律、行政法规规定应当终止的其他情形。

第十八条

慈善组织终止，应当进行清算。慈善组织的决策机构应当在本法第十七条规定的终止情形出现之日起三十日内成立清算组进行清算，并向社会公告。不成立清算组或者清算组不履行职责的，民政部门可以申请人民法院指定有关人员组成清算组进行清算。慈善组织清算后的剩余财产，应当按照慈善组织章程的规定转给宗旨相同或者相近的慈善组织；章程未规定的，由民政部门主持转给宗旨相同或者相近的慈善组织，并向社会公告。慈善组织清算结束后，应当向其登记的民政部门办理注销登记，并由民政部门向社会公告。

第十九条

慈善组织依法成立行业组织。慈善行业组织应当反映行业诉求，推动行业交流，提高慈善行业公信力，促进慈善事业发展。

第二十条

慈善组织的组织形式、登记管理的具体办法由国务院制定。

第三章 慈善募捐

第二十一条

本法所称慈善募捐，是指慈善组织基于慈善宗旨募集财产的活动。慈善募捐，包括面向社会公众的公开募捐和面向特定对象的定向募捐。

第二十二条

慈善组织开展公开募捐，应当取得公开募捐资格。依法登记满二年的慈善组织，可以向其登记的民政部门申请公开募捐资格。民政部门应当自受理申请之日起二十日内作出决定。慈善组织符合内部治理结构健全、运作规范的条件的，发给公开募捐资格证书；不符合条件的，不发给公开募捐资格证书并书面说明理由。法律、行政法规规定自登记之日起可以公开募捐的基金会和社会团体，由民政部门直接发给公开募捐资格证书。

第二十三条

开展公开募捐，可以采取下列方式：（一）在公共场所设置募捐箱；（二）举办面向社会公众的义演、义赛、义卖、义展、义拍、慈善晚会等；（三）通过广播、电视、报刊、互联网等媒体发布募捐信息；（四）其他公开募捐方式。慈善组织采取前款第一项、第二项规定的方式开展公开募捐的，应当在其登记的民政部门管辖区域内进行，确有必要在其登记的民政部门管辖区域外进行的，应当报其开展募捐活动所在地的县级以上人民政府民政部门备案。捐赠人的捐赠行为不受地域限制。慈善组织通过互联网开展公开募捐的，应当在国务院民政部门统一或者指定的慈善信息平台发布募捐信息，并可以同时在其网站发布募捐信息。

第二十四条

开展公开募捐，应当制定募捐方案。募捐方案包括募捐目的、起止时间和地域、活动负责人姓名和办公地址、接受捐赠方式、银行账户、受益人、募得款物用途、募捐成本、剩余财产的处理等。募捐方案应当在开展募捐活动前报慈善组织登记的民政部门备案。

第二十五条

开展公开募捐，应当在募捐活动现场或者募捐活动载体的显著位置，公布募捐组织名称、公开募捐资格证书、募捐方案、联系方式、募捐信息查询方法等。

第二十六条

不具有公开募捐资格的组织或者个人基于慈善目的，可以与具有公开募捐资格的慈善组织合作，由该慈善组织开展公开募捐并管理募得款物。

第二十七条

广播、电视、报刊以及网络服务提供者、电信运营商，应当对利用其平台开展公开募捐的慈善组织的登记证书、公开募捐资格证书进行验证。

第二十八条

慈善组织自登记之日起可以开展定向募捐。慈善组织开展定向募捐，应当在发起人、理事会成员和会员等特定对象的范围内进行，并向募捐对象说明募捐目的、募得款物用途等事项。

第二十九条

开展定向募捐，不得采取或者变相采取本法第二十三条规定的方式。

第三十条

发生重大自然灾害、事故灾难和公共卫生事件等突发事件，需要迅速开展救助时，有关人民政府应当建立协调机制，提供需求信息，及时有序引导开展募捐和救助活动。

第三十一条

开展募捐活动，应当尊重和维护募捐对象的合法权益，保障募捐对象的知情权，不得通过虚构事实等方式欺骗、诱导募捐对象实施捐赠。

第三十二条

开展募捐活动，不得摊派或者变相摊派，不得妨碍公共秩序、企业生产经营和居民生活。

第三十三条

禁止任何组织或者个人假借慈善名义或者假冒慈善组织开展募捐活动，骗取财产。

第四章 慈善捐赠

第三十四条

本法所称慈善捐赠，是指自然人、法人和其他组织基于慈善目的，自愿、无偿赠予财产的活动。

第三十五条

捐赠人可以通过慈善组织捐赠，也可以直接向受益人捐赠。

第三十六条

捐赠人捐赠的财产应当是其有权处分的合法财产。捐赠财产包括货币、实物、房屋、有价证券、股权、知识产权等有形和无形财产。捐赠人捐赠的实物应当具有使用价值，符合安全、卫生、环保等标准。捐赠人捐赠本企业产品的，应当依法承担产品质量责任和义务。

第三十七条

自然人、法人和其他组织开展演出、比赛、销售、拍卖等经营性活动，承诺将全部或者部分所得用于慈善目的的，应当在举办活动前与慈善组织或者其他接受捐赠的人签订捐赠协议，活动结束后按照捐赠协议履行捐赠义务，并将捐赠情况向社会公开。

第三十八条

慈善组织接受捐赠，应当向捐赠人开具由财政部门统一监（印）制的捐赠票据。捐赠票据应当载明捐赠人、捐赠财产的种类及数量、慈善组织名称和经办人姓名、票据日期等。捐赠人匿名或者放弃接受捐赠票据的，慈善组织应当做好相关记录。

第三十九条

慈善组织接受捐赠，捐赠人要求签订书面捐赠协议的，慈善组织应当与捐赠人签订书面捐赠协议。书面捐赠协议包括捐赠人和慈善组织名称，捐赠财产的种类、数量、质量、用途、交付时间等内容。

第四十条

捐赠人与慈善组织约定捐赠财产的用途和受益人时，不得指定捐赠人的利害关系人作为受益人。任何组织和个人不得利用慈善捐赠违反法律规定宣传烟草制品，不得利用慈善捐赠以任何方式宣传法律禁止宣传的产品和事项。

第四十一条

捐赠人应当按照捐赠协议履行捐赠义务。捐赠人违反捐赠协议逾期未交付捐赠财产，有下列情形之一的，慈善组织或者其他接受捐赠的人可以要求交付；捐赠人拒不交付的，慈善组织和其他接受捐赠的人可以依法向人民法院申请支付令或者提起诉讼：（一）捐赠人通过广播、电视、报刊、互联网等媒体公开承诺捐赠的；（二）捐赠财产用于本法第三条第一项至第三项规定的慈善活动，并签订书面捐赠协议的。捐赠人公开承诺捐赠或者签订书面捐赠协议后经济状况显著恶化，严重影响其生产经营或者家庭生活的，经向公开承诺捐赠地或者书面捐赠协议签订地的民政部门报告并向社会公开说明情况后，可以不再履行捐赠义务。

第四十二条

捐赠人有权查询、复制其捐赠财产管理使用的有关资料，慈善组织应当及时主动向捐赠人反馈有关情况。慈善组织违反捐赠协议约定的用途，滥用捐赠财产的，捐赠人有权要求其改正；拒不改正的，捐赠人可以向民政部门投诉、举报或者向人民法院提起诉讼。

第四十三条

国有企业实施慈善捐赠应当遵守有关国有资产管理的规定，履行批准和备案程序。

第五章　慈善信托

第四十四条

本法所称慈善信托属于公益信托，是指委托人基于慈善目的，依法将其财产委托给受托人，由受托人按照委托人意愿以受托人名义进行管理和处分，开展慈善活动的行为。

第四十五条

设立慈善信托、确定受托人和监察人，应当采取书面形式。受托人应当在慈善信托文件签订之日起七日内，将相关文件向受托人所在地县级以上人民政府民政部门备案。未按照前款规定将相关文件报民政部门备案的，不享受税收优惠。

第四十六条

慈善信托的受托人，可以由委托人确定其信赖的慈善组织或者信托公司担任。

第四十七条

慈善信托的受托人违反信托义务或者难以履行职责的，委托人可以变更受托人。变更后的受托人应当自变更之日起七日内，将变更情况报原备案的民政部门重新备案。

第四十八条

慈善信托的受托人管理和处分信托财产，应当按照信托目的，恪尽职守，履行诚信、谨慎管理的义务。慈善信托的受托人应当根据信托文件和委托人的要求，及时向委托人报告信托事务处理情况、信托财产管理使用情况。慈善信托的受托人应当每年至少一次将信托事务处理情况及财务状况向其备案的民政部门报告，并向社会公开。

第四十九条

慈善信托的委托人根据需要，可以确定信托监察人。信托监察人对受托人的行为进行监督，依法维护委托人和受益人的权益。信托监察人发现受托人违反信托义务或者难以履行职责的，应当向委托人报告，并有权以自己的名义向人民法院提起诉讼。

第五十条

慈善信托的设立、信托财产的管理、信托当事人、信托的终止和清算等事项，本章未规定的，适用本法其他有关规定；本法未规定的，适用《中华人民共和国信托法》的有关规定。

第六章　慈善财产

第五十一条

慈善组织的财产包括：（一）发起人捐赠、资助的创始财产；（二）募集的财产；（三）其他合法财产。

第五十二条

慈善组织的财产应当根据章程和捐赠协议的规定全部用于慈善目的，不得在发起人、捐赠人以及慈善组织成员中分配。任何组织和个人不得私分、挪用、截留或者侵占慈善财产。

第五十三条

慈善组织对募集的财产，应当登记造册，严格管理，专款专用。捐赠人捐赠的实物不易储存、运输或者难以直接用于慈善目的的，慈善组织可以依法拍卖或者变卖，所得收入扣除必要费用后，应当全部用于慈善目的。

第五十四条

慈善组织为实现财产保值、增值进行投资的，应当遵循合法、安全、有效的原则，投资取得的收益应当全部用于慈善目的。慈善组织的重大投资方案应当经决策机构组成人员三分之二以上同意。政府资助的财产和捐赠协议约定不得投资的财产，不得用于投资。慈善组织的负责人和工作人员不得在慈善组织投资的企业兼职或者领取报酬。前款规定事项的具体办法，由国务院民政部门制定。

第五十五条

慈善组织开展慈善活动，应当依照法律法规和章程的规定，按照募捐方案或者捐赠协议使用捐赠财产。慈善组织确需变更募捐方案规定的捐赠财产用途的，应当报民政部门备案；确需变更捐赠协议约定的捐赠财产用途的，应当征得捐赠人同意。

第五十六条

慈善组织应当合理设计慈善项目，优化实施流程，降低运行成本，提高慈善财产使用效益。慈善组织应当建立项目管理制度，对项目实施情况进行跟踪监督。

第五十七条

慈善项目终止后捐赠财产有剩余的，按照募捐方案或者捐赠协议处理；募捐方案未规定或者捐赠协议未约定的，慈善组织应当将剩余财产用于目的相同或者相近的其他慈善项目，并向社会公开。

第五十八条

慈善组织确定慈善受益人，应当坚持公开、公平、公正的原则，不得指定慈善组织管理人员的利害关系人作为受益人。

第五十九条

慈善组织根据需要可以与受益人签订协议，明确双方权利义务，约定慈善财产的用途、数额和使用方式等内容。受益人应当珍惜慈善资助，按照协议使用慈善财产。受益人未按照协议使用慈善财产或者有其他严重违反协议情形的，慈善组织有权要求其改正；受益人拒不改正的，慈善组织有权解除协议并要求受益人返还财产。

第六十条

慈善组织应当积极开展慈善活动，充分、高效运用慈善财产，并遵循管理费用最必要原则，厉行节约，减少不必要的开支。慈善组织中具有公开募捐资格的基金会开展慈善活动的年度支出，不得低于上一年总收入的百分之七十或者前三年收入平均数额的百分之七十；年度管理费用不得超过当年总支出的百分之十，特殊情况下，年度管理费用难以符合前述规定的，应当报告其登记的民政部门并向社会公开说明情况。具有公开募捐资格的基金会以外的慈善组织开展慈善活动的年度支出和管理费用的标准,由国务院民政部门会同国务院财政、税务等部门依照前款规定的原则制定。捐赠协议对单项捐赠财产的慈善活动支出和管理费用有约定的,按照其约定。

第七章 慈善服务

第六十一条

本法所称慈善服务,是指慈善组织和其他组织以及个人基于慈善目的,向社会或者他人提供的志愿无偿服务以及其他非营利服务。慈善组织开展慈善服务,可以自己提供或者招募志愿者提供,也可以委托有服务专长的其他组织提供。

第六十二条

开展慈善服务,应当尊重受益人、志愿者的人格尊严,不得侵害受益人、志愿者的隐私。

第六十三条

开展医疗康复、教育培训等慈善服务,需要专门技能的,应当执行国家或者行业组织制定的标准和规程。慈善组织招募志愿者参与慈善服务,需要专门技能的,应当对志愿者开展相关培训。

第六十四条

慈善组织招募志愿者参与慈善服务,应当公示与慈善服务有关的全部信息,告知服务过程中可能发生的风险。慈善组织根据需要可以与志愿者签订协议,明确双方权利义务,约定服务的内容、方式和时间等。

第六十五条

慈善组织应当对志愿者实名登记,记录志愿者的服务时间、内容、评价等信息。根据志愿者的要求,慈善组织应当无偿、如实出具志愿服务记录证明。

第六十六条

慈善组织安排志愿者参与慈善服务,应当与志愿者的年龄、文化程度、技能和身体状况相适应。

第六十七条

志愿者接受慈善组织安排参与慈善服务的，应当服从管理，接受必要的培训。

第六十八条

慈善组织应当为志愿者参与慈善服务提供必要条件，保障志愿者的合法权益。慈善组织安排志愿者参与可能发生人身危险的慈善服务前，应当为志愿者购买相应的人身意外伤害保险。

第八章 信息公开

第六十九条

县级以上人民政府建立健全慈善信息统计和发布制度。县级以上人民政府民政部门应当在统一的信息平台，及时向社会公开慈善信息，并免费提供慈善信息发布服务。慈善组织和慈善信托的受托人应当在前款规定的平台发布慈善信息，并对信息的真实性负责。

第七十条

县级以上人民政府民政部门和其他有关部门应当及时向社会公开下列慈善信息：（一）慈善组织登记事项；（二）慈善信托备案事项；（三）具有公开募捐资格的慈善组织名单；（四）具有出具公益性捐赠税前扣除票据资格的慈善组织名单；（五）对慈善活动的税收优惠、资助补贴等促进措施；（六）向慈善组织购买服务的信息；（七）对慈善组织、慈善信托开展检查、评估的结果；（八）对慈善组织和其他组织以及个人的表彰、处罚结果；（九）法律法规规定应当公开的其他信息。

第七十一条

慈善组织、慈善信托的受托人应当依法履行信息公开义务。信息公开应当真实、完整、及时。

第七十二条

慈善组织应当向社会公开组织章程和决策、执行、监督机构成员信息以及国务院民政部门要求公开的其他信息。上述信息有重大变更的，慈善组织应当及时向社会公开。慈善组织应当每年向社会公开其年度工作报告和财务会计报告。具有公开募捐资格的慈善组织的财务会计报告须经审计。

第七十三条

具有公开募捐资格的慈善组织应当定期向社会公开其募捐情况和慈善项目实施情况。公开募捐周期超过六个月的，至少每三个月公开一次募捐情况，公开募捐活动结束后三个月内应当全面公开募捐情况。慈善项目实施周期超过六个月的，至少每三个月公开一次项目实施情况，项目结束后三个月内应当全面公开项目实施情况和募得款物使用情况。

第七十四条

慈善组织开展定向募捐的，应当及时向捐赠人告知募捐情况、募得款物的管理使用情况。

第七十五条

慈善组织、慈善信托的受托人应当向受益人告知其资助标准、工作流程和工作规范等信息。

第七十六条

涉及国家秘密、商业秘密、个人隐私的信息以及捐赠人、慈善信托的委托人不同意公开的姓名、名称、住所、通讯方式等信息，不得公开。

第九章 促进措施

第七十七条

县级以上人民政府应当根据经济社会发展情况，制定促进慈善事业发展的政策和措施。县级以上人民政府有关部门应当在各自职责范围内，向慈善组织、慈善信托受托人等提供慈善需求信息，为慈善活动提供指导和帮助。

第七十八条

县级以上人民政府民政部门应当建立与其他部门之间的慈善信息共享机制。

第七十九条

慈善组织及其取得的收入依法享受税收优惠。

第八十条

自然人、法人和其他组织捐赠财产用于慈善活动的，依法享受税收优惠。企业慈善捐赠支出超过法律规定的准予在计算企业所得税应纳税所得额时当年扣除的部分，允许结转以后三年内在计算应纳税所得额时扣除。境外捐赠用于慈善活动的物资，依法减征或者免征进口关税和进口环节增值税。

第八十一条

受益人接受慈善捐赠，依法享受税收优惠。

第八十二条

慈善组织、捐赠人、受益人依法享受税收优惠的，有关部门应当及时办理相关手续。

第八十三条

捐赠人向慈善组织捐赠实物、有价证券、股权和知识产权的，依法免征权利转让的相关行政事业性费用。

第八十四条

国家对开展扶贫济困的慈善活动，实行特殊的优惠政策。

第八十五条

慈善组织开展本法第三条第一项、第二项规定的慈善活动需要慈善服务设施用地的，可以依法申请使用国有划拨土地或者农村集体建设用地。慈善服务设施用地非经法定程序不得改变用途。

第八十六条

国家为慈善事业提供金融政策支持，鼓励金融机构为慈善组织、慈善信托提供融资和结算等金融服务。

第八十七条

各级人民政府及其有关部门可以依法通过购买服务等方式，支持符合条件的慈善组织向社会提供服务，并依照有关政府采购的法律法规向社会公开相关情况。

第八十八条

国家采取措施弘扬慈善文化，培育公民慈善意识。学校等教育机构应当将慈善文化纳入教育教学内容。国家鼓励高等学校培养慈善专业人才，支持高等学校和科研机构开展慈善理论研究。广播、电视、报刊、互联网等媒体应当积极开展慈善公益宣传活动，普及慈善知识，传播慈善文化。

第八十九条

国家鼓励企业事业单位和其他组织为开展慈善活动提供场所和其他便利条件。

第九十条

经受益人同意，捐赠人对其捐赠的慈善项目可以冠名纪念，法律法规规定需要批准的，从其规定。

第九十一条

国家建立慈善表彰制度，对在慈善事业发展中做出突出贡献的自然人、法人和其他组织，由县级以上人民政府或者有关部门予以表彰。

第十章 监督管理

第九十二条

县级以上人民政府民政部门应当依法履行职责，对慈善活动进行监督检查，对慈善行业组织进行指导。

第九十三条

县级以上人民政府民政部门对涉嫌违反本法规定的慈善组织，有权采取下列措施：（一）对慈善组织的住所和慈善活动发生地进行现场检查；（二）要求慈善组织作出说明，查阅、复制有关资料；（三）向与慈善活动有关的单位和个人调查与监督管理有关的情况；（四）经本级人民政府批准，可以查询慈善组织的金融账户；（五）法律、行政法规规定的其他措施。

第九十四条

县级以上人民政府民政部门对慈善组织、有关单位和个人进行检查或者调查时，检查人员或者调查人员不得少于二人，并应当出示合法证件和检查、调查通知书。

第九十五条

县级以上人民政府民政部门应当建立慈善组织及其负责人信用记录制度，并向社会公布。民政部门应当建立慈善组织评估制度，鼓励和支持第三方机构对慈善组织进行评估，并向社会公布评估结果。

第九十六条

慈善行业组织应当建立健全行业规范，加强行业自律。

第九十七条

任何单位和个人发现慈善组织、慈善信托有违法行为的，可以向民政部门、其他有关部门或者慈善行业组织投诉、举报。民政部门、其他有关部门或者慈善行业组织接到投诉、举报后，应当及时调查处理。国家鼓励公众、媒体对慈善活动进行监督，对假借慈善名义或者假冒慈善组织骗取财产以及慈善组织、慈善信托的违法违规行为予以曝光，发挥舆论和社会监督作用。

第十一章　法律责任

第九十八条

慈善组织有下列情形之一的，由民政部门责令限期改正；逾期不改正的，吊销登记证书并予以公告：（一）未按照慈善宗旨开展活动的；（二）私分、挪用、截留或者侵占慈善财产的；（三）接受附加违反法律法规或者违背社会公德条件的捐赠，或者对受益人附加违反法律法规或者违背社会公德的条件的。

第九十九条

慈善组织有下列情形之一的，由民政部门予以警告、责令限期改正；逾期不改正的，责令限期停止活动并进行整改：（一）违反本法第十四条规定造成慈善财产损失的；（二）将不得用于投资的财产用于投资的；（三）擅自改变捐赠财产用途的；（四）开展慈善活动的年度支出或者管理费用的标准违反本法第六十条规定的；（五）未依法履行信息公开义务的；（六）未依法报送年度工作报告、财务会计报告或者报备募捐方案的；（七）泄露捐赠人、志愿者、受益人个人隐私以及捐赠人、慈善信托的委托人不同意公开的姓名、名称、住所、通讯方式等信息的。慈善组织违反本法规定泄露国家秘密、商业秘密的,依照有关法律的规定予以处罚。慈善组织有前两款规定的情形,经依法处理后一年内再出现前款规定的情形,或者有其他情节严重情形的,由民政部门吊销登记证书并予以公告。

第一百条

慈善组织有本法第九十八条、第九十九条规定的情形,有违法所得的,由民政部门予以没收;对直接负责的主管人员和其他直接责任人员处二万元以上二十万元以下罚款。

第一百零一条

开展募捐活动有下列情形之一的,由民政部门予以警告、责令停止募捐活动;对违法募集的财产,责令退还捐赠人;难以退还的,由民政部门予以收缴,转给其他慈善组织用于慈善目的;对有关组织或者个人处二万元以上二十万元以下罚款:(一)不具有公开募捐资格的组织或者个人开展公开募捐的;(二)通过虚构事实等方式欺骗、诱导募捐对象实施捐赠的;(三)向单位或者个人摊派或者变相摊派的;(四)妨碍公共秩序、企业生产经营或者居民生活的。广播、电视、报刊以及网络服务提供者、电信运营商未履行本法第二十七条规定的验证义务的,由其主管部门予以警告,责令限期改正;逾期不改正的,予以通报批评。

第一百零二条

慈善组织不依法向捐赠人开具捐赠票据、不依法向志愿者出具志愿服务记录证明或者不及时主动向捐赠人反馈有关情况的,由民政部门予以警告,责令限期改正;逾期不改正的,责令限期停止活动。

第一百零三条

慈善组织弄虚作假骗取税收优惠的,由税务机关依法查处;情节严重的,由民政部门吊销登记证书并予以公告。

第一百零四条

慈善组织从事、资助危害国家安全或者社会公共利益活动的,由有关机关依法查处,由民政部门吊销登记证书并予以公告。

第一百零五条

慈善信托的受托人有下列情形之一的,由民政部门予以警告,责令限期改正;有违法所得的,由民政部门予以没收;对直接负责的主管人员和其他直接责任人员处二万元以上二十万元以下罚款：（一）将信托财产及其收益用于非慈善目的的；（二）未按照规定将信托事务处理情况及财务状况向民政部门报告或者向社会公开的。

第一百零六条

慈善服务过程中，因慈善组织或者志愿者过错造成受益人、第三人损害的，慈善组织依法承担赔偿责任；损害是由志愿者故意或者重大过失造成的，慈善组织可以向其追偿。志愿者在参与慈善服务过程中，因慈善组织过错受到损害的，慈善组织依法承担赔偿责任；损害是由不可抗力造成的，慈善组织应当给予适当补偿。

第一百零七条

自然人、法人或者其他组织假借慈善名义或者假冒慈善组织骗取财产的，由公安机关依法查处。

第一百零八条

县级以上人民政府民政部门和其他有关部门及其工作人员有下列情形之一的，由上级机关或者监察机关责令改正；依法应当给予处分的，由任免机关或者监察机关对直接负责的主管人员和其他直接责任人员给予处分：（一）未依法履行信息公开义务的；（二）摊派或者变相摊派捐赠任务，强行指定志愿者、慈善组织提供服务的；（三）未依法履行监督管理职责的；（四）违法实施行政强制措施和行政处罚的；（五）私分、挪用、截留或者侵占慈善财产的；（六）其他滥用职权、玩忽职守、徇私舞弊的行为。

第一百零九条

违反本法规定，构成违反治安管理行为的，由公安机关依法给予治安管理处罚；构成犯罪的，依法追究刑事责任。

第十二章 附则

第一百一十条

城乡社区组织、单位可以在本社区、单位内部开展群众性互助互济活动。

第一百一十一条

慈善组织以外的其他组织可以开展力所能及的慈善活动。

第一百一十二条

本法自 2016 年 9 月 1 日起施行。

参考文献

一 著作类

安树彬、赵润琦：《当代慈善学》，陕西人民出版社2017年版。
陈东利：《中国公民慈善意识培育》，上海大学出版社2014年版。
陈一丹等：《中国互联网公益》，中国人民大学出版社2019年版。
《邓小平文选》（第3卷），人民出版社1993年版。
范文澜：《中国通史》（第1册），人民出版社1994年版。
耿云：《国外慈善事业简论》，中国社会出版社2014年版。
贺照田主编：《西方现代性的曲折与展开》，吉林人民出版社2002年版。
江畅：《西方德性思想史》（古代卷），人民出版社2016年版。
康晓光、冯利主编：《中国第三部门观察报告（2018）》，社会科学文献出版社2018年版。
康有为：《大同书》，古籍出版社1956年版。
蓝维、高峰等：《公民教育：理论、历史与实践探索》，人民出版社2007年版。
李文海、夏明方等编：《民国社会调查丛编》，福建教育出版社2005年版。
李泽厚：《什么是道德？——李泽厚伦理学讨论班实录》，华东师范大学出版社2015年版。
《梁启超全集》（第二册），北京出版社1999年版。
梁启超：《新民说·宋志明选注本》，辽宁人民出版社1994年版。
廖申白：《伦理学概论》，北京师范大学出版社2009年版。
《列宁全集》（第28卷），人民出版社1984年版。
《列宁选集》（第1卷），人民出版社1995年版。

刘国华主编：《慈善是一种文化》，上海教育出版社 2011 年版。

吕鑫：《当代中国慈善法制研究：困境与反思》，中国社会科学出版社 2018 年版。

罗国杰：《伦理学原理》，人民出版社 1989 年版。

马丁·路德著作翻译小组：《马丁·路德文选》，中国社会科学出版社 2003 年版。

《马克思恩格斯全集》（第 3 卷），人民出版社 2002 年版。

《马克思恩格斯全集》（第 23 卷），人民出版社 1972 年版。

《马克思恩格斯全集》（第 2 卷），人民出版社 1957 年版。

《马克思恩格斯全集》（第 1 卷）（上册），人民出版社 1995 年版。

《马克思恩格斯选集》（第 1 卷），人民出版社 1995 年版。

《毛泽东选集》（第 1 卷），人民出版社 1991 年版。

蒲清平、张伟莉等：《互联网+微公益发展研究》，中国民主法制出版社 2016 年版。

尚海、傅允生主编：《四大宗教箴言录》，中国广播电视出版社 1993 年版。

《十八大以来重要文献选编》（上），中央文献出版社 2014 年版。

苏振芳：《社会保障概论》，中国审计出版社、中国社会出版社 2001 年版。

孙承叔：《真正的马克思：〈资本论〉三大手稿的当代意义》，人民出版社 2009 年版。

（唐）释道宣撰：《广弘明集》（二十八上）：文渊阁《四库全书》，上海人民出版社 1999 年版。

韦炜：《中国慈善基金会法人制度研究》，中国政法大学出版社 2010 年版。

谢湖伟：《"互联网+"时代：传播融合的嵌入性反思》，红旗出版社 2016 年版。

徐达深主编：《中华人民共和国实录》（第 1 卷）（上），吉林人民出版社 1994 年版。

徐麟主编：《中国慈善事业发展研究》，中国社会出版社 2005 年版。

杨团主编：《中国慈善发展报告（2018）》，社会科学文献出版社 2018 年版。

杨团主编：《中国慈善发展报告（2020）》，社会科学文献出版社2020年版。

杨团主编：《中国慈善发展报告（2019）》，社会科学文献出版社2019年版。

杨团主编：《中国慈善发展报告（2013）》，社会科学文献出版社2013年版。

杨团主编：《中国慈善发展报告（2014）》，社会科学文献出版社2014年版。

杨团主编：《中国慈善发展报告（2012）》，社会科学文献出版社2012年版。

姚新中：《儒教与基督教——仁与爱的比较研究》，中国社会科学出版社2002年版。

俞可平：《社群主义》，中国社会科学出版社1998年版。

郑功成等：《当代中国慈善事业》，人民出版社2010年版。

郑功成主编：《社会保障学》，中国劳动社会保障出版社2005年版。

《中华人民共和国慈善法》，中国法制出版社2016年版。

中山大学历史系孙中山研究室合编：《孙中山全集》（第10卷），中华书局2011年版。

中山大学历史系孙中山研究室合编：《孙中山全集》（第5卷），中华书局2011年版。

中山大学历史系孙中山研究室合编：《孙中山全集》（第2卷），中华书局1986年版。

中山大学历史系孙中山研究室合编：《孙中山全集》（第9卷），中华书局2011年版。

周辅成编：《西方伦理学名著选辑》（下卷），商务印书馆1987年版。

周秋光编：《熊希龄集》（下册），湖南出版社1996年版。

周秋光、曾桂林：《中国慈善简史》，人民出版社2006年版。

周秋光主编：《熊希龄：从国务总理到爱国慈善家》，岳麓书社1996年版。

周秋光主编：《中国近代慈善事业研究》（上），天津古籍出版社2013年版。

朱健刚、胡小军主编：《中国公益慈善发展报告（2015）》，社会科学文献出版社 2017 年版。

朱健刚主编:《中国公益慈善发展报告 (2014)》,社会科学文献出版社 2016 年版。

朱健刚主编:《中国公益慈善发展报告 (2012)》,社会科学文献出版社 2013 年版。

朱贻庭编:《伦理学大辞典》,上海辞书出版社 2002 年版。

卓高生:《当代中国公益精神及培育研究》,社会科学文献出版社 2018 年版。

[德] 卡尔·雅斯贝斯:《时代的精神状况》,王德峰译,上海译文出版社 2003 年版。

[德] 康德:《道德形而上学原理》,苗力田译,世纪出版集团 2005 年版。

[德] 康德:《法的形而上学原理》,沈叔平译,商务印书馆 1991 年版。

[德] 康德:《论优美感和崇高感》,何兆武译,商务印书馆 2001 年版。

[俄] 克鲁泡特金:《互助论》,李平沤译,商务印书馆 1963 年版。

[法] 卢梭:《爱弥儿》,李平沤译,商务印书馆 1978 年版。

[法] 卢梭:《论人类不平等的起源和基础》,李常山译,红旗出版社 1997 年版。

[古希腊] 柏拉图:《柏拉图对话集》,王太庆译,商务印书馆 2004 年版。

[古希腊] 亚里士多德:《政治学》,吴寿彭译,商务印书馆 1965 年版。

[美] A.麦金太尔:《德性之后》,龚群、戴扬毅译,中国社会科学出版社 1995 年版。

[美] 埃里克·尤斯拉纳:《信任的道德基础》,张敦敏译,中国社会科学出版社 2006 年版。

[美] 奥利维尔·聪茨:《美国慈善史》,杨敏译,上海财经大学出版社 2016 年版。

[美] 弗里德曼:《自由选择:个人声明》,胡骑等译,商务印书馆

1982年版。

［美］莱斯特·M.萨拉蒙、S.沃加斯·索科洛斯基：《全球公民社会：非营利部门国际指数》，陈一梅等译，北京大学出版社2007年版。

［美］劳伦斯·J.弗里德曼、马克·D.麦加维编：《美国历史上的慈善组织、公益事业和公民性》，徐家良、卢永彬等译，上海财经大学出版社2016年版。

［美］理查德·桑内特：《公共人的衰落》，李继宏译，上海译文出版社2008年版。

［美］列奥·施特劳斯：《自然权利与历史》，彭刚译，生活·读书·新知三联书店2003年版。

［美］罗伯特·J.伯姆纳：《捐赠：西方慈善公益文明史》，褚蓥译，社会科学文献出版社2017年版。

［美］罗伯特·L.佩顿、迈克尔·P.穆迪：《慈善的意义与使命》，郭烁译，中国劳动社会保障出版社2013年版。

［美］迈克尔·沃尔泽：《正义诸领域：为多元主义与平等一辩》，褚松燕译，译林出版社2002年版。

［美］曼纽尔·卡斯特：《认同的力量》，夏铸九、黄丽玲等译，社会科学文献出版社2003年版。

［美］英格尔斯：《人的现代化》，殷陆君编译，四川人民出版社1985年版。

［日］福泽渝吉：《文明论概略》，北京编译社译，商务印书馆2017年版。

［英］安东尼·吉登斯：《第三条道路：社会民主主义的复兴》，郑戈译，北京大学出版社、生活·读书·新知三联书店2000年版。

［英］哈耶克：《通往奴役之路》，王明毅等译，中国社会科学出版社1997年版。

［英］穆勒：《功利主义》，徐大建译，上海人民出版社2007年版。

［英］穆勒：《论自由》，程崇华译，商务印书馆1996年版。

［英］斯宾塞：《社会学研究》，张宏晖、胡江波译，华夏出版社2001年版。

［英］休谟：《人性论》，关文运译，商务印书馆1980年版。

Charles Flint Kellogg. NAACP: A History of the National Association for the Advancement of Colored People, Vol. 1: 1909 – 1920, Baltimore: Johns Hopkins University Press, 1967.

Fearon, James D. *What is Identity (As We now Use the Work)*? Department of Political Science of Stanford University, 1999.

Frances Trollope. The Vicar of Wrexhill, London: Richard Bentley, 1837.

H. Taifel, J. C. Turner. The Social Identity Theory of Inter – group Behaviour, *Psychology of Intergroup Relations*. Worchel S. Austin (eds), Chicago: Nelson Hall, 1986.

Montané, M. & Beernaert, Y. *Towards Active Citizenship: Connecting Young Citizens across Europe and the World*. Barcelona – Brussels: European Parliament and DG Education and Culture of the European Commission, 2001.

Pelikan J. ed. Luther's Works: Vol. 9, Saint Louis: Concordia Publishing House, 1960.

Taylor, Charles. *Philosophy and the Human Sciences: Philosophical Paper* Ⅱ. Cambridge University Press, 1985.

The Encyclopedia of Judaism, New York: Oxford University Press, 1995.

二 期刊类

蔡勤禹、李静、尹宝平：《近代中国慈善事业六大影响》，《东方论坛》2016年第3期。

曹新高：《思想政治工作的一般规律——从利益认同到价值认同》，《青岛行政学院学报》2001年第2期。

褚松燕：《20世纪90年代以来中国公民资格权利的发展》，《政法论坛》2007年第1期。

邓伯军：《大众文化对马克思主义意识形态话语权的影响及对策研究》，《宁夏党校学报》2012年第4期。

冯书生：《"好人"，抑或"好公民"：苏格拉底之死的政治伦理悖论及其现代回响》，《安徽师范大学学报》（人文社会科学版）2015年第5期。

冯莹姣、周瑞法：《微公益：具象化公益的道德内化》，《浙江师范大学学报》（社会科学版）2012年第1期。

高静华：《慈善透明的困境与治理策略》，《中国社会组织》2018年第15期。

高西庆、杨海璇：《权利导向立法中的权力导向风险——〈慈善法〉的新视角》，《清华法学》2016年第6期。

韩振峰：《习近平关于社会主义核心价值观的十个基本思路》，《前线》2015年第4期。

胡春阳：《转型时期社会主义核心价值观认同建构》，《中国特色社会主义研究》2015年第1期。

姜丽美：《慈善信息公开存在的问题与对策探析》，《华北水利水电大学学报》（社会科学版）2019年第4期。

蒋燕玲、刘晶瑶：《论董必武立法思想对当代中国法治建设的启示》，《社会科学家》2009年第5期。

李喜霞：《中国近代慈善组织的社会化及其路径选择》，《兰台世界》2019年第9期。

李迎生：《慈善公益事业的公信力建设论析》，《中共中央党校学报》2015年第6期。

廖申白：《公民伦理与儒家伦理》，《哲学研究》2011年第11期。

刘丹：《微公益时代公民慈善的多维分析》，《思想理论教育》2018年第9期。

刘少杰：《网络化时代的权力结构变迁》，《江淮论坛》2011年第5期。

刘伟：《社会主义核心价值观视阈下的制度现代化》，《山西社会主义学院学报》2015年第2期。

吕鑫：《慈善募捐的自由与限制——美国经验的启示》，《浙江学刊》2011年第4期。

骆郁廷、马丽华：《论微文化育人》，《思想教育研究》2018年第1期。

马雪影：《浅析希腊传统德性的内在分裂——兼论麦金太尔的德性复兴》，《哲学动态》2012年第6期。

毛凌云：《刘小钢：慈善不仅是爱心》，《南风窗》2011年第11期。

莫凡：《跨越卢比康河的共同利益之桥：借鉴欧洲认同推进社会主义

核心价值认同》,《江淮论坛》2009 年第 6 期。

乔春霞、张泽一:《加强社会主义核心价值观培育的制度建设问题探讨》,《理论导刊》2014 年第 12 期。

饶从满:《主动公民教育:国际公民教育发展的新走向》,《比较教育研究》2006 年第 7 期。

商文成:《第三次分配:一个日益凸显的课题》,《兰州学刊》2004 年第 4 期。

石国亮:《崇德向善:慈善教育的使命和价值》,《中国青年社会科学》2016 年第 5 期。

石国亮:《慈善教育的发展战略》,《中国社会组织》2017 年第 3 期。

宋辰婷:《网络时代的感性意识形态传播和社会认同建构》,《安徽大学学报》(哲学社会科学版)2015 年第 1 期。

宋硕:《网络环境下的新闻传播要素及特点分析》,《新闻传播》2012 年第 12 期。

宋衍涛、崔希悦:《网络公益慈善的发展困境及其解决路径研究》,《理论与现代化》2020 年第 4 期。

田毅鹏:《转型期中国社会原子化动向及其对社会工作的挑战》,《社会科学》2009 年第 7 期。

佟明:《浅谈媒体对慈善事业的促进作用》,《新闻传播》2011 年第 6 期。

汪信砚:《全球化中的价值认同与价值观冲突》,《哲学研究》2002 年第 11 期。

王辉耀:《中西慈善文化现象及渊源比较》,《乡音》2007 年第 5 期。

王建国:《社会阶层结构和利益格局变革条件下的党内民主与党内和谐》,《社会主义研究》2007 年第 6 期。

王楠:《亚当·斯密的社会观:源于人性的自然秩序》,《社会学研究》2006 年第 6 期。

王善军:《宋代族塾义学的兴盛及其社会作用》,《中国史研究》1999 年第 2 期。

王卫平:《论中国传统慈善事业的近代转型》,《江苏社会科学》2005 年第 1 期。

王小章:《陌生人社会、公德与公共精神》,《观察与思考》2016 年第

1 期。

王元骧:《康德美学的宗教精神与道德精神》,《浙江学刊》2006 年第 1 期。

王振耀:《宗教与中国现代慈善转型》,《世界宗教文化》2012 年第 1 期。

许瑞芳、叶方兴:《积极公民:一种公共性的分析理路》,《江西师范大学学报》(哲学社会科学版) 2017 年第 5 期。

杨龙波:《康德慈善伦理思想探微》,《学术界》2011 年第 10 期。

杨思斌:《慈善法治建设:基础、成效与完善建议》,《社会科学战线》2019 年第 10 期。

杨志伟:《公益慈善领域专业人才培养的模式及展望》,《中国社会组织》2017 年第 6 期。

姚俭健、Janet Collins:《美国慈善事业的现状分析:一种比较视角》,《上海交通大学学报》(哲学社会科学版) 2003 年第 1 期。

叶珍珍、孙春苗:《美国高校慈善教育的前沿发展及对中国的现实借鉴》,《中国社会组织》2019 年第 24 期。

余潇枫、盛晓蓉:《论公民人格》,《浙江大学学报》(社会科学版) 1998 年第 2 期。

翟学伟:《诚信、信任与信用:概念的澄清与历史的演进》,《江海学刊》2010 年第 5 期。

詹奕嘉:《唐山大地震后 30 年——中国接受救灾外援的历程》,《世界知识》2006 年第 14 期。

赵伟:《人的需要:社会主义核心价值观认同的现实根基》,《社会主义研究》2014 年第 5 期。

周秋光、彭顺勇:《慈善公益组织治理能力现代化的思考:公信力建设的视角》,《湖南大学学报》(社会科学版) 2014 年第 6 期。

周秋光、曾桂林:《当代中国慈善事业发展历程回顾与前瞻》,《文化学刊》2007 年第 5 期。

周溯源、翟金懿:《论孙中山的民生观及其当代意义》,《广东社会科学》2015 年第 3 期。

周真真:《charity 概念在英国的历史流变及其社会意蕴》,《世界历史》2018 年第 1 期。

邹国振:《社会主义核心价值体系认同的层次性分析》,《学术论坛》2011年第2期。

邹庆华、邱洪斌:《论当代慈善文化的价值认同》,《黑龙江社会科学》2017年第4期。

Helen Haste, Amy Hogan, "Beyond Conventional Civic Participation, Beyond the Moral – political Divide: Young People and Contemporary Debates about Citizenship", *Journal of Moral Education*, Vol. 35, No. 4, 2006.

三 报纸及其他

《把核心价值观化为全民行为准则:学习贯彻习近平总书记五四重要讲话精神之三》,《北京日报》2014年5月9日。

陈斌:《美国式慈善教育:让学生成为"捐赠者"》,《中国社会报》2017年3月20日。

程德慧:《当代中国学校公民意识教育研究》,博士学位论文,华东师范大学,2012年。

戴菁、兰文飞:《宪法的生命在于实施——访宪法学家、武汉大学副校长周叶中教授》,《学习时报》2016年12月1日。

郭祖炎:《中国慈善伦理研究》,博士学位论文,湖南师范大学,2013年。

韩永:《宗教慈善,期待破局》,《中国新闻周刊》2012年7月6日。

郝红暖:《慈善理念的近代转型》,《光明日报》2015年10月26日。

黄显中:《公德与私德》,《光明日报》2003年7月8日。

菅宇正:《筹款总额超25亿,公募慈善组织参与偏低》,《公益时报》2018年3月6日。

柳翠:《互联网慈善立法研究》,硕士学位论文,西南交通大学,2018年。

潘乾:《马克思恩格斯慈善观研究》,博士学位论文,东北师范大学,2014年。

戚小村:《公益伦理略论》,博士学位论文,湖南师范大学,2006年。

汪圆:《完善制度执行的监督机制》,《中国组织人事报》2014年9月29日。

王京仔:《从公益元年出发,地震慈善这十年》,《法治周末》2018年5月8日。

习近平:《把培育和弘扬社会主义核心价值观作为凝魂聚气强基固本的基础工程》,《人民日报》2014年2月26日。

徐雪松:《企业慈善行为研究》,博士学位论文,同济大学,2007年。

张品秋:《互联网公益深陷信任危机》,《北京晚报》2019年12月5日。

中共中央办公厅:《关于培育和践行社会主义核心价值观的意见》,《人民日报》2013年12月24日。

中国互联网络信息中心(CNNIC):《第45次中国互联网络发展状况统计报告》2020年4月28日。

中国社会工作联合会:《2018年度中国社会工作发展报告》,《公益时报》2019年3月21日。

竺恒:《用社会主义核心价值观引领大众文化发展研究》,硕士学位论文,西北大学,2014年。

后　记

我对公民慈善问题的研究始于2013年，当时我所供职的北京师范大学为解决文科青年教师申请项目的困难，为每一位入职不久的年轻教师提供了一笔科研启动经费，但前提是必须以项目申报的方式申请。接到通知后，我结合自己对价值观、身份认同以及公民教育理论与实践方面的研究兴趣，以"情感伦理视域下当代中国公民的慈善精神及其培育研究"为题提交了项目申报书并获批。项目立项后，我立即着手围绕课题查阅文献资料，撰写论文，此后以该项目为依托，申报了2016年度教育部人文社会科学研究青年项目，非常荣幸也获批立项。在此，我要真诚地对学校和社科处表示感谢。没有学校出台对文科青年教师的科研培育计划，没有社科处领导的大力支持，就没有后续的教育部青年项目立项，也就不可能有现在呈现在读者面前的这本小书。

自2010年博士毕业留校工作以来，我一直受惠于北京师范大学哲学学院各位领导和老师们的帮助与提携。尤其是我的博士导师韩震先生，韩老师为人的大气、为学的敏锐、为师的宽厚，始终给我以潜移默化的影响。先生审视问题、论证问题的理论洞察力和历史厚重感以及对学问始终保持着的高昂的学术激情，都是我最为敬佩也是值得我终生学习和敬仰的。此外，韩门大家庭的王成兵、李晓东、吴玉军、章伟文、董立河以及吴晓云、周晓旭、李寒梅、徐华楠、刘翔等，在专业成长和日常生活中，也给予我诸多帮助和提携，让我感受到了家的温暖。今年是我在学院工作的第11个年头，在这期间，学院历届党政领导和诸多同事都给予我莫大帮助，学院对年轻人的培养与包容，我时刻铭记于心，惟愿学院在今后的发展中蒸蒸日上，更上一层楼。

我的硕士导师、中国伦理学会副会长、教育部长江学者特聘教授、湖北大学哲学学院江畅先生，多年来一直关注着我的成长。每当我在专业上遇到困难，江老师耐心的讲解，顷刻间拨云见日；在生活中感到迷茫，江老师的晓之以理动之以情，顿时让人豁然开朗。这些年，每每想起江老师的谆谆教诲和殷切希望，总感觉由于自己不够聪慧，不够努力，有愧于先生的培养和提携。

　　本课题的研究历时五年，期间有些成果已先后发表在《道德与文明》《思想理论教育》《中国教育学刊》等学术期刊上，对这些编辑老师的帮助与厚爱表示衷心感谢。在本书的写作过程中，作者参阅了很多学界已有研究成果和案例资料，基本上都在文中有所标注，但是难免挂一漏万，还望学界同仁见谅。最后，我要特别感谢本书的责任编辑冯春凤编审。冯老师对本书的顺利出版费心费力，她高尚的职业精神和精湛的业务能力，十分令人敬佩。

　　本书的写作和出版还得到了北京师范大学大中小学德育一体化国家教材建设重点研究基地和中华文化发展湖北省协同创新中心的支持，在此也一并表示衷心的感谢。

刘　丹

2021 年 11 月 21 日